Die Geschichte Deutschlands

ERSTELLT VON SKRIUWER

Copyright © 2024 bei Skriuwer.

Alle Rechte vorbehalten. Kein Teil dieses Buches darf ohne schriftliche Genehmigung in irgendeiner Form verwendet oder vervielfältigt werden, es sei denn, es handelt sich um kurze Zitate in kritischen Artikeln oder Rezensionen.

Bei **Skriuwe**r sind wir mehr als nur ein Team - wir sind eine globale Gemeinschaft von Menschen, die Bücher lieben. Auf Friesisch bedeutet „Skriuwer" „Schriftsteller", und das ist das Herzstück unserer Arbeit: das Erstellen und Teilen von Büchern mit Lesern weltweit. Wo auch immer Sie auf der Welt sind, **Skriuwer** ist hier, um Sie zum Lernen zu inspirieren.

Friesisch ist eine der ältesten Sprachen Europas, eng verwandt mit dem Englischen und dem Niederländischen, und wird von etwa **500 000 Menschen** in der Provinz **Friesland** (Fryslân) im Norden der Niederlande gesprochen. Es ist die zweite Amtssprache der Niederlande, aber wie viele Minderheitensprachen steht auch Friesisch vor der Herausforderung, in einer modernen, globalisierten Welt zu überleben.

Wir verwenden das Geld, das wir verdienen, um die friesische Sprache zu fördern.

Weitere Informationen erhalten Sie unter: **kontakt@skriuwer.com** (www.skriuwer.com)

Haftungsausschluss:
Die Bilder in diesem Buch sind kreative Neuinterpretationen von historischen Szenen. Obwohl alle Anstrengungen unternommen wurden, das Wesen der dargestellten Epochen genau zu erfassen, können einige Abbildungen künstlerische Ausschmückungen oder Annäherungen enthalten. Sie sollen die Atmosphäre und den Geist der jeweiligen Zeit wiedergeben und nicht als genaue historische Aufzeichnungen dienen.

INHALTSVERZEICHNIS

KAPITEL 1: DIE FRÜHZEIT UND DIE GERMANISCHEN STÄMME

- Älteste Spuren menschlicher Besiedlung
- Neolithische Revolution und erste Kulturen
- Bronze- und Eisenzeit: Ursprung des Begriffs „Germanen"
- Lebensweise der germanischen Stämme

KAPITEL 2: RÖMISCHE EINFLÜSSE UND GRENZKONFLIKTE

- Römische Expansion und erste Begegnungen mit den Germanen
- Limes und römische Grenzbefestigungen
- Handel, Romanisierung und kultureller Austausch
- Konflikte (Teutoburger Wald) und Langzeitfolgen

KAPITEL 3: DIE VÖLKERWANDERUNG UND DAS ENDE DES WESTRÖMISCHEN REICHES

- Hunnen und die Auslöser der Völkerwanderung
- Westgoten, Vandalen und andere Wanderstämme
- Niedergang der weströmischen Zentralgewalt
- Folgen für die germanischen Gebiete

KAPITEL 4: DAS FRANKENREICH & KARL DER GROßE

- Aufstieg der Franken und Merowinger
- Taufe Chlodwigs und Konsolidierung des Frankenreichs
- Karl der Große: Eroberungen und Kaiserkrönung
- Verwaltung, Kultur und Bildungsreformen (Karolingische Renaissance)

KAPITEL 5: DIE OTTONEN UND DAS FRÜHE HEILIGE RÖMISCHE REICH

- Heinrich I. und die Abwehr der Ungarn
- Otto der Große und die Kaiserkrönung
- Reichskirchensystem und Konsolidierung des Reiches
- Reichspolitik und Konflikte im 10. Jahrhundert

KAPITEL 6: DIE SALIER, INVESTITURSTREIT UND DIE KÖNIGSHERRSCHAFT

- Herrschaft der Salier-Dynastie (Konrad II., Heinrich III./IV.)
- Investiturstreit: Papst gegen Kaiser
- Gang nach Canossa und Machtkampf
- Reichskirche und Konsolidierung nach dem Streit

KAPITEL 7: DIE STAUFER UND DIE AUSEINANDERSETZUNGEN MIT DEN PÄPSTEN

- Konrad III. und Friedrich I. Barbarossa
- Kreuzzüge und Italienpolitik (Lombardischer Bund)
- Schlachten (Legnano) und Friede von Konstanz
- Friedrich II. und die Konfrontation mit dem Papsttum

KAPITEL 8: DAS INTERREGNUM UND DER AUFSTIEG DER FÜRSTENTÜMER

- Ende der Staufer und Machtvakuum
- Interregnum (1254–1273): Keine stabile Königsherrschaft
- Wachsende Autonomie der Fürsten und Städte
- Wahl Rudolfs von Habsburg und das Ende des Interregnums

KAPITEL 9: DER DEUTSCHE ORDEN & DIE OSTEXPANSION

- Gründung im Heiligen Land und Verlagerung nach Osteuropa
- Kulmerland und Preußen: Christianisierung und Ordensstaat
- Konflikte mit Polen-Litauen (Schlachten, Tannenberg)
- Niedergang und Säkularisation (Herzogtum Preußen)

KAPITEL 10: DIE HANSE, HANDEL UND DAS LEBEN IN DEN STÄDTEN

- Hanse: Entstehung, Handel und Kontore
- Städtische Gesellschaft: Zünfte, Patriziat, Bürgerrechte
- Gotische Baukunst, Märkte und Feste im Mittelalter
- Wirtschaftliche Blüte und allmählicher Niedergang der Hanse

KAPITEL 11: DAS SPÄTMITTELALTER, DIE PEST UND SOZIALE UMBRÜCHE

- Hungersnöte, Klimawandel und Bevölkerungswachstum
- Der Schwarze Tod (Pest) und massive Verluste
- Bauernaufstände und städtische Revolten
- Politisierung, Mentalitätswandel und das Ende der alten Ordnung

KAPITEL 12: HUMANISMUS UND RENAISSANCE IN DEUTSCHEN LANDEN

- Einfluss aus Italien: Gelehrte, Künstler, Universitäten
- Buchdruck (Gutenberg) und Verbreitung humanistischer Ideen
- Renaissance-Kunst, Architektur und literarische Neuerungen
- Frühe Vorboten der Reformation: Erasmus und Co.

KAPITEL 13: DIE REFORMATION UND MARTIN LUTHER

- Kirchliche Missstände und Vorläufer (Hus, Wyclif)
- Luthers 95 Thesen und die Reaktion Roms
- Reichstag zu Worms, Bann und Bibelübersetzung
- Ausbreitung der Reformation, Konfessionelle Spaltungen

KAPITEL 14: DER BAUERNKRIEG UND KONFESSIONELLE SPANNUNGEN

- Soziale Ursachen und die „Zwölf Artikel" von Memmingen
- Thomas Müntzer und radikale Bewegungen
- Luthers Ablehnung der Aufstände („Wider die mörderischen Rotten")
- Niederschlagung der Bauern und Folgen für die Reformation

KAPITEL 15: DER DREIßIGJÄHRIGE KRIEG & SEINE FOLGEN

- Konfessionelle Spannungen, Prager Fenstersturz (1618)
- Verlauf der Kriegsphasen und Eingreifen fremder Mächte
- Verwüstung, Entvölkerung und Leiden der Zivilbevölkerung
- Westfälischer Frieden (1648) und Neuordnung im Reich

KAPITEL 16: DER WESTFÄLISCHE FRIEDEN UND DIE EPOCHE DES ABSOLUTISMUS

- Inhalte des Westfälischen Friedens, Folgen für das Reich
- Fürstenstärkung, Merkantilismus und Barockkultur
- Aufstieg Brandenburg-Preußens, schwache Kaisergewalt
- Absolutistische Hofhaltung und stehende Heere

KAPITEL 17: PREUßEN UND DER AUFSTIEG BRANDENBURG-PREUßENS

- Der Große Kurfürst (Friedrich Wilhelm) und sein stehendes Heer
- Toleranzpolitik (Edikt von Potsdam) und Merkantilismus
- Vom Kurfürstentum zum Königreich Preußen (1701)
- Soldatenkönig Friedrich Wilhelm I. und Verwaltungsaufbau

KAPITEL 18: DER SIEBENJÄHRIGE KRIEG UND DIE VORHERRSCHAFT PREUSSENS

- Friedrich II. (der Große) und die Schlesischen Kriege
- Diplomatische Revolution, Koalitionskriege gegen Preußen
- Siege (Rossbach, Leuthen) und der „Mirakel des Hauses Brandenburg"
- Friede von Hubertusburg (1763): Preußens Aufstieg zur Großmacht

KAPITEL 19: DIE NAPOLEONISCHE ZEIT UND DER WIENER KONGRESS

- Französische Revolution, Koalitionskriege und Napoleon
- Ende des Alten Reiches (1806), Rheinbund und Preußens Demütigung
- Reformen, Befreiungskriege (1813–1815) gegen Frankreich
- Wiener Kongress (1814/15) und Gründung des Deutschen Bundes

KAPITEL 20: DER DEUTSCHE BUND, DIE REVOLUTION 1848/49 UND DIE REICHSGRÜNDUNG 1871

- Restauration und Liberale Opposition im Vormärz
- Revolution von 1848/49: Frankfurter Nationalversammlung, Scheitern
- Bismarcks Politik: Kriege gegen Österreich, Frankreich
- Proklamation des Deutschen Kaiserreichs (1871) in Versailles

KAPITEL 21: ERSTER WELTKRIEG UND DER ZUSAMMENBRUCH DES DEUTSCHEN KAISERREICHS (1914–1918)

- Langfristige Ursachen: Militarismus, Bündnisse, Nationalismus und imperialistische Rivalitäten
  Kriegsausbruch und anfängliche Kriegsbegeisterung
- Stellungskrieg, Not in der Heimat und wirtschaftliche Belastungen
- Das Ende des Kaiserreichs: Abdankung Wilhelms II. und Waffenstillstand

KAPITEL 22: DIE WEIMARER REPUBLIK (1919–1933)

- Nachkriegswirren und der Versailler Vertrag
- Verfassungsgebung, soziale Reformen und kulturelle Blüte (die „Goldenen Zwanziger")
- Hyperinflation, wirtschaftliche Probleme und politischer Extremismus
- Aufstieg radikaler Parteien und Zusammenbruch der parlamentarischen Demokratie

KAPITEL 23: DAS DRITTE REICH UND DER ZWEITE WELTKRIEG (1933–1945)

- Hitlers Machtergreifung: Propaganda, Polizeistaat und Unterdrückung
- Rassenideologie, Judenverfolgung und Holocaust
- Expansionspolitik und Kriegsbeginn 1939
- Kriegsschauplätze, Vernichtung und die Niederlage NS-Deutschlands

KAPITEL 24: DIE NACHKRIEGSZEIT UND DIE TEILUNG DEUTSCHLANDS (1945–1949)

- Alliierte Besatzung und Entnazifizierung
- Entstehung von Ost- und West: Sowjetische Zone vs. westliche Besatzungszonen
- Wiederaufbau in Westdeutschland (Marshallplan) und Reparationsleistungen im Osten
- Gründung der Bundesrepublik Deutschland (BRD) und der Deutschen Demokratischen Republik (DDR)

KAPITEL 25: DIE FRÜHEN JAHRE DES KALTEN KRIEGES (1949–1961)

- Kalte-Kriegs-Spannungen und das Erbe der Berliner Luftbrücke
- Der Bau der Berliner Mauer (1961) und das Leben im geteilten Deutschland
- Wirtschaftswunder in der Bundesrepublik vs. Schwierigkeiten in der DDR
- Politische Veränderungen, Entspannungspolitik und Aufstieg Gorbatschows
- Friedliche Proteste, Reformen in der DDR und der Fall der Berliner Mauer 1989

KAPITEL 26: DIE BERLINER MAUER, DAS LEBEN IM GETEILTEN DEUTSCHLAND UND DER WEG NACH 1989

- Alltag in der Bundesrepublik und der DDR im Schatten der Mauer
- Ostpolitik, Überwachung durch die Stasi und kulturelle Entwicklungen
- Wirtschaftliche Herausforderungen und Gorbatschows Reformen
- Friedliche Revolution, Montagsdemonstrationen und Grenzöffnungen
- Der Mauerfall als Vorstufe zur Wiedervereinigung

ERSTES KAPITEL: DIE FRÜHZEIT UND DIE GERMANISCHEN STÄMME

In diesem ersten Kapitel befassen wir uns mit der Frühzeit im Gebiet des heutigen Deutschlands und den germanischen Stämmen, die dort lebten. Wir werfen einen Blick auf die ältesten Spuren menschlicher Besiedlung, sprechen über die kulturellen Errungenschaften der Stein- und Bronzezeit und kommen schließlich zu den germanischen Gemeinschaften, die in der Antike das Land prägten. Dieser Abschnitt bildet die Grundlage für das gesamte Buch, denn hier bekommen wir einen Eindruck davon, wie sich das Leben in diesem Gebiet vor der schriftlichen Überlieferung gestaltete und welche Eigenarten das Zusammenleben der frühen Stämme prägte.

1.1. Die ältesten Spuren menschlicher Besiedlung

Die frühesten bekannten Spuren menschlicher Besiedlung in Mitteleuropa reichen viele Jahrtausende zurück. In Höhlen wie der Vogelherdhöhle oder der Hohle Fels-Höhle in Schwaben wurden Knochenwerkzeuge und kunstvolle Figuren gefunden, die auf eine lange Entwicklungsgeschichte der Menschen hindeuten. Diese Funde zeugen von einer erstaunlichen Kreativität früher Menschen. Es gab Jagdwaffen wie Speere aus Holz oder Steinspitzen, die zur Großwildjagd eingesetzt wurden. Die Menschen jener Zeit lebten von der Jagd auf Tiere wie Mammuts, Wollnashörner oder Rentiere und vom Sammeln von Pflanzen und Früchten.

Mit der Zeit wandelte sich das Klima, die Gletscher zogen sich zurück, und die Landschaft wurde grüner. Diese Veränderungen führten zu einem vielfältigeren Nahrungsangebot. Menschen fingen an, feste Siedlungen zu errichten, zumindest zeitweilig, und entwickelten auch schon erste Bestattungsrituale. Das belegen Grabfunde, in denen Menschen mit Beigaben wie Schmuck, Werkzeugen oder Waffen beerdigt wurden.

1.2. Die Neolithische Revolution und erste Kulturen

Eine bedeutende Phase in der Frühgeschichte Mitteleuropas war die sogenannte Neolithische Revolution. Sie brachte den Übergang von nomadisierenden Jäger- und Sammlergruppen zu sesshaften Bauern, die Ackerbau und Viehzucht betrieben. Dieser Wandel vollzog sich über Jahrhunderte hinweg und führte zu einer komplett veränderten Lebensweise. Erste Werkzeuge aus geschliffenem Stein kamen auf, die für Feldbestellungen oder Holzarbeiten geeignet waren. Auch Keramikgefäße entstanden, was eine sicherere und hygienischere Aufbewahrung von Lebensmitteln ermöglichte.

Während dieser Epoche entwickelten sich verschiedene archäologische Kulturen. Eine davon ist die Bandkeramische Kultur, die vor allem in den fruchtbaren Lössgebieten Mitteleuropas verbreitet war. Charakteristisch für sie waren Gefäße mit linienförmigen, bandähnlichen Verzierungen, die sich deutlich von den vorherigen, eher grob gefertigten Keramiken absetzten. Zu dieser Zeit entstanden immer mehr Dörfer, in denen mehrere Familien in Langhäusern zusammenlebten. Die Gemeinschaften tauschten untereinander Werkzeuge, Keramik und Rohstoffe aus. Es kam zu ersten großen Netzwerken, in denen Wissen weitergegeben wurde.

1.3. Bronzezeit und Eisenzeit im mitteleuropäischen Raum

Mit der Bronzezeit begann eine Ära, in der Menschen lernten, Kupfer und später Bronze zu verarbeiten. Bronze, eine Legierung aus Kupfer und Zinn, war härter als Kupfer allein und eignete sich hervorragend für die Herstellung von Waffen, Werkzeugen und Schmuck. Dieser technologische Fortschritt führte zu einem Aufschwung im Handel, da Kupfer und Zinn oft aus entlegenen Regionen importiert werden mussten. In dieser Zeit entstanden erste Siedlungszentren, die durch Handel und Produktion von Bronzegegenständen an Wohlstand gewannen.

Auf die Bronzezeit folgte die Eisenzeit. Eisen lag in Europa häufiger vor als Kupfer und Zinn, war aber schwerer zu verarbeiten, weil höhere Temperaturen benötigt wurden. Als man jedoch die richtigen Verfahren entwickelte, konnten Waffen und Werkzeuge aus Eisen gefertigt werden, die noch widerstandsfähiger waren. Die Eisenzeit gilt als eine Epoche, in der sich viele Kultureinflüsse über Europa verbreiteten. Gruppen, die das Eisenhandwerk besonders gut beherrschten, konnten militärische Vorteile erlangen.

1.4. Ursprung des Begriffs „Germanen"

Der Begriff „Germanen" stammt aus der Antike und ist größtenteils eine Fremdbezeichnung, die von den Römern verwendet wurde. Die germanischen

Völker waren keineswegs eine einheitliche Gruppe mit fester gemeinsamer Kultur oder zentraler Führung. Vielmehr handelte es sich um verschiedene Stämme, die ähnliche Sprachen sprachen und teils gemeinsame Sitten hatten.

Die Römer stießen bei ihren Eroberungen in Europa auf Stämme nördlich der Alpen, die sie als „Germani" bezeichneten. Diese Bezeichnung vereinte Gruppen wie die Chatten, Cherusker, Sueben, Markomannen, Langobarden und andere unter einem Sammelbegriff. Die Stämme besaßen unterschiedliche Kulturen und Lebensweisen, die sich an die jeweiligen Lebensräume – Wälder, Flüsse, Moore – anpassten.

1.5. Lebensweise der Germanischen Stämme

Die germanischen Stämme lebten meist in kleinen Gemeinschaften, die in Dörfern zusammenwohnten. Sie trieben Viehzucht und Ackerbau, jagten im Wald und fischten in Flüssen oder Seen. Ihre Häuser waren oft Holzbauten, die einen Stallbereich für das Vieh besaßen. Kleidung wurde aus Wolle, Leinen oder Fellen hergestellt. Der Zusammenhalt innerhalb der Sippe war sehr wichtig. Man kümmerte sich um Verletzte und Alte und erwartete dafür Loyalität im Kriegsfall.

Eine wichtige Rolle spielte der Glaube an verschiedene Götter und Naturkräfte. Diese Göttervorstellungen beeinflussten den Alltag. Rituale, Opfergaben und Feste waren ein wesentlicher Teil des Zusammenlebens. Grabhügel und Funde mit Grabbeigaben geben Einblicke in die Totenrituale. Waffenbeigaben deuten darauf hin, dass auch nach dem Tod ein Kriegerstatus erhalten blieb. Gleichzeitig finden sich Hinweise auf weiblichen Schmuck oder Hausrat, was auf unterschiedliche Vorstellungen über ein Leben nach dem Tod hindeutet.

1.6. Gesellschaftsstrukturen und Herrschaftsformen

In den germanischen Gemeinschaften gab es keine zentralisierte Staatsgewalt wie im Römischen Reich. Stattdessen hatten die einzelnen Dörfer ihre Anführer, die oft aus angesehenen Familien stammten und ihre Autorität auf Tapferkeit im Kampf und Weisheit in Friedenszeiten gründeten. Diese Anführer wurden in Ratsversammlungen gewählt oder bestätigt.

Der Zusammenhalt innerhalb der Sippe war stark. Blutrache und Ehrenkodex hatten große Bedeutung, denn der Schutz der Familie stand an erster Stelle. Konflikte zwischen Stämmen konnten blutig ausgetragen werden, jedoch gab es auch Allianzen und vertragliche Friedensschlüsse. Schenkungen und Geschenke spielten beim Schlichten von Streitigkeiten eine Rolle, ebenso die Eheschließung zwischen Mitgliedern unterschiedlicher Stämme, um Bündnisse zu festigen.

1.7. Kontakte zu Kelten und anderen Nachbargruppen

Die germanischen Stämme lebten nicht isoliert. Sie standen in Kontakt mit den Kelten, die im Süden und Westen Mitteleuropas siedelten, und tauschten mit ihnen Waren aus. Diese Kontakte konnten friedlich sein, etwa durch Handel und kulturelle Übernahmen, aber auch feindlich, wenn es um Land oder Beute ging.

Es gab Phasen, in denen germanische Stämme aufgrund von Klima- oder Bevölkerungsdruck Gebiete der Kelten angriffen und dort siedelten. Andererseits übernahmen Germanen keltische Kunstformen oder Handwerkstechniken. Dieser Kulturaustausch wirkte sich langfristig auf beide Seiten aus und prägte die Entwicklung Mitteleuropas.

1.8. Vorboten einer neuen Ära

Gegen Ende der vorrömischen Eisenzeit, also kurz vor der Zeitenwende, deutete vieles auf Bewegungen und Veränderungen in den germanischen Gebieten hin. Einige Stämme wanderten ab, andere spalteten sich auf oder schlossen sich zusammen. Die internen Machtstrukturen konnten sich ändern, wenn erfolgreiche Kriegerführer größere Gefolgschaften um sich scharten.

Diese Entwicklungen bereiteten den Boden für die kommenden Konfrontationen mit dem expandierenden Römischen Reich. Die Ankunft der Römer und deren Versuche, die Gebiete am Rhein und an der Donau zu erobern, sollten die Geschichte der germanischen Stämme grundlegend beeinflussen.

1.9. Zusammenfassung des ersten Kapitels

In diesem Kapitel haben wir die archäologische und historische Grundlage gelegt, die für das Verständnis der weiteren deutschen Geschichte wichtig ist. Von den Anfängen menschlicher Besiedlung über die Stein-, Bronze- und Eisenzeit bis hin zur Herausbildung der germanischen Stämme bietet uns die Frühzeit ein buntes Bild verschiedener Lebensweisen.

Wir sehen, dass das Gebiet des heutigen Deutschlands schon vor Jahrtausenden besiedelt wurde und dass es niemals eine abgeschottete Region war. Handel, kultureller Austausch und Konflikte spielten von Beginn an eine Rolle. Diese Dynamik zeigte sich besonders im Kontakt mit Nachbargruppen wie den Kelten und später den Römern.

Die Germanen selbst waren eine Gruppe unterschiedlicher Stämme, deren Gemeinsamkeiten vor allem in der Sprache und in bestimmten kulturellen Praktiken lagen, die sich allerdings regional deutlich unterscheiden konnten. Gesellschaftlich gab es keine zentralisierte Macht, sondern lokale Anführer, die ihre Autorität auf Mut, Klugheit und oft auch auf rituelle oder religiöse Aspekte stützten.

Mit diesem Wissen sind wir gerüstet, die folgenden Kapitel zu verstehen, in denen wir uns anschließen anschauen, wie die Begegnung mit Rom verlief und wie sich die Kriege und Allianzen zwischen Germanen und Römern entwickelten.

ZWEITES KAPITEL: RÖMISCHE EINFLÜSSE UND GRENZKONFLIKTE

In diesem Kapitel beleuchten wir die Epoche, in der das Römische Reich immer stärker nach Norden expandierte und an den Rhein und die Donau vordrang. Diese Zeit ist von intensiven Begegnungen zwischen germanischen Stämmen und römischen Legionen geprägt. Wir sehen, wie es zu Kooperationen kommen konnte, aber auch zu blutigen Zusammenstößen. Die Römer hatten großes Interesse an den Rohstoffen und Sklaven, die sie aus den nördlichen Gebieten beziehen konnten, während sie zugleich versuchten, ihre Grenzen gegen Plünderungszüge oder Völkerwanderungen zu sichern. Die germanischen Stämme wiederum sahen in den Römern teils eine Bedrohung, teils auch einen Handelspartner und mögliche Verbündete gegen Rivalen.

2.1. Erste Kontakte mit Rom

Die anfänglichen Kontakte zwischen Römern und Germanen waren meist indirekter Natur, etwa über keltische Vermittler. Als die römischen Legionen schrittweise Gallien eroberten, kamen sie erstmals direkt mit den germanischen Stämmen am Rhein in Berührung. Julius Cäsar berichtete in seinen „Gallischen Kriegen" über die Kämpfe mit germanischen Gruppen, die sich teils ins heutige Frankreich bewegten. Dabei lernte Rom den militärischen Widerstand und die kriegerische Kultur einiger Stämme kennen.

Cäsars Kriegsberichte dienten dem römischen Senat als Rechtfertigung für weitere Eroberungszüge. Er schilderte Germanen oft als unerschrockene, wilde Krieger, die jedoch nicht so gut organisiert seien wie die römischen Legionen. Diese Darstellung hatte propagandistische Zwecke: Sie sollte die römische Bevölkerung hinter den Feldzügen vereinen und Cäsar als erfolgreichen Feldherrn darstellen.

2.2. Die römischen Provinzen und die Grenzregionen

Mit der Zeit bildeten die Römer am Rhein und an der Donau befestigte Grenzen aus, sogenannte Limes. In den neu eroberten Gebieten gründeten sie Städte, die oft aus römischen Militärlagern hervorgingen. Beispiele sind Köln (Colonia Claudia Ara Agrippinensium) und Mainz (Mogontiacum). Diese Orte entwickelten sich zu Zentren römischer Verwaltung, Kultur und Handel.

Im Hinterland bauten die Römer Straßen, Fördertürme für Bergbau und landwirtschaftliche Güter (Villae rusticae). So brachten sie neue Technologien und Lebensweisen mit. Germanische Gebiete, die von den Römern nicht dauerhaft besetzt wurden, standen dennoch in Kontakt mit ihnen. Man handelte mit Metallen, Lederwaren, Sklaven und landwirtschaftlichen Produkten.

2.3. Konflikte und Kriegstaktik

In manchen Regionen schlossen germanische Anführer Bündnisse mit Rom, etwa um Waffen oder Geld zu erhalten. Andere Stämme sahen im Römerreich jedoch einen Feind, den es zu vertreiben galt. Zu den wohl bekanntesten Konflikten zählt die Schlacht im Teutoburger Wald um das Jahr 9 n. Chr., in der der cheruskische Fürst Arminius (auch Hermann genannt) drei römische Legionen unter Varus vernichtend schlug. Dieser Sieg hatte enorme Signalwirkung, weil er zeigte, dass die Römer nicht unbesiegbar waren.

Die germanischen Krieger setzten häufig auf Überraschungsangriffe in unwegsamem Gelände, wo die römische Schlachtreihenformation weniger wirksam war. Sie kannten ihre Wälder, Sümpfe und Flussläufe genau und nutzen das Terrain zu ihrem Vorteil. Die Römer hingegen waren spezialisiert auf offene Feldschlachten und darauf, gut ausgebaute Marschrouten zu verwenden. Wenn sie in unbekanntes Gebiet vordrangen, war das ein klarer Nachteil.

2.4. Kulturkontakt und Romanisierung

Trotz Konflikten kam es zwischen Römern und Germanen zu intensivem kulturellem Austausch. Viele germanische Fürsten ließen ihre Söhne in Rom ausbilden und erhielten so Einblicke in die römische Kultur. Einige nahmen römische Sitten und Lebensstile an, kleideten sich römisch und bauten Wohnhäuser nach römischem Vorbild. In den Grenzregionen entstanden Mischkulturen, in denen germanische und römische Elemente verschmolzen.

Auf römischer Seite lernte man einige Eigenschaften der Germanen schätzen. Germanische Söldner kamen in die römische Armee, während römische Kaufleute Waren in germanische Gebiete exportierten. So verbreiteten sich römische Alltagsgegenstände wie Keramik, Glas und Münzen. Archäologische Funde belegen den weitreichenden Einfluss.

2.5. Die Bedeutung von Handel und Wirtschaft

Ein wesentlicher Grund, warum Rom sich so für die nördlichen Gebiete interessierte, war der Handel. Germanische Regionen konnten Pelze, Bernstein und Sklaven liefern. Bernstein galt im Mittelmeerraum als wertvolles Schmuckmaterial. Gleichzeitig führten die Römer Luxusgüter wie Wein, Olivenöl und Töpferwaren ein. Dieser Handel brachte manchen germanischen Stämmen beträchtlichen Wohlstand und neue Statussymbole.

Allerdings war der Handel auch immer wieder Anlass für Spannungen. Die Römer erwarteten sichere Handelswege und versuchten mit militärischer Stärke, diese zu kontrollieren. Germanische Stämme, die nicht am Profit teilhatten, überfielen gelegentlich römische Handelsrouten. Das führte zu Vergeltungsmaßnahmen, die wiederum neue Kriege auslösten.

2.6. Limes und die Befestigungspolitik

Um sich gegen Überfälle zu schützen und die Grenze zu sichern, bauten die Römer den Limes – einen langen Grenzwall mit Wachtürmen und Kastellen. Der Obergermanisch-Raetische Limes lief in weiten Teilen durch das Gebiet des heutigen Süd- und Südwestdeutschlands. Diese Anlage war für die Römer teuer zu unterhalten, diente aber als effektiv sichtbare Barriere.

Der Limes war jedoch nie vollständig undurchdringlich. Germanische Gruppen fanden Lücken oder überwanden die Befestigungen, besonders wenn sie in großen Verbänden auftraten. Trotzdem war die Präsenz römischer Truppen in den Grenzregionen ein wichtiger Faktor, der einige Stämme davon abhielt, umfangreiche Raubzüge zu starten.

2.7. Veränderungen innerhalb der germanischen Stämme

Die Konfrontation mit Rom hatte tiefgreifende Folgen für die germanische Gesellschaft. Wer mit Rom verbündet war, konnte an dessen Ressourcen und Wissen teilhaben. Das trug zur Bildung kleiner Machtzentren bei, in denen einzelne Fürsten immer reicher und einflussreicher wurden. Dadurch änderte sich das traditionelle Gefüge, in dem die Sippe im Mittelpunkt stand und Anführer zumindest formal auf Zustimmung angewiesen waren.

Manche Fürsten nutzten römische Unterstützung, um ihre Rivalen auszuschalten und neue Stammeskoalitionen zu formen. Andere wurden abhängig von römischen Subventionen und mussten sich im Gegenzug verpflichten, keine Angriffe auf römische Gebiete zu unternehmen und vielleicht sogar Truppen für Roms Feldzüge zu stellen.

2.8. Der Zusammenbruch der römischen Vorherrschaft in Germanien

Im 3. Jahrhundert n. Chr. kam es zu einer Reihe von Krisen im Römischen Reich. Innerpolitische Machtkämpfe, Wirtschaftskrisen und Bedrohungen an mehreren Grenzen gleichzeitig schwächten die römische Armee. Germanische Gruppen nutzten diese Schwäche, um immer wieder in römische Provinzen einzudringen.

Die Römer zogen sich stellenweise weiter zurück, räumten unsichere Gebiete und verlegten ihre Truppen näher an die Kernregionen. Infolgedessen gewannen germanische Stämme Einfluss in den ehemals römisch dominierten Bereichen. Die Zeit der Spätantike war von großen Völkerbewegungen geprägt, in deren Verlauf sich germanische Verbände neu formierten. Stämme wie die Franken, Alemannen und Sachsen rückten näher an das alte römische Kernland heran.

2.9. Langfristige Folgen der römisch-germanischen Interaktion

Die Intensität des Kontakts zwischen Römern und Germanen wirkte noch lange nach. Einerseits hinterließen die Römer Straßen, Brücken und Befestigungen, die in Teilen jahrhundertelang genutzt wurden. Außerdem brachten sie neue Techniken wie Steinbau, Viehzuchtmethoden und Metallbearbeitung mit. Kulturell hinterließen sie Spuren in Sprache, Recht und Verwaltung.

Andererseits hatten die Konflikte und Koexistenzzeiten die germanischen Stämme verändert. Sie waren geübter im Umgang mit großen Heeren geworden und hatten einen Vorgeschmack auf strukturierte Verwaltung und Militär bekommen. Das Wissen um römische Kriegsführung konnte für eigene Zwecke eingesetzt werden, und germanische Kriegerführer versuchten nun, größere Gebiete zu kontrollieren.

2.10. Ausblick auf die nächste Epoche

Der römische Einfluss in Germanien ebbte über die Jahrhunderte ab, insbesondere nach dem 3. Jahrhundert, als die Grenzen immer schwerer zu verteidigen waren. Gleichzeitig bildeten sich neue Stammesbünde, die in den folgenden Jahrhunderten noch an Bedeutung gewinnen sollten. Diese Phase leitet den Übergang ein zur Zeit der Völkerwanderung, in der zahlreiche germanische Stämme sich aufmachten, neue Siedlungsräume zu erschließen oder alte Strukturen zu übernehmen.

Im nächsten Kapitel werden wir genau auf diese Völkerwanderungszeit eingehen. Wir schauen uns an, welche Stämme in Bewegung gerieten, warum sie auf Wanderschaft gingen und wie das den Untergang Westroms beschleunigte. Die Geschehnisse in dieser Epoche bilden den Grundstein für neue Königreiche und Reiche auf dem Boden des heutigen Deutschlands und Europas.

2.11. Zusammenfassung des zweiten Kapitels

In diesem Kapitel haben wir gesehen, wie eng das Schicksal der germanischen Stämme in den ersten Jahrhunderten nach Christus mit dem expandierenden Römischen Reich verknüpft war. Zunächst als fremde Macht erlebt, die Gallien eroberte und an den Rhein vorstieß, wurde Rom später zum Handelspartner, Bündnispartner oder Feind, je nach Interessenlage der jeweiligen germanischen Gruppe.

Der Grenzverlauf am Rhein und der Ausbau des Limes prägten Mitteleuropa über lange Zeit. Handelsposten, Städte und römisches Militär hatten großen Einfluss auf das tägliche Leben in den Grenzregionen. Dennoch konnten die Römer die germanischen Gebiete nie vollständig kontrollieren. Die Niederlage im Teutoburger Wald war nur ein Beispiel für die Grenzen römischer Machtausdehnung.

Mit dem 3. Jahrhundert verschob sich das Machtgefüge. Römische Krisen führten zur Aufgabe mancher Gebiete, und germanische Stämme füllten das entstandene Vakuum. Diese Entwicklung sollte in der kommenden Völkerwanderungszeit dramatische Formen annehmen und Europa für immer verändern.

Damit schließen wir das zweite Kapitel. Im dritten Kapitel beschäftigen wir uns mit der Völkerwanderung und dem endgültigen Zerbrechen der römischen Ordnung in West- und Mitteleuropa. Wir werden sehen, wie sich neue Herrschaftsstrukturen bildeten und welche Rolle dabei die verschiedenen germanischen Gruppen spielten.

DRITTES KAPITEL: DIE VÖLKERWANDERUNG UND DAS ENDE DES WESTRÖMISCHEN REICHES

Die Völkerwanderung war eine Epoche tiefgreifender Umbrüche in Europa. Sie begann im 4. Jahrhundert n. Chr. und dauerte mehrere Generationen. In dieser Zeit rückten verschiedene Völker, vor allem germanische Stämme, in neue Gebiete vor. Einige suchten nach fruchtbaren Landstrichen, andere flohen vor Feinden wie den Hunnen. Die spätantiken Konflikte im Römischen Reich beschleunigten diesen Prozess. Das Weströmische Reich, das bereits unter wirtschaftlichen, militärischen und politischen Krisen litt, konnte den Ansturm immer weniger aufhalten.

3.1. Hintergründe und Auslöser der Völkerwanderung

Die Völkerwanderung hatte vielfältige Auslöser. Ein wichtiger Faktor war das Vordringen der Hunnen aus Zentralasien. Dieser Reitervolkverband war geschickt darin, sich schnell zu bewegen und Gegner zu überrumpeln. Viele germanische Gruppen, etwa die Goten oder Gepiden, sahen sich gezwungen, den heranrückenden Hunnen zu weichen und weiter westwärts zu ziehen.

Gleichzeitig war das Römische Reich seit dem 3. Jahrhundert in einer andauernden Krise. Bürgerkriege um die Kaiserwürde, wirtschaftliche Probleme und zunehmender Druck an den Grenzen schwächten die westliche Reichshälfte. Die östliche Reichshälfte, mit dem Zentrum in Konstantinopel, war stabiler und konnte ihre Grenzen besser verteidigen. Im Westen versuchten die Herrscher, germanische Söldner oder Stämme als Föderaten (Bundesgenossen) ins Reich zu holen, um die Armee aufzufüllen. Diese Gruppen erhielten Land oder Tributzahlungen und sollten im Gegenzug römisches Gebiet schützen. Allerdings lief das nicht immer reibungslos.

3.2. Die Rolle der Hunnen

Die Hunnen gelten häufig als Hauptauslöser der Völkerwanderung. Im 4. Jahrhundert tauchten sie in den Steppen nördlich des Schwarzen Meeres auf und setzten die dort ansässigen Völker unter Druck. Einige Gotenstämme baten

Rom um Aufnahme ins Reich, um sich vor den Hunnen zu retten. Andere versuchten, sich militärisch zur Wehr zu setzen.

Unter ihrem berühmten Anführer Attila weiteten die Hunnen ihren Einfluss über einen großen Teil Europas aus. Sie verlangten Tribute von den römischen Kaisern und gingen gegen Stämme vor, die sich nicht unterwarfen. Doch ihr Reich war weniger ein geordnetes Staatswesen als ein lockerer Verbund verschiedener Gruppen, der vor allem auf die starke Persönlichkeit des Herrschers und militärische Gewalt setzte. Nach Attilas Tod 453 zerfiel das Hunnenreich recht schnell, doch die Wanderbewegungen, die sie ausgelöst hatten, waren längst im Gange.

3.3. Die Westgoten und ihre Wanderung

Zu den wichtigsten germanischen Gruppen, die während der Völkerwanderung eine prägende Rolle spielten, gehören die Westgoten. Ursprünglich lebten sie im Gebiet jenseits der Donau. Unter dem Druck der Hunnen überquerten sie die Reichsgrenze und baten Kaiser Valens um Schutz. Sie wurden als Föderaten aufgenommen, gerieten jedoch bald in Konflikt mit den römischen Behörden, die sie schlecht behandelten.

Im Jahr 378 schlugen die Westgoten die römische Armee in der Schlacht bei Adrianopel vernichtend. Der Kaiser selbst fiel in dieser Schlacht. Dieser Sieg verdeutlichte, wie stark die Einfallenden geworden waren und wie verletzlich das Römische Reich inzwischen war. Später zogen die Westgoten unter ihrem Anführer Alarich durch die Balkanregion und nach Italien. Im Jahr 410 plünderten sie Rom. Obwohl die Stadt nicht mehr die Hauptstadt war, hatte diese Eroberung enorme symbolische Wirkung.

Nach längeren Wanderungen ließen sich die Westgoten schließlich in Südwestfrankreich und Spanien nieder. Dort gründeten sie eigene Herrschaftsgebiete. Der römische Kaiser konnte wenig ausrichten, da ihm die militärischen Mittel fehlten. Dieser Prozess zeigte, dass germanische Gruppen in großen Teilen des Weströmischen Reiches Fuß fassen und eigene Reiche errichten konnten.

3.4. Die Vandalen und ihre Eroberungszüge

Eine andere bedeutende Gruppe waren die Vandalen. Ursprünglich aus dem mitteleuropäischen Raum stammend, zogen sie in Richtung Westen und Süden. Zusammen mit anderen Völkern wie den Alanen und Sueben überquerten sie zu Beginn des 5. Jahrhunderts den Rhein. Zu dieser Zeit war die römische Grenzverteidigung schwach. Die Eindringlinge plünderten Gallien und setzten ihren Zug auf die Iberische Halbinsel fort.

Einige Vandalen und Alanen zogen später weiter nach Nordafrika. Dort gründeten sie ein eigenes Königreich mit der Hauptstadt Karthago. Das Vandalenreich entwickelte sich zu einer maritimen Macht, die sogar das westliche Mittelmeer kontrollierte. Im Jahr 455 plünderten die Vandalen unter König Geiserich Rom. Diese erneute Eroberung der Ewigen Stadt trug weiter zur Destabilisierung des weströmischen Machtzentrums bei.

3.5. Andere germanische Gruppen und ihre Reiche

Neben Westgoten und Vandalen spielten noch weitere Stämme eine Rolle. Die Ostgoten, die ebenfalls vor den Hunnen geflohen waren, wanderten später nach Italien. Unter Theoderich dem Großen errichteten sie in den späten 480er-Jahren ein ostgotisches Königreich in Italien. Die Burgunden gründeten ein eigenes Reich im Gebiet zwischen Genfer See und Rhonetal. Die Franken breiteten sich im nördlichen Gallien aus, und die Alemannen in Teilen Oberdeutschlands.

All diese Herrschaftsgebiete zeigten unterschiedliche Organisationsformen. Manche übernahmen römische Verwaltungsstrukturen, andere vermischten sie mit germanischen Traditionen. So entstand eine Vielfalt an neuen Staaten, die sich auf dem Boden des ehemaligen Weströmischen Reiches entwickelten.

3.6. Der Niedergang der weströmischen Zentralgewalt

Das Weströmische Reich existierte noch formell, doch es hatte immer weniger Gebiet unter direkter Kontrolle. Die Kaiser in Ravenna versuchten, ihre Macht zu erhalten, mussten aber ständig mit neuen Heermeistern aus dem Militär zusammenarbeiten, die oft germanischer Herkunft waren. Diese Heermeister beeinflussten die Regierung und setzten manchmal sogar den Kaiser ab, wenn er nicht nach ihren Vorstellungen handelte.

Einer der bekanntesten solcher Heermeister war Stilicho, ein Vandale in römischen Diensten, der anfangs das Reich verteidigte, aber später in Machtkämpfe verwickelt wurde. Ein anderer war Ricimer, der de facto die Politik in Italien bestimmte. Die eigentliche Autorität des Kaisers schwand immer mehr.

3.7. Odoaker und das Ende des Weströmischen Kaisertums

Im Jahr 476 kam es zum symbolischen Ende des Weströmischen Reiches. Odoaker, ein germanischer Offizier in römischen Diensten, setzte den letzten weströmischen Kaiser Romulus Augustulus ab. Dieser junge Kaiser war nur eine Marionette auf dem Thron, er hatte keinerlei realen Einfluss. Odoaker sandte die kaiserlichen Insignien nach Konstantinopel und erklärte, dass das Amt eines westlichen Kaisers nicht länger nötig sei.

Obwohl das oströmische Reich (Byzanz) diese Entwicklung nur widerwillig akzeptierte, markierte dieses Ereignis das offizielle Aus des weströmischen Kaisertums. Odoaker selbst regierte Italien fortan als sogenannter „König" und erkannte formell die Oberhoheit des oströmischen Kaisers an, ohne dass dieser wirkliche Kontrolle hatte.

3.8. Auswirkungen auf das Gebiet des heutigen Deutschlands

Während die großen Wanderbewegungen stattfanden, veränderten sich auch die Stammesstrukturen im Gebiet des heutigen Deutschlands. Einige der dortigen Gruppen zogen weiter, wie die Vandalen oder Burgunden. Andere blieben, etwa die Alemannen im Südwesten oder die Franken im Nordwesten. Die Sachsen und Thüringer etablierten sich in Nord- und Mitteldeutschland.

Die Siedlungsgebiete waren nicht klar abgetrennt. Es kam zu Vermischungen und Verschiebungen. Neue Stammesbünde formten sich, indem mehrere kleinere Gruppen sich zusammenschlossen. Diese Entwicklungen schufen die Basis für spätere Herzogtümer und Königreiche. Gleichzeitig gingen Teile früherer römischer Infrastruktur verloren, vor allem in den Gebieten rechts des Rheins, die nie lange in römischer Hand gewesen waren.

3.9. Zusammenleben von Römern und Germanen

In vielen Regionen, insbesondere in Gallien und den romanisierten Gebieten Südwestdeutschlands, lebten Römer und Germanen zeitweise nebeneinander.

Romanische und germanische Sprachen existierten parallel, und es kam zu vielfältigem Kulturaustausch. Germanische Eliten übernahmen teils die lateinische Schrift, römische Verwaltungsformen oder das Christentum. Umgekehrt beeinflusste die germanische Lebensweise auch die romanische Bevölkerung.

In Gebieten, wo die Römer schon länger verschwunden waren, war der kulturelle Einfluss schwächer. Dort hielten sich germanische Traditionen, Rechtssysteme und Sprachen stärker. So entstand eine kunterbunte Landkarte unterschiedlicher Gesellschaftsformen.

3.10. Die Verbreitung des Christentums

Während der Völkerwanderung breitete sich das Christentum weiter aus. Zu Beginn war das Römische Reich offiziell christlich geworden, als Kaiser Konstantin im 4. Jahrhundert die Christen förderte. Später bekannte sich Kaiser Theodosius zum Christentum als Staatsreligion.

Einige germanische Gruppen, wie die Westgoten und Vandalen, nahmen früh die arianische Form des Christentums an. Andere bekehrten sich erst später zum katholischen Glauben. Die Kirche bot oft eine gewisse Kontinuität in Zeiten des politischen Chaos, da Bischöfe und Klöster wichtige Rollen im sozialen Leben übernahmen. Damit wurde die Kirche zu einer einflussreichen Institution, die sowohl von römischen als auch von germanischen Herrschern respektiert wurde.

3.11. Der Übergang zur Frühmittelalterlichen Ordnung

Aus der Phase der Völkerwanderung und dem Ende des Weströmischen Reiches entstand langsam eine neue politische Landschaft. Germanische Königreiche traten an die Stelle der römischen Provinzen. Dabei gab es große Unterschiede in Sprache, Recht, Religion und Kultur. Das 5. und 6. Jahrhundert waren eine Phase des Übergangs, in der sich die Grundlagen für das spätere europäische Mittelalter formten.

In Italien herrschten die Ostgoten, bis sie von oströmischen Truppen bekämpft und letztlich besiegt wurden. In Spanien saßen die Westgoten. In Nordafrika die Vandalen, bis sie im 6. Jahrhundert von oströmischen Heeren bezwungen wurden. In Gallien und großen Teilen des Rheinlands wurden die Franken immer mächtiger.

3.12. Bedeutung für das künftige „Deutschland"

Aus heutiger Sicht liegt der Schwerpunkt für das spätere deutsche Kernland in den Regionen, in denen Franken, Sachsen, Alemannen und Bayern siedelten. Die Franken dehnten sich von den Niederlanden über Belgien und Nordfrankreich bis ins heutige Westdeutschland aus. Die Alemannen hielten Gebiete am Oberrhein und im heutigen Südwestdeutschland. Sachsen lebten im Norden, Bayern im Süden und Südosten.

Diese Gruppen bildeten die Keimzellen jener Gemeinschaften, die später im Mittelalter im Ostfrankenreich und im Heiligen Römischen Reich aufgingen. Doch bis dahin sollten noch Jahrhunderte vergehen. Zunächst mussten sich die neuen germanischen Reiche stabilisieren und ihre internen Strukturen festigen.

3.13. Alltag in der Zeit der Völkerwanderung

Das Alltagsleben in dieser Zeit war oft von Unsicherheit geprägt. Wanderungen bedeuteten, dass ganze Völker aufbrachen, um eine neue Heimat zu finden. Das führte zu Kämpfen um Land und Ressourcen, aber auch zu großen Veränderungen in der Landwirtschaft, da bisherige Bewirtschaftungsformen aufgelassen oder von Neuankömmlingen übernommen wurden.

Viele Menschen litten unter Plünderungen und Kriegen, doch es gab auch Orte, an denen sich das Leben normalisierte. Dort, wo die neuen Herrscher sich niederließen, versuchten sie, das Bestehende zu nutzen: römische Straßen, Befestigungen und Siedlungen. Es entstanden Gemeinschaften, in denen sich Reste der alten römischen Elite, romanische Bauern und germanische Krieger vermischten.

3.14. Die Bedeutung von Königen und Heerführern

In den neuen Königreichen spielten Heerführer und Könige eine zentrale Rolle. Häufig war ihre Macht militärisch begründet. Wer ein siegreicher Anführer war, konnte Anhänger um sich scharen und Gebiete kontrollieren. Adelshäuser begannen, ihre Macht über Generationen weiterzugeben. Der Glaube an die

Abstammung von legendären Helden oder Göttern half, den eigenen Herrschaftsanspruch zu legitimieren.

Auch die Kirche unterstützte oft die Könige, wenn diese sich zum (katholischen) Christentum bekannten. Dadurch erhielten sie zusätzliche Autorität. Umgekehrt profitierten die Kirchenoberen von den Herrschern, die sie beschützten und mit Land sowie Privilegien versorgten. Dieses Zusammenspiel von geistlicher und weltlicher Macht sollte im Mittelalter große Bedeutung entfalten.

3.15. Archäologische Spuren

Die Völkerwanderung hat zahlreiche Spuren hinterlassen, die heute noch sichtbar sind. Archäologen entdecken Gräberfelder, in denen sich Waffen, Schmuck und Alltagsgegenstände aus unterschiedlichen Kulturen finden. Das zeigt, wie es zu Begegnungen, Konflikten und Vermischungen kam.

Gleichzeitig wurden viele römische Anlagen überbaut oder aufgegeben. Mauern und Straßen verfielen, wenn sich die Bevölkerung nicht mehr darum kümmerte. In einigen Städten blieben Reste des römischen Erbes erhalten, beispielsweise Aquädukte oder Thermen, die teilweise noch genutzt wurden, sofern die Technik weiter in Stand gehalten werden konnte.

3.16. Langfristige Folgen

Die Völkerwanderung veränderte die politische Landkarte Europas grundlegend. Das Weströmische Reich verschwand, an seine Stelle traten Königreiche unterschiedlicher Größe. Der Übergang war nicht von einem Tag auf den anderen abgeschlossen, sondern zog sich über viele Jahrzehnte hin.

Ein bedeutender Aspekt dieser Umbrüche war die Verschmelzung romanischer und germanischer Traditionen. So gingen etwa spätantike Rechtsvorstellungen in germanischen Gesetzeswerken auf, und die lateinische Sprache hielt sich in der Kirche und in Teilen der Verwaltung. Gleichzeitig entwickelten sich die romanischen Sprachen in Gallien und Spanien weiter, während in anderen Teilen Europas germanische Dialekte dominierten.

3.17. Christentum als verbindendes Element

Das Christentum blieb ein verbindendes Element. Auch wenn es zu Auseinandersetzungen zwischen arianischen und katholischen Gruppen kam, setzte sich auf lange Sicht das katholische Christentum durch. Es bot einen ideellen Rahmen für Herrscher, um sich als von Gott eingesetzte Monarchen zu präsentieren. Mit der Taufe einiger wichtiger Könige (wie die Taufe des Frankenkönigs Chlodwig um 500) begann die stärkere Einbindung der germanischen Herrscherhäuser in die kirchliche Ordnung.

Die Rolle der Missionare war in diesem Zusammenhang wichtig. Sie reisten in Gebiete, in denen das Christentum noch nicht gefestigt war, gründeten Klöster und errichteten Gemeinden. Dadurch schufen sie auch Netzwerke, über die Bildung und religiöse Ideen weitergegeben wurden.

3.18. Zusammenfassung der Epoche

Die Völkerwanderung war keine kurze, einzelne Bewegung, sondern ein längerer Prozess, in dem sich viele Völker neu orientierten. Die Hunnen lösten mit ihren Angriffen eine Kettenreaktion aus, die das ohnehin geschwächte Weströmische Reich an den Rand des Zusammenbruchs brachte. Germanische Stämme wie die Goten, Vandalen und Franken gründeten neue Reiche auf römischem Boden.

Auf dem Gebiet des heutigen Deutschlands blieben manche Stämme oder verschmolzen mit anderen. Es entstanden neue Stammesbünde, die die Grundlage für das künftige Ostfrankenreich und damit für das mittelalterliche deutsche Reich bildeten.

3.19. Der Übergang zum Frühmittelalter

Mit dem Jahr 476, also der Absetzung des letzten weströmischen Kaisers, wurde eine Zäsur sichtbar. Doch das Leben ging weiter. Die östliche Reichshälfte (Byzanz) blieb bestehen und sah sich als Nachfolger Roms, während in Westeuropa regionale Mächte entstanden. Das frühe Mittelalter war geprägt von diesen neuen Reichen, die einerseits alte römische Elemente übernahmen, andererseits germanische Traditionen fortsetzten.

Dieser Abschnitt der Geschichte bereitete den Boden für künftige Entwicklungen, die wir in den nächsten Kapiteln betrachten werden. Besonders das Frankenreich und sein Aufstieg gehören zu den entscheidenden Faktoren für das spätere Mittelalter. Im nächsten Kapitel werden wir uns daher genauer mit den Franken befassen, die sich unter wechselnden Dynastien zu einer der einflussreichsten Mächte in Europa entwickelten.

3.20. Schlussbetrachtung zu Kapitel 3

Die Völkerwanderung und das Ende des Weströmischen Reiches markieren einen Wendepunkt in der europäischen Geschichte. Anstelle einer großen, aber fragilen Reichseinheit traten unterschiedliche Königreiche, die jeweils ihre eigenen Strukturen bildeten. In diesen Reichen vermischten sich germanische und römische Traditionen, so dass eine neue kulturelle Vielfalt entstand.

Dieses Kapitel hat gezeigt, welche Stämme sich auf den Weg machten, warum sie dies taten und welche Folgen das für das Weströmische Reich hatte. Wir haben einen Überblick über wichtige Gruppen wie Westgoten, Vandalen und andere gewonnen. Wir sahen, wie Germanen und Römer miteinander interagierten und wie sich in manchem Chaos neue Ordnungen bildeten.

Damit schließt das dritte Kapitel. Im vierten Kapitel werden wir uns dem Frankenreich widmen, das von den Merowingern gegründet und später von Karl dem Großen zu einer wichtigen Größe in Europa gemacht wurde.

VIERTES KAPITEL: DAS FRANKENREICH UND KARL DER GROßE

In diesem Kapitel beschäftigen wir uns mit der Entstehung des Frankenreichs und seiner Entwicklung unter den Merowingern und Karolingern. Insbesondere Karl der Große prägte eine Epoche, in der das Frankenreich den größten Teil Westeuropas umfasste. Diese Zeit war für das spätere Deutschland bedeutsam, weil sich hier Strukturen entwickelten, die im Mittelalter fortwirkten.

4.1. Ursprung und Aufstieg der Franken

Die Franken waren ein germanisches Bündnis, das schon in römischen Quellen erwähnt wurde. Bereits im 3. Jahrhundert n. Chr. tauchten Franken am Rhein auf. Anfangs gab es verschiedene Gruppen, die sich später zu den Rheinfranken und den salischen Franken zusammenschlossen. Im 4. Jahrhundert wurden einige dieser Franken als Föderaten im Römischen Reich angesiedelt und sollten die Grenzen sichern.

Als das Weströmische Reich zusammenbrach, nutzten die Franken die Gelegenheit, ihren Einfluss in Gallien und den angrenzenden Gebieten auszuweiten. Dabei spielten einzelne Anführer eine Schlüsselrolle. Aus einer Adelsfamilie stammte Chlodio, der als früher König der salischen Franken angesehen wird. Unter ihm dehnten die Franken ihr Herrschaftsgebiet am Niederrhein aus.

4.2. Die Merowinger und Chlodwigs Taufe

Die Dynastie der Merowinger erhielt ihren Namen von einem legendären Ahnen namens Merowech. Diese Familie stellte ab dem Ende des 5. Jahrhunderts die Könige der Franken. Ein bedeutender König war Chlodwig I. (um 466-511). Er bezwang rivalisierende fränkische Kleinkönige und dehnte sein Reich über einen Großteil Galliens aus.

Besonders wichtig war Chlodwigs Bekehrung zum christlichen (katholischen) Glauben. Der Legende nach ließ er sich um 500 n. Chr. taufen. Die meisten germanischen Herrscher waren zu dieser Zeit Arianer, doch Chlodwig entschied sich für das katholische Christentum. Das brachte ihm die Unterstützung der gallo-römischen Bevölkerung und der Bischöfe ein. Außerdem schuf es eine stabile Grundlage für die Zusammenarbeit mit der römisch-katholischen Kirche.

4.3. Ausdehnung und innere Strukturen des Merowingerreichs

Nach Chlodwigs Tod wurde das Frankenreich unter seinen Söhnen aufgeteilt, was typisch für die germanische Erbfolge war. Dennoch blieb das Reich in einer Art Teilungsverfassung erhalten und behielt einen gemeinsamen Zusammenhalt. Der Adel war wichtig für die Verwaltung, da es noch kein stark ausgeprägtes Beamtenwesen gab. Lokale Grafen und Bischöfe sorgten für Ordnung und Rechtsprechung.

Die Merowinger begünstigten Klöster und Kirchen, die oft Grundbesitz und Macht ansammelten. Es kam zu einer intensiven Christianisierung weiter Gebiete, unter anderem im Bereich des heutigen Frankreich und Westdeutschlands. Die römischen Städte verfielen mancherorts oder wurden nur teilweise genutzt. Neue Zentren entstanden um fränkische Pfalzen und Burganlagen.

4.4. Schwächung der Merowinger und Aufstieg der Hausmeier

Im Laufe der Zeit verloren die Merowinger-Könige an Autorität. Verschiedene Zweige der Königsfamilie bekämpften sich, und der Adel gewann an Einfluss. Vor allem die sogenannten Hausmeier (majordomi) traten in Erscheinung. Ursprünglich waren sie Hofverwalter, die die königlichen Güter und die Hofhaltung organisierten. Doch im 7. und 8. Jahrhundert übernahmen sie zunehmend die eigentliche Regierungsgewalt.

Eine bedeutende Familie der Hausmeier war das Geschlecht der Arnulfinger/Pippiniden, aus dem später die Karolinger hervorgingen. Sie sicherten sich die Macht in Austrien (dem östlichen Teil des Frankenreichs) und setzten dort Könige ein oder schalteten sie aus. Karl Martell, einer der berühmtesten Hausmeier, gewann im Jahr 732 in der Schlacht von Tours und Poitiers gegen die vordringenden arabisch-islamischen Heere. Dieser Sieg verschaffte den Hausmeiern große Anerkennung.

4.5. Pippin der Jüngere und der Übergang zu den Karolingern

Karl Martells Sohn Pippin der Jüngere (auch Pippin der Kurze genannt) schaffte es, den letzten Merowingerkönig Childerich III. abzusetzen. Das geschah im Jahr

751. Mit der Unterstützung des Papstes wurde Pippin selbst zum König der Franken gekrönt. Damit endete die Dynastie der Merowinger, und die Karolinger übernahmen die Herrschaft.

Diese enge Verbindung zwischen dem fränkischen König und dem Papst sollte ein wichtiger Pfeiler für die Stabilität der Karolinger werden. Pippin unterstützte den Papst militärisch gegen langobardische Angriffe in Italien, wofür er sich den kirchlichen Segen sicherte. Diese gegenseitige Hilfe zwischen Königtum und Kirche sollte später auch für Karl den Großen von Bedeutung sein.

4.6. Karl der Große: Aufstieg zum mächtigsten Herrscher in Westeuropa

Pippin der Jüngere starb 768. Seine beiden Söhne Karl und Karlmann teilten das Reich. Nach Karlmanns Tod 771 regierte Karl alleine und wurde später als Karl der Große bekannt. Er war ein energischer Herrscher, der das Frankenreich in zahlreichen Kriegen erweiterte.

Ein Schwerpunkt seiner Politik war die Eroberung und Missionierung Sachsens. Die Sachsen leisteten heftigen Widerstand, und es kam zu Jahrzehnte andauernden Kämpfen. Karl verfolgte eine harte Linie: Er ließ Gegner hinrichten und zwang die besiegten Sachsen zur Taufe. Gleichzeitig gründete er Klöster und Bistümer, um die kirchliche Organisation zu festigen.

4.7. Erweiterung des Reiches und Beziehungen zu anderen Mächten

Karl führte auch Krieg gegen die Langobarden in Italien. Er besiegte sie und trug damit dazu bei, dass das Papsttum seine Macht über das Gebiet des Kirchenstaates sichern konnte. Außerdem unternahm er Feldzüge gegen die Awaren im Donauraum, die er ebenfalls besiegte.

So entstand ein riesiges Reich, das sich von Norddeutschland bis nach Norditalien und von Frankreich bis an die Gebiete, die heute Ungarn sind, erstreckte. Karl pflegte außerdem diplomatische Kontakte zum byzantinischen Kaiser in Konstantinopel und zum Kalifat in Bagdad. Das Frankenreich war somit ein wichtiger Faktor im europäischen Machtgefüge geworden.

4.8. Krönung zum Kaiser im Jahr 800

Den Höhepunkt seiner Herrschaft erreichte Karl der Große, als er im Jahr 800 in Rom zum Kaiser gekrönt wurde. Papst Leo III. setzte ihm die Kaiserkrone auf.

Diese Zeremonie hatte große symbolische Bedeutung. Es war eine Wiederbelebung des Kaisertums im Westen, nachdem das Weströmische Reich seit 476 formal nicht mehr existiert hatte.

Allerdings war dieses Kaisertum keine einfache Fortführung der römischen Tradition. Karl sah sich als Schützer der Christenheit und des Papstes. Der oströmische (byzantinische) Kaiser erkannte ihn anfangs nicht als gleichwertigen Kaiser an, da das Kaisertum dort weiterhin bestand. Dennoch schuf diese Krönung ein neues Selbstverständnis für den fränkischen Herrscher und seine Nachfolger.

4.9. Verwaltung und Gesetzgebung

Karl der Große versuchte, sein riesiges Reich durch eine verbesserte Verwaltung zu kontrollieren. Er teilte das Land in Gaue oder Grafschaften ein, denen Grafen vorstanden. Diese Grafen waren zur Rechtsprechung und zur Sicherung der königlichen Ordnung verpflichtet. Daneben gab es Markgrafschaften an den Grenzen, um feindliche Einfälle abzuwehren.

Zur Überwachung der Grafen entsandte Karl sogenannte Missi dominici, also königliche Gesandte. Diese reisten in Begleitung eines Geistlichen durch die Grafschaften und überprüften, ob die Anordnungen des Königs befolgt wurden. Außerdem erließ Karl Kapitularien, schriftliche Bestimmungen, in denen er sein Recht festhielt.

4.10. Karolingische Renaissance

Unter Karl dem Großen erlebte die Bildung und Kultur einen Aufschwung, den man später als „Karolingische Renaissance" bezeichnete. Er förderte den Aufbau von Klosterschulen, in denen Mönche und spätere Geistliche lernten, zu lesen und zu schreiben. Besonders lateinische Handschriften wurden kopiert und verbreitet, was half, das Wissen der Antike zu bewahren.

Die Hofschule in Aachen, Karls Residenz, zog Gelehrte aus vielen Teilen Europas an. Einer der bekanntesten war Alkuin von York. Er kümmerte sich um die Reform des Bildungswesens und beriet den Kaiser in theologischen Fragen. Die karolingische Minuskel, eine gut lesbare Schrift, entstand in dieser Zeit und legte den Grundstein für spätere Schriftentwicklungen.

4.11. Die Pfalz in Aachen

Karl der Große machte Aachen zu seiner bevorzugten Pfalz. Er ließ dort eine repräsentative Pfalzkapelle errichten, die heute noch im Aachener Dom zu sehen ist. Dieses Bauwerk zeigt Einflüsse aus der römischen und byzantinischen Architektur. Karl wollte damit seine kaiserliche Würde unterstreichen und ein religiöses Zentrum für sein Reich schaffen.

Rund um die Pfalzkapelle entstand ein Komplex aus Wohngebäuden, Verwaltungsräumen und Badeanlagen. Die heißen Quellen von Aachen waren dem König sehr willkommen, da er Bäder liebte. Die Pfalz war nicht nur ein Ort der Regierung, sondern auch ein Symbol für den kaiserlichen Glanz, den Karl verströmte.

4.12. Karls Haltung zum Christentum

Karl der Große verstand sich als Beschützer und Förderer des katholischen Christentums. Er unterstützte den Papst in Rom und setzte die christianisierte Ordnung in seinen eroberten Gebieten durch. In den sächsischen Kriegen führte das zu Zwangstaufen und Strafmaßnahmen gegen heidnische Kultpraktiken.

Viele Bischöfe und Äbte in seinem Reich waren eng mit der königlichen Verwaltung verflochten. Klöster erhielten Privilegien und spielten eine wichtige Rolle bei der Kultivierung des Landes. Kirchen und Klöster boten zudem Unterkünfte für Reisende, die auf den damals unsicheren Wegen unterwegs waren.

4.13. Gesellschaft und Wirtschaft im Frankenreich

Das Frankenreich war landwirtschaftlich geprägt. Ein Großteil der Bevölkerung lebte auf dem Land, baute Getreide, Wein oder Gemüse an und hielt Vieh. Es gab auch Handel, zum Beispiel mit Salz, Stoffen oder Luxusgütern aus dem Mittelmeerraum. Die meisten Straßen stammten noch aus römischer Zeit, waren aber oft in schlechtem Zustand.

Rechtsnormen stammten teils aus dem germanischen Stammesrecht und teils aus römisch beeinflussten Regelungen. Während des Karolingerreichs verfestigte sich eine Gesellschaftsordnung, in der Freie, Halbfreie und Unfreie unterschieden wurden. Diese Schichtung sollte später in der mittelalterlichen Lehensordnung weiterentwickelt werden.

4.14. Probleme und Grenzen der karolingischen Herrschaft

Trotz aller Reformen und Erfolge war Karls Reich nicht ohne Schwächen. Die Kommunikation war langsam, und die Kontrolle über entlegene Gebiete blieb schwierig. Lokale Adlige nutzten ihre Machtpositionen oft aus, um eigene Interessen zu verfolgen.

Außerdem fehlte eine klare Regelung für die Thronfolge. Nach fränkischem Brauch wurde das Erbe unter den Söhnen aufgeteilt. Karl hatte mehrere Kinder, und so war schon abzusehen, dass eine Teilung des Reiches auf Dauer Streit zwischen den Erben hervorrufen würde.

4.15. Nach Karls Tod: Teilungen und innere Konflikte

Karl der Große starb im Jahr 814. Sein Sohn Ludwig der Fromme folgte ihm nach. Ludwigs Herrschaft war von Auseinandersetzungen mit seinen Söhnen und dem Adel geprägt. Als Ludwig 840 starb, brachen offene Konflikte zwischen den Erben aus.

Schließlich wurde das Frankenreich im Vertrag von Verdun (843) in drei große Teile geteilt: Westfrankenreich, Ostfrankenreich und das Mittelreich. Das Ostfrankenreich umfasste etwa das Gebiet des heutigen Deutschlands. Das Westfrankenreich entwickelte sich zum Vorläufer Frankreichs. Das Mittelreich zerfiel später, doch aus Teilen davon sollte sich das Königreich Burgund und das heutige Italien entwickeln.

4.16. Bedeutung für das spätere Deutschland

Der Ostteil des Reiches ging schließlich in das ostfränkische Königreich über, das als Keimzelle für das spätere Heilige Römische Reich Deutscher Nation gilt. Damit kann man sagen, dass Karl der Große indirekt zur Entstehung eines politischen Raumes beigetragen hat, der spätere deutsche Geschichte stark prägte.

Zwar sahen sich die ostfränkischen Herrscher zunächst immer noch als Erben Karls, doch die regionale Identität nahm mit der Zeit zu. Unterschiede in Sprache und Kultur vertieften sich zwischen dem westlichen und dem östlichen

Teil des ehemaligen Frankenreichs. Die Dialekte im Ostteil entwickelten sich zu Althochdeutsch, während im Westteil romanische Dialekte an Bedeutung gewannen.

4.17. Das Bild Karls in späteren Zeiten

Karl der Große wurde später zu einer mythischen Gestalt verklärt. Chronisten und Mönche, die im Reich seiner Nachfolger schrieben, hoben seine Taten hervor und stellten ihn als idealen christlichen Herrscher dar. Kirchen und Klöster ehrten ihn als Heiligen oder Seligen.

Diese Glorifizierung hatte politischen Nutzen. Könige und Kaiser, die sich als Nachfolger Karls sahen, versuchten, seine Autorität auf sich zu übertragen. Selbst als das Mittelalter fortschritt, blieb Karl der Große eine Lichtgestalt für viele Herrscher.

4.18. Kulturelle Hinterlassenschaften

Die kulturellen Leistungen der Karolingerzeit hatten weitreichende Folgen. Viele antike Texte wurden in Klöstern kopiert und so überliefert. Die karolingische Minuskel erleichterte das Schreiben und Lesen, was ein wichtiger Schritt für die europäische Schriftkultur war.

Auch in der Baukunst setzten die Karolinger Akzente. Kirchen und Klöster folgten oft dem Vorbild der Aachener Pfalzkapelle. Zwar sind nur wenige Bauwerke aus jener Zeit vollständig erhalten, doch der Grundriss und einige architektonische Details sind über schriftliche Quellen und Ausgrabungen bekannt.

4.19. Zusammenfassung der Zeit Karls des Großen

Die Epoche Karls des Großen war geprägt von einer starken Königsmacht, der engen Verbindung mit der Kirche und der Ausweitung fränkischer Herrschaft. Er schuf ein Imperium, das große Teile Westeuropas umfasste. Gleichzeitig förderte er Bildung und Kultur in einem Ausmaß, das für das Frühmittelalter ungewöhnlich war.

Dennoch war das Reich nach seinem Tod instabil und wurde unter seinen Erben mehrfach geteilt. Die politische Einheit des Frankenreichs war nicht von Dauer. Doch die Idee eines westeuropäischen Großreichs und das Prestigebild von Karl als Kaiser wirkten lange nach.

4.20. Ausblick auf die weiteren Entwicklungen

Das Reich, das Karl der Große geschaffen hatte, zerbrach in mehrere Teile, aus denen sich im Laufe der Zeit neue Königreiche und politische Strukturen bildeten. Für das spätere Deutschland war insbesondere das Ostfrankenreich entscheidend. Dort entwickelten sich die ottonischen Könige im 10. Jahrhundert zu einer neuen Kaisermacht.

Im nächsten Kapitel werden wir uns den Ottonen und dem frühen Heiligen Römischen Reich zuwenden. Dort werden wir sehen, wie Heinrich I. und Otto der Große auf den Grundlagen des Ostfrankenreichs aufbauten und ein neues Kaisertum schufen, das sich als Nachfolger Karls des Großen verstand.

Damit schließen wir das vierte Kapitel. Es hat den Aufstieg der Franken unter den Merowingern und Karolingern nachgezeichnet und gezeigt, wie Karl der Große für kurze Zeit ein westeuropäisches Großreich schuf. Diese Entwicklung bildet den Übergang zum nächsten Abschnitt der deutschen Geschichte, in dem sich das Ostfrankenreich und später das Heilige Römische Reich weiter formten.

FÜNFTES KAPITEL: DIE OTTONEN UND DAS FRÜHE HEILIGE RÖMISCHE REICH

In diesem Kapitel betrachten wir den Aufstieg des ostfränkischen Reiches nach der Karolingerzeit und den Beginn einer neuen Dynastie: der Ottonen. Unter ihnen formte sich das, was wir heute als „Heiliges Römisches Reich" bezeichnen – allerdings zunächst noch ohne den späteren Zusatz „Deutscher Nation". Die Ottonen prägten das 10. und beginnende 11. Jahrhundert maßgeblich durch Kriege, Bündnisse, kirchliche Reformen und den Ausbau königlicher Machtstrukturen. Wir werden sehen, wie Heinrich I. und sein Sohn Otto I. (später Otto der Große genannt) das Fundament legten für ein Reich, das sich in Mitteleuropa über Jahrhunderte behaupten sollte.

5.1. Nach der Karolingerherrschaft: Das Ostfrankenreich im Umbruch

Nach dem Tod Karls des Großen (814) und den darauf folgenden Teilungen zerbrach dessen gewaltiges Frankenreich. Das Ostfrankenreich, also das Gebiet östlich des Rheins, sollte zu einem Kernraum für die spätere deutsche Geschichte werden. Die direkte karolingische Linie starb dort im Jahr 911 mit dem Tod König Ludwigs des Kindes aus. Damit endete die Dynastie der Karolinger in Ostfranken, und es musste ein neuer Herrscher gewählt werden.

Die Wahl fiel zunächst auf Konrad I. aus dem Geschlecht der Konradiner. Er hatte jedoch große Schwierigkeiten, seine Macht gegen rivalisierende Stammesherzöge zu behaupten. Die fränkischen, bayerischen, schwäbischen und sächsischen Herrscherhäuser kämpften um Einfluss und Privilegien. Konrad I. starb 918, ohne sein Königtum wirklich gefestigt zu haben.

5.2. Heinrich I. (der Vogler) und die Festigung des Königtums

Nach Konrads Tod wurde Heinrich, Herzog von Sachsen, zum neuen König gewählt. Er stammte aus dem Geschlecht der Liudolfinger, das sich später nach seinem Sohn Otto I. auch „Ottonen" nannte. Heinrich war ein pragmatischer Herrscher, der das Königtum Schritt für Schritt festigte.

5.2.1. Bündnispolitik und Einbindung der Stammesherzöge

Heinrich I. setzte auf Diplomatie und Bündnisse. Anstatt sich mit Waffengewalt gegen alle großen Herzogtümer durchzusetzen, suchte er den Ausgleich. Er erkannte die Stellung der Stammesherzöge an und verlangte dafür Treue gegenüber dem König. So konnte er die wichtigsten Gebiete (Sachsen, Franken, Schwaben und Bayern) zumindest locker unter seiner Führung vereinen.

Dieser Ansatz gab den Herzögen weiterhin viel Autonomie. Allerdings schuf Heinrich damit eine Basis, auf der die Könige künftig aufbauen konnten. Das Reich blieb zwar in kleinere Herrschaftsräume zersplittert, doch die Anerkennung der königlichen Oberhoheit war ein entscheidender Schritt zur Stabilisierung.

5.2.2. Abwehr der Ungarn

Eine der größten Bedrohungen für das Ostfrankenreich in dieser Zeit waren die Ungarn. Dieses Reitervolk hatte sich im Karpatenbecken niedergelassen und unternahm Raubzüge tief ins Reichsgebiet. Heinrich erkannte, dass er eine schlagkräftige Verteidigung aufbauen musste. Er verhandelte 924 einen Waffenstillstand mit den Ungarn und nutzte diese Zeit, um sein Heer zu verbessern und Burgen anzulegen.

Die Burgen spielten eine entscheidende Rolle. Heinrich ließ befestigte Anlagen errichten und verbesserte die Wehrfähigkeit, indem er eine Art frühfeudales Heerwesen aufbaute: Die wehrfähige Bevölkerung, insbesondere jene auf königlichen Gütern, musste im Verteidigungsfall zur Burg flüchten und diese verteidigen. Zugleich stellte der König ein Reiterheer auf, das den Ungarn begegnen konnte.

5.2.3. Sieg gegen die Ungarn und Stärkung des Königtums

929 brach Heinrich die Waffenruhe und stellte sich den Ungarn in mehreren kleineren Gefechten. Der Höhepunkt kam 933 in der Schlacht bei Riade (möglicherweise in Thüringen gelegen), in der Heinrichs Truppen die Ungarn besiegten. Dieser Erfolg brachte Heinrich I. großen Ruhm und stärkte die königliche Autorität.

Heinrich starb 936. Er hatte das Königtum gefestigt und seinen Sohn Otto zum Nachfolger bestimmt. Dieser profitierte von den gewonnenen Erfahrungen im

Umgang mit den Herzögen und vom verbesserten Heerwesen, das Heinrich aufgebaut hatte.

5.3. Otto I. (der Große) und die Kaiserkrönung

Otto I., im Jahr 912 geboren, übernahm 936 die Königswürde. Er wurde im traditionsreichen Aachener Dom, also an der Pfalzkapelle Karls des Großen, zum König gekrönt, was symbolisch die Verbindung zum karolingischen Erbe unterstrich.

5.3.1. Konflikte mit den Stammesherzögen

Gleich nach seiner Krönung zog Otto die Zügel an. Er beharrte auf königlichen Rechten und wollte die Herzogtümer stärker an seine Person binden. Einige Herzöge, besonders in Bayern und Franken, fühlten sich übergangen. Es kam zu Aufständen und Rebellionen, an denen teils auch Mitglieder aus Ottos engster Familie beteiligt waren.

Otto reagierte konsequent, aber er ging auch Kompromisse ein. Er setzte rebellische Herzöge ab, vergab die Herzogswürde an eigene Verwandte oder nahe Gefolgsleute. In Bayern konnte er durch eine geschickte Ehepolitik Einfluss gewinnen. Insgesamt gelang es ihm, seinen Machtbereich zu festigen, doch es kam immer wieder zu Spannungen.

5.3.2. Sieg über die Ungarn auf dem Lechfeld (955)

Eine wegweisende Schlacht, die Otto I. zum Helden machte, war die Schlacht auf dem Lechfeld bei Augsburg im Jahr 955. Die Ungarn, die nach Heinrichs Tod erneut Raubzüge im Reich unternahmen, standen mit einer großen Armee vor Augsburg. Otto sammelte ein Heer aus mehreren Reichsteilen, darunter auch Kontingente anderer Herzogtümer, die ihm nun die Gefolgschaft leisteten.

Der Sieg auf dem Lechfeld war fulminant. Ottos Reiterheer und seine Verbündeten schlugen die Ungarn so entscheidend, dass diese nie wieder in großem Stil ins Reich einfielen. Dieser Triumph festigte Ottos Ansehen enorm. Er galt nun als der Retter des Reiches und erhielt den Beinamen „der Große".

5.3.3. Italienpolitik und die Kaiserkrone

Otto I. wandte seinen Blick auch nach Italien, wo der schwache König Berengar II. herrschte. Italien war zu dieser Zeit für jeden ostfränkischen König verlockend, denn dort lagen die Reste des alten karolingischen Reiches, und der Besitz der lombardischen Krone bedeutete Prestige und potenziellen Reichtum.

962 zog Otto mit einem Heer nach Italien, besiegte Berengar und ließ sich von Papst Johannes XII. in Rom zum Kaiser krönen. Damit verband er das ostfränkische Königtum mit der römischen Kaisertitulatur, ein weiterer Schritt in Richtung eines „Heiligen Römischen Reiches". Allerdings war diese Bezeichnung noch nicht offiziell gebräuchlich. Otto sah sich als Nachfolger Karls des Großen und betonte die enge Verbindung mit der Kirche, von der er sich sakral legitimieren ließ.

5.4. Das Zusammenwirken von König/Kaiser und Kirche

Ein wichtiger Bestandteil der ottonischen Herrschaft war die enge Kooperation mit der Kirche. Otto und seine Nachfolger nutzten Klöster und Bistümer als Stützpfeiler der königlichen Macht. Das lag daran, dass kirchliche Amtsträger in der Regel kinderlos blieben und keinen vererbbaren Besitz anlegen konnten. So blieb Land, das an Bischöfe oder Äbte vergeben wurde, langfristig im Einflussbereich des Königs.

5.4.1. Bischofseinsetzungen und Reichskirchensystem

Otto I. und später auch Otto II. und Otto III. setzten Bischöfe und Äbte ein, die sie für loyal hielten. Diese Geistlichen wurden mit Grundbesitz, Privilegien und Immunitäten ausgestattet. Sie hatten zwar geistliche Pflichten, waren aber zugleich weltliche Grundherren, die Heeresfolge leisten mussten. Dieses sogenannte Reichskirchensystem stärkte die königliche Gewalt gegenüber den weltlichen Fürsten, weil der König Bischöfe leichter absetzen konnte als einen erblichen Herzog.

5.4.2. Kirchliche Reformen

Die Ottonen förderten Klosterreformen und eine stärkere Disziplin im Klerus. Sie unterstützten zum Beispiel die Reformbewegung von Cluny, die mehr geistliche Erneuerung in den Klöstern forderte. Damit gewannen sie Ansehen bei den Gläubigen und den Reformern in der Kirche.

Allerdings blieb das Reichskirchensystem auch eine potentielle Konfliktquelle, weil Päpste und andere Kirchenkreise später die Verquickung von weltlicher und geistlicher Macht kritisierten. Dies sollte im Investiturstreit (11. Jahrhundert) eine zentrale Rolle spielen.

5.5. Die Nachfolger Ottos des Großen

Otto I. starb 973. Sein Sohn Otto II. und später dessen Sohn Otto III. führten die Kaiserwürde fort, stießen aber auf verschiedene Probleme.

5.5.1. Otto II. (973–983)

Otto II. war noch jung, als er den Thron bestieg. Er erbte ein weit ausgedehntes Reich, musste aber neue Krisen bewältigen. An der Ostgrenze kam es zu Aufständen slawischer Stämme, die den christlichen Einfluss abstreiften. Im Süden geriet Otto II. in Konflikt mit den Muslimen in Unteritalien. In der Seeschlacht bei Kap Colonna (982) erlitt er eine schwere Niederlage.

Trotzdem gelang es Otto II., das Königtum und Kaisertum zu bewahren. Er war eng mit Byzanz verbunden, da er eine byzantinische Prinzessin (Theophanu) geheiratet hatte. Damit wollte er eine Allianz schmieden, die jedoch nie wirklich stabil war. Otto II. starb 983 überraschend. Sein Sohn Otto III. war zu diesem Zeitpunkt erst drei Jahre alt.

5.5.2. Otto III. (983–1002)

Die Herrschaft Ottos III. wurde von seiner Mutter Theophanu und später von seiner Großmutter Adelheid regiert, solange er unmündig war. Otto III. hatte eine visionäre Idee von einem erneuerten römischen Imperium (Renovatio imperii Romanorum). Er sah sich nicht nur als König der Deutschen, sondern als Kaiser eines christlichen Weltreiches.

Tatsächlich hielt er sich oft in Rom auf, förderte die römische Kirchenleitung und suchte eine enge Verbindung zum Papst. In Deutschland formte sich aber Widerstand, da die Fürsten befürchteten, Otto vernachlässige die

Angelegenheiten nördlich der Alpen. Der frühe Tod Ottos III. im Jahr 1002 setzte seinen Plänen ein abruptes Ende.

5.5.3. Heinrich II. (1002–1024)

Nach Otto III. fiel die Wahl auf Heinrich II. aus der bayerischen Linie der Ottonen. Er wurde 1002 zum König und 1014 zum Kaiser gekrönt. Heinrich II. festigte nochmals das Reichskirchensystem, förderte Klosterreformen und legte Wert auf die Ordnung im Reich. Er war fromm und gründete mehrere Bistümer, darunter das Bistum Bamberg.

Heinrich II. führte zwar auch Kriege gegen Polen und Italien, doch im Vergleich zu Otto dem Großen war seine Außenpolitik weniger expansiv. Er konzentrierte sich stärker auf innere Stabilität. Mit Heinrich II. starb 1024 die ottonische Hauptlinie aus, und es folgte die Dynastie der Salier.

5.6. Gesellschaft und Wirtschaft zur Zeit der Ottonen

In der Epoche der Ottonen erlebte das Ostfrankenreich, das man allmählich auch als Regnum Teutonicum (‚Königreich der Deutschen') bezeichnete, eine relative Stabilität. Die Ungarneinfälle wurden abgewendet, und an den Grenzen nach Osten und Norden kam es zu ersten Siedlungs- und Missionsbewegungen.

5.6.1. Landwirtschaft und Grundherrschaft

Die meisten Menschen lebten nach wie vor in ländlichen Gebieten. Die Grundherrschaft war das bestimmende Sozial- und Wirtschaftsmodell: Ein Grundherr (Adliger, Bischof, Abt) verfügte über große Ländereien, auf denen abhängige Bauern (Hörige, Leibeigene) arbeiteten. Dafür erhielten die Bauern Schutz und Ackerland, mussten aber Abgaben leisten und Frondienste verrichten.

Klöster spielten in der Wirtschaft eine wichtige Rolle, da sie oft Zentren der Bildung und Technik waren. Sie brachten neue Anbaumethoden und verbesserten die Viehhaltung. Darüber hinaus sorgten sie für die Verbreitung von Handwerkskenntnissen, etwa in der Metallbearbeitung oder im Bauwesen.

5.6.2. Handel und Märkte

In der ottonischen Zeit entwickelten sich erste Ansätze eines Fernhandels. Kaufleute aus Venedig oder anderen italienischen Städten reisten über die Alpen, um Waren auszutauschen. Salz, Pelze, Wachs und Honig aus den östlichen Gebieten waren begehrt. Im Gegenzug gelangten Wein, Tücher, Metalle und Gewürze ins Reich.

Städte spielten dabei noch eine geringere Rolle als in späteren Zeiten, aber einige alte römische Zentren oder Bischofssitze wie Köln, Mainz, Worms oder Regensburg lebten wieder auf. Dort entstanden Märkte, auf denen regional gehandelt wurde.

5.6.3. Rittertum im Werden

Im 10. Jahrhundert begann sich langsam das, was wir später als „Rittertum" kennen, herauszubilden. Eine adelige Kriegerkaste mit speziellem Ehrenkodex existierte zwar noch nicht in voller Ausprägung, doch die Bewaffnung mit Lanze, Schwert und Panzerreiter-Ausrüstung wurde bedeutsamer. Pferdehaltung war kostspielig, wodurch das Kriegswesen in der Hand der begüterten Oberschicht lag.

Diese Reiterkrieger bildeten das Rückgrat der königlichen Heere. Besonders bei den Kämpfen gegen die Ungarn zeigte sich, wie wichtig gut ausgebildete und ausgerüstete Reiter waren. Im 11. Jahrhundert sollte diese Entwicklung zum hochmittelalterlichen Rittertum weiter voranschreiten.

5.7. Kulturelle Impulse und Schriftlichkeit

Die Ottonen griffen auf die kulturellen Errungenschaften der Karolingerzeit zurück und entwickelten sie weiter. Klöster blieben die Zentren des Schreibens und Kopierens. Besonders die Hagiographie (Heiligengeschichten) und Geschichtsschreibung blühten auf. So schrieb etwa Widukind von Corvey eine Chronik über die sächsischen Könige („Res gestae Saxonicae"), in der Heinrich I. und Otto I. als große Helden dargestellt wurden.

5.7.1. Ottonische Kunst

In Kirchen und Klöstern entstand eine Kunst, die als „Ottonische Kunst" bezeichnet wird. Sie knüpfte an karolingische Vorbilder an, war aber eigenständig. Vor allem in der Buchmalerei und der Goldschmiedekunst entstanden prächtige Werke, zum Beispiel reich verzierte Evangeliar-Handschriften oder kunstvolle Reliquiare.

Bautätigkeit war zwar nicht so umfassend wie später in der Romanik, aber einige bedeutende Kirchenbauten stammen aus dieser Zeit, etwa die Kirchen in Hildesheim unter Bischof Bernward. Dort findet man frühe Beispiele für monumentale Bronzeportale mit biblischen Darstellungen.

5.8. Das Verhältnis zu den westlichen und östlichen Nachbarn

Politisch musste sich das ostfränkisch-deutsche Reich unter den Ottonen auf mehreren Ebenen behaupten:

- **Nach Westen**: Das Westfrankenreich (Vorläufer Frankreichs) entwickelte sich eigenständig, war aber anfangs innerlich schwach. Otto I. und seine Nachfolger intervenierten dort gelegentlich, wenn es um Grenzstreitigkeiten im heutigen Lothringen ging.
- **Nach Osten**: An den Elbe- und Odergrenzen lebten slawische Stämme. Teilweise schlossen sie Bündnisse mit den Ottonen, teils wehrten sie sich gegen die fränkische Christianisierungspolitik. Otto I. gründete Bistümer wie Merseburg, Zeitz und Meißen zur Missionierung dieser Regionen.
- **Nach Norden**: Die Dänen waren eine ständige Herausforderung, besonders wenn sie in der Ostsee oder entlang der Küsten plünderten. Heinrich I. und Otto I. suchten hier ebenfalls Burgen zu errichten, um Angriffe abzuwehren.
- **Nach Süden**: In Italien wollten die Ottonen ihre kaiserlichen Ansprüche durchsetzen. Sie kämpften gegen lokale Fürsten, gegen byzantinischen Einfluss in Süditalien und gelegentlich gegen muslimische Emirate in Sizilien.

Diese vielfältigen Konfliktlinien zeigen, dass das Reich keine ruhige Zeit erlebte. Dennoch gelang es den Ottonen, eine Art Ordnung herzustellen, die von vielen Zeitgenossen als stabiler galt als die vorangehenden Wirren nach der Karolingerzeit.

5.9. Die Bedeutung der Ottonen für das spätere „Heilige Römische Reich"

Der Ausdruck „Heiliges Römisches Reich" kommt erst im 12. Jahrhundert verstärkt auf. Dennoch legen die Ottonen den Grundstein, indem sie das Kaisertum wiederbeleben, die Verbindung zwischen Reich und Kirche festigen und einen Herrschaftsbereich schaffen, der große Teile Mitteleuropas umfasste.

5.9.1. Sakralkönigtum und Gottesgnadentum

Die Ottonen bauten das Sakralkönigtum weiter aus, das heißt, die Vorstellung, dass der König beziehungsweise Kaiser von Gott selbst eingesetzt sei. Die Krönung in Rom gab Otto dem Großen und seinen Nachfolgern zusätzlichen Nimbus. Die enge Bindung an die Kirche und die Erhebung durch den Papst stärkten dieses Bild.

Mit der Zeit entwickelte sich daraus das sogenannte Gottesgnadentum, wonach der König „von Gottes Gnaden" regiere. Diese Legitimation sollte später in den Auseinandersetzungen mit dem Papsttum, besonders im Investiturstreit, eine entscheidende Rolle spielen, weil beide Seiten sich auf ein göttliches Recht beriefen.

5.9.2. Verwaltungsansätze und lokale Machtstrukturen

Zwar war das Reich weit von einer zentralisierten Verwaltung entfernt, doch die Ottonen legten gewisse Grundlagen:

- **Reichsgüter**: Ländereien in königlichem Besitz wurden systematisch verwaltet.
- **Reichskirche**: Bischöfe und Äbte verwalteten große Territorien im Auftrag des Königs.
- **Herzogtümer**: Obwohl die Herzöge ihre Rechte behielten, band sie die königliche Oberhoheit und ein gemeinsames Heer.

Daraus entwickelte sich eine Schichtung, die noch lange nachwirkte. Adlige, die Dienste für den König leisteten, erhielten Lehen und durften dafür die Erträge eines Gebietes nutzen. Dieses „Lehnssystem" war ein wichtiges Instrument, um Gefolgschaft zu sichern, obwohl es in der ottonischen Zeit noch nicht so ausgeprägt war wie später im Hochmittelalter.

5.10. Abschlussbetrachtung zu den Ottonen

Die Ottonen prägten eine bedeutende Epoche im 10. und frühen 11. Jahrhundert. Heinrich I. schuf die Grundlagen, indem er das Königtum gegen die

Herzogtümer durchsetzte und die Ungarneinfälle beendete. Otto I. baute darauf auf, verteidigte das Reich gegen innere und äußere Feinde, erweiterte es nach Italien und ließ sich dort zum Kaiser krönen. Dies machte das Ostfrankenreich zum Zentrum eines neuen Kaisertums, das sich in der Nachfolge des antiken Roms sah.

Die Nachfolger Ottos, insbesondere Otto II. und Otto III., versuchten die kaiserliche Idee weiterzuführen und die Verbindung zum Papsttum sowie zu Byzanz zu festigen. Heinrich II. orientierte sich wieder stärker an inneren Reformen und kirchlichen Erneuerungen. Mit seinem Tod endete 1024 die ottonische Linie.

Trotz vieler Konflikte mit den Stammesfürsten, Slawen, Ungarn und in Italien, gelang es den Ottonen, eine gewisse Stabilität zu erreichen. Das Konzept des „Reiches" und der Verbindung von Königsmacht und Kirche, das sogenannte Reichskirchensystem, war eine zentrale Erfindung dieser Epoche. Die Ottonen sind daher ein Schlüsselmoment in der deutschen und europäischen Geschichte, denn sie legten viele Strukturen fest, die das Mittelalter prägen sollten.

Im nächsten Kapitel werden wir uns mit den Saliern beschäftigen, die auf die Ottonen folgten und zwischen 1024 und 1125 regierten. Sie führten einerseits die ottonische Tradition weiter, gerieten aber gleichzeitig in den berühmten Investiturstreit mit dem Papsttum, der das Verhältnis zwischen Kirche und Königsmacht auf eine harte Probe stellte.

SECHSTES KAPITEL: DIE SALIER, INVESTITURSTREIT UND DIE KÖNIGSHERRSCHAFT

Mit dem Tod Heinrichs II. im Jahr 1024 endete die Herrschaft der Ottonen, und das Königtum ging an Konrad II. aus dem Haus der Salier über. Die Salierzeit (1024–1125) war gekennzeichnet von einem engen Machtanspruch der Könige, aber auch von einer dramatischen Auseinandersetzung mit dem Papsttum: dem Investiturstreit. In diesem Kapitel schauen wir uns an, wie Konrad II., Heinrich III. und Heinrich IV. versuchten, die Königsmacht zu sichern, und warum es zum Konflikt um die Einsetzung von Bischöfen (Investitur) kam. Außerdem betrachten wir die Folgen, die dieser Streit für das spätere „Heilige Römische Reich" hatte.

6.1. Der Aufstieg der Salier-Dynastie

Das ostfränkisch-deutsche Reich wählte nach dem Tod Heinrichs II. (des letzten ottonischen Kaisers) im Jahr 1024 den fränkischen Herzog Konrad II. zum König. Er war ein entfernter Verwandter des ottonischen Hauses, galt aber als Begründer einer neuen Dynastie – der Salier.

6.1.1. Konrad II. (1024–1039)

Konrad stammte aus dem salischen Hause, das seine Wurzeln im heutigen Rhein- und Moselgebiet hatte. Er war bereits Herzog in Franken und kannte die Verhältnisse am königlichen Hof. 1024 wurde er in Mainz zum König gewählt und gekrönt.

Konrad II. übernahm ein Reich, das mit den Errungenschaften der Ottonen vertraut war. Er setzte die Reichskirche weiter ein, um seine Herrschaft zu stabilisieren, und betrieb zudem eine engagierte Italienpolitik. Schon 1026 zog er nach Italien und wurde in Mailand zum König der Langobarden gekrönt. 1027 ließ er sich von Papst Johannes XIX. in Rom zum Kaiser krönen. Damit knüpfte er an die Tradition Karls des Großen und Ottos des Großen an.

In seiner Regierungszeit achtete Konrad streng auf königliche Rechte. Er stärkte das Reichsgut und unterwarf aufständische Adlige, darunter in Schwaben und

Lothringen. Gleichzeitig bemühte er sich um einen Ausgleich mit den Großen des Reiches. Er wollte kein endloses Blutvergießen, weil er wusste, dass ein König ohne Adel und Kirche nicht regieren konnte.

6.1.2. Kaisertum und Erweiterung

Konrad II. gelang es, die Königswürde im Ostfrankenreich, das Königtum in Italien und auch die Königskrone von Burgund (1032) zu vereinigen. Damit war das salische Herrschaftsgebiet größer als je zuvor. Diese Gebiete bildeten die Basis für das, was später im Mittelalter als „Heiliges Römisches Reich" in diversen Ausprägungen Bestand haben sollte.

Trotzdem war Konrads Reich keine zentralisierte Monarchie. Macht basierte noch immer stark auf persönlichen Abhängigkeiten, Lehen und Bündnissen. Konrad setzte ähnlich wie die Ottonen auf die Reichskirche, indem er Bischöfe und Äbte einsetzte, die ihm loyal waren. Das sollte zu einem späteren Konfliktpunkt führen, weil der Papst beanspruchte, kirchliche Ämter ohne königliche Einflussnahme vergeben zu dürfen.

6.2. Heinrich III. (1039–1056) – Höhepunkt königlicher Autorität

Nach Konrads Tod folgte sein Sohn Heinrich III. auf dem Thron. Er galt als ein gelehrter und frommer Herrscher, der gleichzeitig militärisch entschlossen auftrat. Unter seiner Regierung erreichte das salische Königtum einen vorläufigen Höhepunkt seiner Autorität im Reich.

6.2.1. Reformpapsttum und Heinrichs Einfluss

Heinrich III. lebte in einer Zeit, in der das sogenannte Reformpapsttum aufkam. Eine Gruppe kirchlicher Reformer, zu der besonders Mönche aus Cluny gehörten, wollte die Kirche von Simonie (Kauf und Verkauf von Kirchenämtern) und weltlichem Einfluss reinigen. Sie strebten eine stärkere Unabhängigkeit des Papstes von Kaiser und Adel an.

Anfangs schien Heinrich III. die Reformen zu unterstützen, denn er war selbst gegen die Simonie. Mehrfach griff er in die Papstwahl ein und sorgte dafür, dass ihm genehme Kleriker das höchste Amt erhielten. So setzte er Papst Gregor VI. ab und bestimmte stattdessen deutsche Bischöfe wie Clemens II. oder Damasus

II. Das verschaffte ihm enorme Macht, machte aber auch deutlich, dass der König in Rom das letzte Wort haben wollte.

6.2.2. Heinrichs Herrschaft im Reich

Heinrich III. unternahm mehrere Italienzüge, bei denen er die Reichsgewalt in Nord- und Mittelitalien festigte. Gleichzeitig hielt er die Herzogtümer im Reich unter Kontrolle. Bayern, Schwaben, Sachsen und Lothringen wurden von ihm entweder direkt verwaltet oder mit Vertrauten besetzt.

Die enge Verbindung von König und Kirche nutzte Heinrich, um den Landesausbau weiter voranzutreiben. Neue Bistümer und Klöster entstanden oder erhielten umfangreiche Privilegien. Die Bevölkerung wuchs in vielen Gebieten an, und es kam zu Rodungen und Neugründungen von Siedlungen.

Heinrichs Regierung schien stabil, doch er starb 1056 unerwartet. Sein Sohn Heinrich IV. war zu diesem Zeitpunkt erst sechs Jahre alt, weshalb eine lange Regentschaftsphase folgte, die seine Mutter Agnes übernahm.

6.3. Heinrich IV. (1056–1106) und der Investiturstreit

Die Herrschaft Heinrichs IV. ist untrennbar mit dem Investiturstreit verbunden, einer der größten Krisen zwischen Kaiser und Papsttum im Mittelalter. Dieser Konflikt drehte sich vereinfacht gesagt um die Frage, wer berechtigt sei, Bischöfe einzusetzen (zu „investieren").

6.3.1. Die Hintergründe des Investiturstreits

Unter den Reformpäpsten, die zunehmend aus dem Umfeld der cluniazensischen Bewegung stammten, wuchs die Überzeugung, dass die Kirche frei von weltlicher Einflussnahme sein müsse. Man lehnte es ab, dass Könige oder Kaiser Bischöfe durch Übergabe der Insignien (Ring und Stab) in ihr Amt einsetzten. Diese Investitur galt als geistlicher Akt, den allein der Papst oder die kirchlichen Stellen vollziehen sollten.

Der deutsche König (und Kaiser) war es aber gewohnt, Bischöfe selbst auszuwählen, da er sie als wichtige Stützen seiner Macht betrachtete. Wenn der Papst nun die Einsetzung von Bischöfen selbst durchführen oder kontrollieren wollte, bedeutete das für den König den Verlust eines entscheidenden Machtinstruments im Reichskirchensystem.

6.3.2. Der Ausbruch des Konflikts mit Papst Gregor VII.

Einer der wichtigsten Akteure in diesem Streit war Papst Gregor VII. (Hildebrand). Er war ein radikaler Reformpapst, der die Freiheit der Kirche von jeder weltlichen Bevormundung forderte. 1075 veröffentlichte Gregor VII. das Dictatus papae, eine Sammlung von Thesen, die den absoluten Führungsanspruch des Papstes postulierten.

Heinrich IV. setzte weiterhin Bischöfe ein und ignorierte die päpstlichen Mahnungen. Als der Papst ihn ermahnte und mit Exkommunikation drohte, reagierte Heinrich mit dem berühmten „Hoftag von Worms" (1076). Er ließ Gregor VII. absetzen und nannte ihn spöttisch „falscher Mönch". Daraufhin exkommunizierte Gregor VII. seinerseits Heinrich IV. und löste damit das Königreich von dessen Gefolgschaftseid.

6.3.3. Gang nach Canossa (1077)

Durch die Exkommunikation drohte Heinrich IV. die innere Machtbasis im Reich zu verlieren. Viele Fürsten sahen ihre Chance, sich vom König zu lösen oder eigene Ansprüche geltend zu machen. Heinrich war gezwungen, sich zu beugen. Im Winter 1076/1077 begab er sich nach Oberitalien, wo Papst Gregor VII. weilte. Der König wartete mehrere Tage barfuß und im Büßergewand vor der Burg Canossa, bis ihm der Papst die Absolution gewährte.

Dieser „Gang nach Canossa" war ein demütigendes Symbol. Heinrich wollte damit zeigen, dass er als gläubiger Christ die Autorität des Papstes anerkenne. Gregor VII. hob die Exkommunikation auf, aber der politische Konflikt war keineswegs beigelegt.

6.4. Der Fortgang des Investiturstreits

Obwohl Heinrich IV. die Absolution erhielt, kämpfte er weiter gegen die päpstlichen Ansprüche. Er setzte sogar einen Gegenpapst ein, der bereit war, mit ihm zu kooperieren. Daraufhin exkommunizierte Gregor VII. Heinrich erneut. Der Kampf eskalierte, als Heinrich 1084 in Rom einzog, den Papst vertrieb und sich vom Gegenpapst Clemens III. zum Kaiser krönen ließ.

6.4.1. Machtkämpfe im Reich

Während dieser Wirren brach im Reich ein offener Bürgerkrieg aus. Einige Fürsten stellten Gegenkönige auf, andere unterstützten Heinrich. Die Kämpfe zogen sich über Jahre hin. Gregor VII. starb 1085 im Exil, doch der Investiturstreit ging mit seinen Nachfolgern weiter.

Heinrich IV. konnte seine Herrschaft nur in Teilen des Reiches sichern. Sein eigenes Verhältnis zu seinem Sohn Konrad zerbrach, als dieser sich zum Gegenkönig aufstellen ließ. Später rebellierte auch sein anderer Sohn Heinrich (der spätere Heinrich V.) gegen ihn. 1105 zwang Heinrich V. seinen Vater zur Abdankung. Heinrich IV. starb 1106, verbannt und geächtet, obwohl er den größten Teil seines Lebens als legitimer König und Kaiser regiert hatte.

6.4.2. Heinrich V. (1106–1125) und das Wormser Konkordat

Heinrich V. übernahm die Königsherrschaft 1106. Anfänglich setzte er die Politik seines Vaters fort und kämpfte gegen den Papst. Doch auch er merkte, dass der ständige Konflikt mit der Kirche das Reich schwächte und seine eigene Stellung gefährdete. Schließlich kam es 1122 zum sogenannten Wormser Konkordat, das den Investiturstreit vorläufig beendete.

Im Konkordat wurde vereinbart, dass der Papst das Recht habe, Bischöfe geistlich einzusetzen (Investitur mit Ring und Stab), während der König das Recht behielt, dem Bischof die weltlichen Besitzungen und Rechte zu vergeben (durch das Zepter). Außerdem hatten die Bischöfe dem König den Treueeid zu leisten. Damit war ein Kompromiss gefunden: Die geistliche Investitur lag in kirchlicher Hand, die Vergabe weltlicher Privilegien blieb königlich.

Dieses Abkommen trennte geistliche und weltliche Befugnisse stärker als zuvor. Die unmittelbare königliche Macht über die Kirche wurde eingeschränkt, doch gleichzeitig konnte der König seine Stellung stabilisieren, weil der harte ideologische Konflikt entschärft war.

6.5. Folgen und Bedeutung des Investiturstreits

Der Investiturstreit hatte weitreichende Konsequenzen für das Reich und das Verhältnis zwischen Kirche und Königsmacht:

1. **Verlust direkter Kontrolle über die Kirche**: Der König konnte nicht mehr ohne Weiteres Bischöfe einsetzen. Damit schwand ein wichtiges Instrument, die Reichskirche als eigenes Machtmittel zu nutzen.
2. **Stärkung des Fürstenadels**: Während der Konflikt tobte, nutzten viele Fürsten die Gelegenheit, ihre Eigenständigkeit auszubauen. Sie übernahmen regionale Kompetenzen und stellten teils eigene Truppen auf.
3. **Aufstieg des Papsttums**: Das Papsttum gewann an Ansehen und Einfluss, indem es sich erfolgreich gegen den Kaiser behauptete. Es leitete eine Epoche ein, in der Päpste zeitweise eine dominante politische Rolle spielten.
4. **Trennung von geistlicher und weltlicher Investitur**: Das Wormser Konkordat (1122) schrieb die duale Einsetzung der Bischöfe fest. Dadurch sollte wenigstens formal die Simonie (Ämterkauf) und die übermäßige Bevormundung der Kirche durch Laien enden.

Der Investiturstreit zeigte, wie eng Politik und Religion im Mittelalter verflochten waren. Kaiser und Papst kämpften nicht nur um fromme Grundsätze, sondern vor allem um Macht, Besitz und Einfluss.

6.6. Gesellschaft und Kultur unter den Saliern

Trotz der Krisenzeit gab es auch unter den Saliern Entwicklungen in Wirtschaft, Gesellschaft und Kultur.

6.6.1. Städte und Handel

Allmählich wuchsen die deutschen Städte. Kaufleute gründeten Gilden, und Märkte blühten auf. Handelsrouten wurden sicherer, zumindest wenn sie nicht von Fehden betroffen waren. Einige Städte wie Köln, Mainz, Worms, Speyer und Regensburg erhielten zunehmende Bedeutung als Umschlagplätze und Bischofssitze.

Mit dem wachsenden Fernhandel kamen auch neue Einflüsse aus anderen Regionen Europas und dem Mittelmeerraum. Luxusgüter wie Seide, Gewürze und Metalle fanden ihren Weg in die Reichsstädte. Das Bürgertum war allerdings noch in einer frühen Entwicklungsphase und spielte noch keine so starke politische Rolle wie im Spätmittelalter.

6.6.2. Architektur und Sakralbau

Unter den Saliern entstanden einige bedeutende Kirchenbauten in der Romanik. Vor allem der Dom zu Speyer gilt als ein Meisterwerk dieser Zeit. Konrad II. begann den Bau, Heinrich III. und Heinrich IV. führten ihn fort. Er wurde zum Grabmal salischer Kaiser und war lange Zeit die größte romanische Kirche Europas.

Auch in Mainz, Worms und anderen Bischofsstädten entstanden mächtige Dombauten. Diese Kathedralen waren Zeichen bischöflicher Macht und Frömmigkeit, demonstrierten aber zugleich den königlichen Anspruch, da sie oft als kaiserliche Grablegen dienten.

6.6.3. Literatur und Geistesleben

Klöster und Domschulen blieben die Zentren der Schriftlichkeit. Die lateinische Sprache dominierte weiterhin in Liturgie und Verwaltung der Kirche. In der weltlichen Oberschicht gab es jedoch vermehrt Interesse an höfischen Formen der Dichtung, was sich allerdings erst im Hochmittelalter richtig entfalten sollte.

Der Investiturstreit regte auch eine Vielzahl von Schriften an, in denen Theologen, Kanonisten und Weltliche die Rechte von Papst und Kaiser zu definieren versuchten. Rechtstexte wie die „Collectio canonum" oder die Schriften von Kirchenrechtlern hatten nachhaltige Wirkung auf das Verhältnis von Kirche und Staat in ganz Europa.

6.7. Der Übergang von den Saliern zu den Staufern

Heinrich V., der den Investiturstreit beendete, starb 1125 kinderlos. Mit ihm erlosch die direkte salische Linie. Die Königswahl fiel auf Lothar von Supplinburg (Lothar III.), der jedoch kein Salier war. Er regierte bis 1137. Nach seinem Tod kam es zum Thronstreit zwischen den Welfen (Herzöge von Bayern und Sachsen) und den Staufern (Herzöge von Schwaben). Dieser Konflikt sollte die deutsche Geschichte weiter prägen.

In den Wirren setzte sich schließlich Konrad III. von Hohenstaufen (1138–1152) durch, und mit ihm begann die Staufer-Dynastie. Sie knüpfte einerseits an die Tradition des salischen Königtums an, verfolgte aber auch neue Ansätze in Italien und gegenüber dem Papsttum.

6.8. Zusammenfassung des Salierzeitalters

Die Salier übernahmen von den Ottonen ein weitreichendes Kaisertum, das Ostfranken, Burgund und Italien umfasste. Konrad II. und Heinrich III. bauten die königliche Macht aus und schrieben die enge Verbindung von Kirche und Reich fort. In dieser Zeit nahm das Reformpapsttum Fahrt auf. Zuerst nutzte Heinrich III. seinen Einfluss, um Päpste einzusetzen. Doch als sein Sohn Heinrich IV. den Thron bestieg, kam es zum großen Konflikt mit den Reformpäpsten – dem Investiturstreit.

Dieser Streit entzweite das Reich. Heinrich IV. wurde exkommuniziert, büßte in Canossa und setzte den Papst trotzdem ab. Der Konflikt zog sich Jahrzehnte hin, bis Heinrich V. und Papst Calixt II. 1122 das Wormser Konkordat schlossen, das eine Kompromisslösung brachte. Obwohl damit die Einheit zwischen Kaiser und Kirche formal wiederhergestellt war, hatte sich das Kräfteverhältnis verschoben: Der Papst konnte sich als eigenständige Macht etablieren, und viele Fürsten hatten ihre Position im Reich gestärkt.

Die salische Epoche brachte bedeutende kulturelle Errungenschaften hervor, vor allem in der Architektur (romanische Dome wie Speyer) und in der kirchlichen Reformbewegung. Gleichzeitig legte sie den Grundstein für eine Epoche der machtpolitischen Auseinandersetzungen zwischen Kaiser und Fürsten, sowie zwischen Kaiser und Papst, die in den nachfolgenden Dynastien – besonders bei den Staufern – weitergehen sollten.

In den nächsten Kapiteln wenden wir uns den Staufern und den großen Konflikten des Mittelalters zu, die das Reich weiter formen sollten. Dabei werden wir sehen, wie Kaiser Friedrich I. Barbarossa und seine Nachfolger versuchten, die kaiserliche Macht in Italien zu festigen, und wie sie in Konflikt mit den Städten, dem Papst und den deutschen Fürsten gerieten. Auch das Interregnum nach dem Zusammenbruch der Stauferherrschaft wird eine Rolle spielen, ebenso wie der Aufstieg der Fürstentümer und die Veränderungen in Handel und Gesellschaft.

Damit schließen wir das sechste Kapitel. Wir haben den Übergang von den Ottonen zu den Saliern und den Investiturstreit besprochen – einen der größten Konflikte zwischen weltlicher und geistlicher Gewalt im Mittelalter. Im kommenden Kapitel werden wir uns den Staufern widmen, die erneut versuchen, ein starkes Kaisertum zu etablieren, dabei aber auf mächtige Gegenspieler im Papsttum und in den Kommunen Norditaliens treffen.

SIEBENTES KAPITEL: DIE STAUFER UND DIE AUSEINANDERSETZUNGEN MIT DEN PÄPSTEN

Mit dem Ende der Salier-Dynastie (1125) und dem Tod Heinrichs V. setzte eine Periode ein, in der das Machtgefüge innerhalb des ostfränkisch-deutschen Reiches neu austariert werden musste. Zwar wurde Lothar III. von Supplinburg gewählt, doch sein Tod 1137 löste einen Machtkampf zwischen den Welfen und den Staufern aus. Schließlich ging Konrad III. von Schwaben (aus dem Haus der Staufer) 1138 als König hervor und begründete die Staufer-Herrschaft im Reich.

In diesem Kapitel schauen wir uns an, wie sich die Staufer-Dynastie (1138–1254) entwickelte, welche Konflikte sie mit den Päpsten austrug und welche Rolle besonders Friedrich I. Barbarossa und Friedrich II. spielten. Die Staufer brachten ein starkes kaiserliches Selbstverständnis mit und versuchten, im alten Sinne des Römischen Reiches (Translatio imperii) eine große, einheitliche Herrschaft zu etablieren. Dabei trafen sie auf ein erstarktes Papsttum, das seine geistliche und politische Macht kontinuierlich ausweitete, und auf eine Vielzahl von Fürsten, Kommunen und Königreichen, die eigene Interessen verfolgten.

7.1. Die Anfänge der Staufer: Konrad III. und der Streit mit den Welfen

7.1.1. Wahl Konrads III. (1138) und die Rivalität zu Heinrich dem Stolzen

Nachdem Lothar III. ohne männlichen Erben gestorben war, erhoben die Fürsten Konrad von Schwaben zum König (1138). Konrad stammte aus dem Haus der Staufer (oder Hohenstaufen), benannt nach der Burg Hohenstaufen auf der Schwäbischen Alb. Die Staufer waren schon zu Salierzeiten einflussreiche Herzöge in Schwaben geworden und standen lange in Konkurrenz zu den Welfen, die in Bayern und Sachsen große Ländereien hielten.

Einer der mächtigsten Welfen jener Zeit war Heinrich der Stolze, Herzog von Bayern und Sachsen, zugleich Schwiegersohn des verstorbenen Königs Lothar III. Heinrich der Stolze sah sich selbst als Thronanwärter. Die Wahl Konrads III. empfand er als Affront. Es kam bald zum Konflikt zwischen Konrad und Heinrich, in dessen Verlauf Konrad versuchte, Heinrich zu entmachten. Heinrich starb jedoch 1139, und sein Erbe fiel an dessen Sohn Heinrich den Löwen, der später ebenfalls eine große Rolle spielen sollte.

7.1.2. Konrads Herrschaft und Kreuzzug

Konrad III. hatte in Deutschland keine leichte Position, da die welfischen Anhänger in Sachsen und Bayern weiter Widerstand leisteten. Außerdem versuchte er, seine königliche Autorität im Reichsgebiet zu festigen, wo viele Fürsten eigenständig agierten.

1139/1140 führte Konrad Kriege gegen die Welfen, die in einem unsicheren Gleichgewicht endeten. Gleichzeitig musste er sein Verhältnis zum Papsttum klären, denn das Reich hatte seit dem Investiturstreit eine komplizierte Verbindung zur Kurie. Papst Innozenz II. unterstützte anfangs Lothar III. und später eher die staufische Seite, doch dies war eine fragile Allianz, abhängig von diplomatischen Zugeständnissen beider Seiten.

Ein bedeutendes Ereignis dieser Epoche war der Zweite Kreuzzug (1147–1149). Nach dem Fall der Grafschaft Edessa an die muslimischen Eroberer rief Bernhard von Clairvaux zum Kreuzzug auf. Konrad III. folgte diesem Ruf und brach mit einem großen Heer ins Heilige Land auf. Allerdings scheiterte der Kreuzzug weitgehend. Die Heerzüge der Deutschen und Franzosen (unter Ludwig VII.) erlitten schwere Verluste in Kleinasien und konnten nur wenige Erfolge verbuchen. Konrad kehrte geschwächt zurück, und seine Stellung im Reich war nicht mehr gefestigt als zuvor.

7.1.3. Spätere Jahre und Tod Konrads III.

Nach seiner Rückkehr aus dem Heiligen Land bemühte sich Konrad, die innere Stabilität zu sichern. Er versuchte, den welfischen Einfluss weiter zu beschneiden, wobei er Heinrich den Löwen als junger Herzog von Sachsen und Bayern zeitweise tolerierte, solange dieser sich dem König nicht offen widersetzte.

Konrad III. starb 1152. Er hinterließ keinen mündigen Sohn – sein einziger Sohn war Friedrich, genannt Friedrich von Rothenburg, der allerdings jung starb. Stattdessen wählten die Fürsten Konrads Neffen, Friedrich III. von Schwaben, zum König. Dieser Neffe sollte als Friedrich I. Barbarossa zu einer der berühmtesten Gestalten des Mittelalters werden.

7.2. Friedrich I. Barbarossa (1152–1190): Kaiser zwischen Reichsideal und päpstlichem Anspruch

7.2.1. Wahl und frühe Herrschaft

Friedrich I., genannt Barbarossa (italienisch für „roter Bart"), war der Sohn von Friedrich II. von Schwaben und Judith Welf, einer Halbschwester Heinrichs des Löwen. Durch diese Verbindung galt Friedrich als geeignet, das Reich zu einen, da er sowohl staufisches als auch welfisches Blut in sich trug. Die Fürsten hofften, er könne den Streit zwischen den beiden großen Dynastien entschärfen.

Friedrich Barbarossa wurde 1152 in Frankfurt zum König gewählt und kurz darauf in Aachen gekrönt. Er galt als politisch geschickt und charismatisch und stellte hohe Ansprüche an sein Königtum. Anders als seine Vorgänger wollte er die kaiserliche Gewalt in Italien deutlich stärker durchsetzen und dabei nicht nur auf eine lockere Lehnsherrschaft setzen.

7.2.2. Italienpolitik und Konflikt mit den norditalienischen Städten

Das Königreich Italien – im Wesentlichen das oberitalienische Gebiet (Lombardei) – gehörte seit dem frühen Mittelalter nominell zum Reich, doch die tatsächliche Macht der deutschen Könige dort war meist schwach. Die dortigen Städte, darunter Mailand, Cremona, Pavia oder Bologna, hatten sich weitgehend selbst verwaltet und reiche Handelsbeziehungen aufgebaut.

Friedrich Barbarossa betrachtete Italien als Kernbereich des alten römisch-deutschen Kaisertums, den er fest unter seine Kontrolle bringen wollte. Er forderte Abgaben, reglementierte die Kommune-Verfassungen und setzte kaiserliche Beamte ein. Dies führte zwangsläufig zu Konflikten mit den stolzen und einflussreichen Kommunen, allen voran Mailand, die sich an ihre städtische Autonomie gewöhnt hatten.

Erster Italienzug (1154–1155)

Bereits kurz nach seiner Königswahl machte sich Friedrich auf den Weg nach Italien. Er ließ sich in Pavia zum König von Italien krönen und zog dann weiter nach Rom, wo er 1155 vom Papst Hadrian IV. zum Kaiser gekrönt wurde. Währenddessen unterwarf er einige Städte, die sich widersetzten, darunter Tortona. Mailand leistete Widerstand und ergab sich erst nach längerem Druck. Doch das war nur ein kurzer Erfolg, denn die Oberitaliener planten Aufstände, sobald Friedrich wieder nördlich der Alpen war.

Zuspitzung des Konflikts mit den Städten und dem Papst

Hadrian IV. forderte seinen Anteil an der weltlichen Herrschaft in Italien und geriet bald in diplomatische Spannungen mit Friedrich. Nach dem Tod Hadrians 1159 wurde Papst Alexander III. gewählt, den Friedrich nicht anerkannte, weil Alexander eher auf Seiten der norditalienischen Städte stand. Barbarossa favorisierte einen Gegenpapst (Viktor IV.). Der Konflikt eskalierte, als sich Alexander III. mit den lombardischen Städten verbündete.

7.2.3. Konfrontation in Italien: Lombardischer Bund und Schlacht von Legnano

Im Laufe der 1160er-Jahre erhoben sich die norditalienischen Städte erneut. 1167 schlossen sie sich zum Lombardischen Bund zusammen und gründeten die Stadt Alessandria als Bollwerk gegen Barbarossas Ansprüche. Friedrich unternahm mehrere Italienzüge (insgesamt sechs), um die Städte militärisch zu bezwingen und den Papst Alexander III. auszuschalten.

1167 starb in seinem Heer ein großer Teil der Soldaten an einer Epidemie (vermutlich Malaria) bei Rom, und Friedrich musste fliehen. 1176 kam es dann zur entscheidenden Schlacht von Legnano, in der Barbarossas Ritterheer gegen die Truppen des Lombardischen Bundes und Mailands antrat. Zur Überraschung vieler siegte die Lombardei; Friedrich soll dabei knapp dem Tod entgangen sein.

7.2.4. Friede von Konstanz (1183) und Ausgleich mit dem Papst

Die Niederlage in Legnano zwang Barbarossa zu Verhandlungen. Im Vorfrieden von Venedig (1177) erkannte Friedrich Papst Alexander III. an. Schließlich kam es 1183 zum Frieden von Konstanz, in dem Barbarossa den Städten weitgehende Autonomie zugestand: Sie durften eigene Konsuln wählen, eigene Rechtsprechung haben und Steuern erheben, mussten aber in einer eher symbolischen Form die kaiserliche Oberhoheit anerkennen und einen Treueid leisten.

Dieser Kompromiss bedeutete eine faktische Anerkennung der städtischen Freiheiten. Barbarossa behielt sich jedoch weiterhin den Titel und die Würde eines Kaisers vor und sah sich als oberster Lehnsherr. Die norditalienischen Kommunen erreichten damit einen großen Sieg, denn ihre städtische Eigenständigkeit wurde gefestigt.

7.2.5. Heiratspolitik und Macht im Reich

Während Barbarossa in Italien kämpfte, stabilisierte er zugleich die Lage in Deutschland. Er schloss einen Ausgleich mit Heinrich dem Löwen, dem Welfenherzog, indem er ihn zeitweise unterstützte und in seinen Besitzungen bestätigte. Später geriet Heinrich der Löwe jedoch in Konflikt mit dem Kaiser, weil er sich weigerte, Barbarossas Italienzüge zu unterstützen. 1179/1180 wurde Heinrich geächtet, verlor Bayern und Sachsen und ging ins Exil. Dies stärkte Barbarossas königliche/kaiserliche Macht gegenüber den großen Fürsten, die nun in Bayern und Sachsen aufgeteilt wurden.

Außerdem arrangierte Barbarossa bedeutende Ehen: Sein Sohn Heinrich VI. heiratete Konstanze von Sizilien, Erbin des normannischen Königreichs in Süditalien. Damit hoffte Barbarossa, das Erbe der Normannen und eine Vormachtstellung im Mittelmeerraum zu erwerben.

7.2.6. Dritter Kreuzzug und Tod Barbarossas

Am Ende seiner Herrschaft folgte Barbarossa dem Ruf zum Dritten Kreuzzug (1189–1192), der nach dem Fall Jerusalems an Sultan Saladin ausgerufen wurde. Er führte ein riesiges Heer durch Kleinasien, erlitt aber herbe Verluste. 1190 ertrank Friedrich Barbarossa im Fluss Saleph (heute Göksu) in Kilikien unter ungeklärten Umständen (vermutlich beim Baden oder Durchqueren des Flusses). Sein Tod führte zu einem großen Schock im Reich, da Barbarossa als starker Herrscher galt.

7.3. Heinrich VI. (1190–1197) und die sizilische Verbindung

7.3.1. Erbe seines Vaters und Kaiserkrönung

Friedrich Barbarossas Sohn, Heinrich VI., folgte ihm nach. Er war bereits 1191 zum Kaiser gekrönt worden, noch zu Lebzeiten Barbarossas (der zwar starb, bevor Heinrich offiziell durch einen eigenen Romzug gekrönt werden konnte, doch faktisch war Heinrich bereits designierter Kaiser). Mit Konstanze von Sizilien hatte Heinrich VI. die Aussicht, das Königreich Sizilien zu übernehmen, das eine strategisch bedeutsame Position im Mittelmeerraum einnahm.

Allerdings musste Heinrich VI. die tatsächliche Macht in Sizilien erst erkämpfen, da die einheimischen Adligen und die Stadtstaaten keineswegs darauf aus waren, sich einem Kaiser aus dem Norden zu unterwerfen. Darüber hinaus rivalisierten Päpste und andere Fürsten um den Einfluss auf dieses reiche Territorium.

7.3.2. Eroberung und Rebellion in Sizilien

Nach einem ersten gescheiterten Versuch nahm Heinrich 1194 Palermo ein und ließ sich dort zum König von Sizilien krönen. Doch sein Vorgehen war hart, Rebellen wurden streng bestraft. Heinrich galt als brutaler Herrscher, der sich wenig um Kompromisse scherte. Zahlreiche Adlige Siziliens, die gegen ihn aufbegehrten, ließ er hinrichten oder enteignete sie.

Auf dem Festland sorgte diese Expansion für Unruhe. Viele Fürsten fürchteten, dass Heinrich VI. mit den Ressourcen Siziliens eine übermächtige Stellung im Reich bekommen könnte. Der Papst – Celestinus III., später Innozenz III. – sah seinen Einfluss in Italien bedroht, zumal das normannische Königreich Sizilien bisher als unabhängiger Puffer zwischen Reich und Kirchenstaat fungierte.

7.3.3. Früher Tod und Thronfolgestreit

Heinrich VI. plante sogar einen Kreuzzug ins Heilige Land, um seinen Rang als christlicher Kaiser zu festigen. Doch er starb überraschend 1197 in jungen Jahren, vermutlich an Malaria oder einer anderen Seuche, die er sich in Italien zugezogen hatte. Er hinterließ seinen Sohn Friedrich (später Friedrich II.), der zu diesem Zeitpunkt noch ein Kleinkind war.

Mit dem Tod Heinrichs VI. begann eine turbulente Zeit: Mehrere Thronanwärter traten in Erscheinung, unter ihnen Philipp von Schwaben (Heinrichs Bruder) und Otto IV. aus dem Haus der Welfen. Auch die Päpste mischten sich ein, indem sie Otto IV. unterstützten, um die Staufer zu schwächen.

7.4. Thronstreit: Philipp von Schwaben vs. Otto IV.

7.4.1. Doppelwahl von 1198

1198 kam es in Deutschland zur Doppelwahl. Eine Gruppe deutscher Fürsten wählte Philipp von Schwaben zum König, während eine andere Gruppe Otto von

Braunschweig (Otto IV.) favorisierte. Beide ließen sich krönen – Philipp in Mühlhausen und Otto in Aachen. Dadurch entstand ein offener Bürgerkrieg.

7.4.2. Papst Innozenz III. und seine Rolle

Papst Innozenz III. (1198–1216) war einer der mächtigsten Päpste des Mittelalters. Er sah in Otto IV. einen Kandidaten, der bereit wäre, die päpstlichen Ansprüche in Italien zu respektieren. Innozenz wollte vor allem verhindern, dass ein staufischer Herrscher das Königreich Sizilien und das Reich vereinen würde. Daher erkannte er Otto IV. an und exkommunizierte Philipp von Schwaben.

Philipp zeigte sich jedoch als erfolgreicher Feldherr und gewann Teile der Fürsten für sich. 1208 wurde Philipp von Schwaben jedoch ermordet, was Otto IV. scheinbar zum Sieger machte.

7.4.3. Friedrich II. und die Rückkehr der Staufer

In Sizilien wuchs währenddessen der kleine Friedrich II. unter der Obhut seiner Mutter Konstanze (bis zu deren Tod 1198) und später unter päpstlicher Vormundschaft heran. Als Philipp ermordet wurde, schien Otto IV. unangefochten – doch er verärgerte den Papst bald, indem er selbst Süditalien beanspruchte und sich zum König von Sizilien krönen ließ (womit er sein Versprechen brach, die Rechte des Papstes zu achten).

Innozenz III. exkommunizierte Otto IV. 1210/1211 erneut, woraufhin die staufisch gesinnten Fürsten Friedrich II. aus Sizilien holten und ihn 1212 zum König wählten. Otto IV. verlor in den folgenden Jahren die Unterstützung im Reich. 1214 erlitt er in der Schlacht bei Bouvines (gegen den französischen König Philipp II. August) eine vernichtende Niederlage, was sein Ansehen weiter schwächte. Otto starb 1218, während Friedrich II. sich als neuer Herrscher etablierte.

7.5. Friedrich II. (1212–1250) und die Kulmination des Konflikts mit dem Papsttum

7.5.1. König und Kaiser, Erbe des Reichs und Siziliens

Friedrich II. war einer der faszinierendsten Herrscher des Mittelalters. In Sizilien aufgewachsen, sprach er mehrere Sprachen, darunter Arabisch, und war für seine Toleranz gegenüber Muslimen bekannt. 1220 wurde er vom Papst zum Kaiser gekrönt. Damit vereinte Friedrich II. erneut das römisch-deutsche Reich und das Königreich Sizilien in einer Hand.

Seine Herrschaft war von großen Ambitionen geprägt. Er wollte die kaiserliche Macht im Sinne einer starken, zentral gelenkten Monarchie ausbauen. Zugleich plante er Reformen auf Sizilien, wo er ein straff organisiertes, hochbürokratisches Königreich schuf. Er ließ Gesetze kodifizieren (Liber Augustalis) und machte Palermo zu einem kulturellen Zentrum.

7.5.2. Konflikte mit Papst Gregor IX. und Innozenz IV.

Der Papst – zunächst Gregor IX. (ab 1227) – blieb Friedrich gegenüber misstrauisch. Als Friedrich 1227 den geplanten Kreuzzug mehrfach verschob und schließlich allein (ohne päpstlichen Segen) ins Heilige Land aufbrach, exkommunizierte ihn Gregor IX. Trotzdem gelang Friedrich II. 1229 ein diplomatischer Erfolg: Er erlangte durch Verhandlungen mit dem Sultan von Ägypten Teile Jerusalems zurück.

Der Papst sah in Friedrichs eigenmächtigem Vorgehen eine Beleidigung der Kirche, was zu immer neuen Spannungen führte. In den 1230er- und 1240er-Jahren kam es zu militärischen Auseinandersetzungen in Italien. Der Papst verbündete sich mit Städten in Norditalien, die Friedrichs Versuchen, sie zu unterwerfen, Widerstand leisteten. 1245 erklärte Papst Innozenz IV. Friedrich für abgesetzt und setzte einen Gegenkönig ein.

7.5.3. Kampf um Italien und Niedergang der Staufer

Friedrich II. kämpfte bis zu seinem Tod 1250 gegen Aufstände und päpstliche Koalitionen. Obgleich er einige Erfolge errang, erwies sich sein Reich als zu zerklüftet. In Deutschland unterstützten viele Fürsten den Kaiser nur halbherzig. In Norditalien leisteten die Kommunen erbitterten Widerstand, und das Papsttum rief immer wieder zu Kreuzzügen gegen den „ketzerischen" Kaiser auf.

Friedrich II. starb 1250 in Süditalien. Seine Söhne (Konrad IV., Manfred und der Enkel Konradin) versuchten, die Herrschaft zu retten, doch sie scheiterten am erbitterten Widerstand des Papstes und der französischen Anjou-Dynastie (Karl von Anjou). 1268 wurde Konradin bei Tagliacozzo besiegt und später in Neapel hingerichtet. Damit endete die staufische Herrschaft in Süditalien, und das Reich stand vor einer neuen Phase, dem sogenannten Interregnum.

7.6. Kirchenpolitische und geistige Entwicklungen in der Stauferzeit

Die Epoche der Staufer war von intensiven Auseinandersetzungen mit dem Papsttum geprägt, was die gesamte Kirchenpolitik beeinflusste. Die Investiturfrage war zwar nach dem Wormser Konkordat (1122) formell beigelegt, doch Kaisertum und Papsttum rangen weiterhin um Vormacht in Italien.

7.6.1. Erstarkendes Papsttum

Das 12. und 13. Jahrhundert sah das Papsttum in einer Phase der Machtentfaltung. Durch das Kirchenrecht (kanonisches Recht) und die Gründung neuer Orden (Zisterzienser, Prämonstratenser, später Franziskaner und Dominikaner) gewann die Kirche stark an Einfluss im geistlichen und sozialen Leben. Päpste wie Innozenz III. verstanden sich als Stellvertreter Christi auf Erden mit einem universalen Anspruch.

7.6.2. Reichskirche unter den Staufern

Die Staufer nutzten weiterhin die kirchlichen Strukturen, stießen jedoch auf Widerstand, wenn sie versuchten, Bischöfe oder Äbte in Italien und im Reich nach ihrem Willen einzusetzen. Die autonomen Bewegungen der Städte und Fürsten behinderten eine konsequente Nutzung der Reichskirche, wie sie den Ottonen oder Saliern teilweise noch gelungen war.

7.6.3. Kulturelle Blüte

Trotz der vielen Konflikte erlebte das Reich eine kulturelle Hochphase:

- Die höfische Dichtung entwickelte sich, vor allem im deutschen Sprachraum (Walther von der Vogelweide, Hartmann von Aue, Wolfram von Eschenbach).
- In Sizilien entstand ein einzigartiges multikulturelles Klima, in dem arabische, griechische und lateinische Einflüsse verschmolzen.
- Universitäten und Domschulen gewannen an Bedeutung, und die Scholastik erreichte erste Höhepunkte.

Friedrich II. förderte Wissenschaft und Kunst, holte Gelehrte aus der islamischen Welt an seinen Hof und schuf in Palermo eine Art „Orchideenhaus" der Bildung. Er war an Philosophie, Naturkunde und Mathematik interessiert und verfasste selbst das Werk „De arte venandi cum avibus" (Über die Kunst, mit Vögeln zu jagen).

7.7. Das Ende der Staufer und die Folgen

Mit dem Tod Friedrichs II. 1250 und der Hinrichtung Konradins 1268 endete die Staufer-Dynastie im Reich wie auch in Italien. Die Folgen waren weitreichend:

1. **Machtvakuum im Reich**: Ohne einen starken Kaiser zerfiel die königliche Gewalt. Die Fürsten nutzten dies, um ihre Eigenständigkeit auszubauen.
2. **Beginn des Interregnums**: Zwischen 1250 und 1273 regierten schwache oder von wenigen anerkannte Könige. Das Reich hatte keine allgemein anerkannte Zentralgewalt.
3. **Papstliche Vorherrschaft in Italien**: Der Papst konnte seinen Einfluss in Mittel- und Süditalien vorübergehend stärken. Karl von Anjou errichtete in Sizilien ein französisch geprägtes Regime.
4. **Aufstieg territorialer Fürstentümer**: In Deutschland nutzten Fürsten, Bischöfe und Städte die Gelegenheit, sich von kaiserlichen Verpflichtungen zu lösen oder umfangreiche Privilegien zu sichern.

Die Zeit der Staufer hatte gezeigt, wie schwer es war, eine zentrale kaiserliche Herrschaft über Italien und das Reich hinweg zu etablieren, wenn Papsttum, Städtebünde und Fürsten eigene Interessen verfolgten.

7.8. Zusammenfassung des siebten Kapitels

Die Staufer prägten das Hochmittelalter entscheidend. Sie versuchten, an die Tradition eines „Heiligen Römischen Reiches" anzuknüpfen, in dem der Kaiser sowohl in Deutschland als auch in Italien eine entscheidende Rolle spielen sollte. Doch das Papsttum, das inzwischen stark und selbstbewusst war, sah in dieser Politik eine Bedrohung seiner eigenen Ansprüche.

Friedrich I. Barbarossa kämpfte gegen den Lombardischen Bund und musste sich nach der Schlacht von Legnano (1176) geschlagen geben, wodurch die norditalienischen Städte ihre Autonomie weitgehend behaupten konnten. Sein Sohn Heinrich VI. versuchte, Sizilien in die Hände der Staufer zu bringen, was ihm gelang, doch er starb früh. Danach folgten Thronstreitigkeiten zwischen den Staufern (Philipp von Schwaben, Friedrich II.) und den Welfen (Otto IV.). Letztlich setzte sich Friedrich II. durch, der von 1212 bis 1250 regierte. Er war ein hochgebildeter Herrscher, der Sizilien und das Reich zu vereinen suchte, aber in einen unversöhnlichen Konflikt mit dem Papsttum geriet.

Das Ende der Staufer besiegelte den Traum von einem einheitlich geführten „Heiligen Römischen Reich" unter kaiserlicher Oberherrschaft in Italien. Stattdessen begann ein Zeitalter, in dem die Fürsten und Städte im Reich immer selbständiger wurden und das Papsttum (zusammen mit dem französischen Königreich) die europäische Bühne dominierte. Das darauffolgende Interregnum wird im nächsten Kapitel genauer betrachtet, ebenso wie der schrittweise Aufstieg der Fürstentümer.

Damit endet das siebte Kapitel. Im achten Kapitel werden wir uns die Periode des Interregnums (1254–1273) und den Aufstieg der Fürstentümer genauer ansehen – eine Zeit, in der es im Reich keinen allgemein anerkannten Kaiser gab und in der zahlreiche Machtverschiebungen auf der regionalen Ebene stattfanden.

ACHTES KAPITEL: DAS INTERREGNUM UND DER AUFSTIEG DER FÜRSTENTÜMER

Mit dem Niedergang der Staufer um die Mitte des 13. Jahrhunderts begann im Reich eine Phase, die als Interregnum bekannt ist. Das Wort bedeutet „Zwischenherrschaft" und beschreibt hier den Zustand, in dem es über längere Zeit keinen allgemein anerkannten König (bzw. Kaiser) gab. Dieses Interregnum dauerte ungefähr von 1254 – nach dem Tod Wilhelms von Holland (eines Gegenkönigs in der Zeit der staufischen Wirren) – bis zur Wahl Rudolfs von Habsburg im Jahr 1273.

In diesem Kapitel beleuchten wir, wie sich die politische Macht in Deutschland und im Reich während dieser „kaiserlosen" Zeit verschob und welche Faktoren zum Aufstieg der Fürstentümer führten. Wir betrachten die Rolle der Kurfürsten, der Territorialfürsten und der Städte, die ihre Positionen in Abwesenheit einer starken Zentralgewalt ausbauten. Außerdem werfen wir einen Blick auf das Ende des Interregnums und die Wahl Rudolfs von Habsburg, die einen neuen Abschnitt in der deutschen Geschichte einleitete.

8.1. Politisches Vakuum nach dem Ende der Staufer

8.1.1. Keine stabile Königsherrschaft

Mit dem Tod Friedrichs II. (1250) und der Hinrichtung Konradins (1268) hatten die Staufer de facto aufgehört zu existieren. Bereits zuvor war der kaiserliche Titel seit 1250 vakant. Zwar gab es Könige wie Wilhelm von Holland (gewählt 1247, starb 1256) oder Richard von Cornwall (gewählt 1257), doch sie konnten sich im Reich nicht flächendeckend durchsetzen.

Das bedeutete, dass keine zentrale Gewalt existierte, die das gesamte Reich effektiv hätte regieren können. Natürlich gab es formell Könige, doch deren Autorität war schwach und regional kaum durchsetzbar. Fürsten und lokale Machthaber nutzten diese Schwäche, um ihre eigenen Herrschaftsbereiche auszubauen und sich immer mehr Privilegien zu sichern.

8.1.2. Rolle des Papsttums

Das Papsttum, das in den Konflikten mit den Staufern zuvor mehrfach Könige exkommuniziert oder Gegenkönige unterstützt hatte, sah sich jetzt in einer strategisch günstigeren Position. Durch die Eliminierung der Staufer in Süditalien konnte der Papst seine weltliche Macht im Kirchenstaat besser absichern. Gleichzeitig versuchte er, das Reich zu beeinflussen, indem er die Wahl von Königen nach seinen Interessen lenkte (z.B. die Unterstützung für Richard von Cornwall).

Allerdings führten die inneren Verhältnisse in Italien zu neuen Problemen: Der französische Prinz Karl von Anjou, vom Papst nach Süditalien geholt, geriet in Konflikt mit einheimischen Adligen und es kam zu Aufständen, wie der Sizilianischen Vesper (1282). Dies zeigt, dass das Papsttum zwar temporär im Vorteil war, sich aber dennoch in zahlreichen Konflikten verstrickte.

8.2. Der Aufstieg der Territorialfürsten

8.2.1. Entstehung von Territorialstaaten

Während des Interregnums vollzog sich eine bereits vorher angelegte Entwicklung: Die großen Fürsten (Herzöge, Markgrafen, Pfalzgrafen, Erzbischöfe, Bischöfe und Grafen) bauten ihre Territorien weiter aus. Sie schufen Verwaltungsstrukturen, erließen eigene Gesetze, förderten den Landesausbau und versuchten, sich weitgehend unabhängig vom König zu machen.

Beispiele solcher aufstrebenden Territorien sind:

- Das Herzogtum Bayern unter den Wittelsbachern,
- Das Erzstift Köln oder Mainz, in denen die Erzbischöfe weltliche Herrschaft ausübten,
- Die Mark Brandenburg unter den Askaniern,
- Das Herzogtum Österreich unter den Babenbergern (bis 1246) und danach wechselnden Herren.

Diese Fürstentümer entwickelten zum Teil frühe Ansätze von Verwaltung. Sie führten Urkundenwesen, nahmen Steuern ein und regulierten Märkte. Zugleich knüpften sie Bündnisse untereinander und mit benachbarten Fürsten, um eigene Interessen durchzusetzen.

8.2.2. Kurfürsten und Königswahl

Bereits unter den Staufern hatte sich der Kreis der wichtigsten Fürsten herausgebildet, die bei der Königswahl ein entscheidendes Wort hatten: die Kurfürsten. Später wurden es traditionell sieben:

1. Drei geistliche Kurfürsten (Erzbischöfe von Mainz, Köln und Trier),
2. Vier weltliche Kurfürsten (Pfalzgraf bei Rhein, Herzog von Sachsen, Markgraf von Brandenburg, König von Böhmen).

Diese Kurfürsten standen während des Interregnums im Mittelpunkt. Sie nutzten die Schwäche der königlichen Zentralgewalt, um selbst über die Wahl von Königen zu entscheiden und dafür Zugeständnisse zu erhalten. Jeder Thronanwärter musste ihnen Privilegien versprechen, damit sie ihre Stimmen gaben. So verstärkte sich die Macht der Kurfürsten.

8.2.3. Wachsende Autonomie

In vielen Gebieten ersetzte die Territorialgewalt des Fürsten allmählich die kaiserliche Macht. Das bedeutete, dass die Bevölkerung in diesen Territorien primär den dortigen Fürsten unterstand, während der „ferne" König oft nur formell anerkannt wurde. Wenn überhaupt, traten Könige nur bei überregionalen Reichstagen oder speziellen Konflikten in Erscheinung.

Das Reich zersplitterte sich daher in eine Vielzahl von Fürstentümern und Herrschaftsbereichen, die teils nur lose miteinander verbunden waren. Die Königsherrschaft war eher eine Schirmherrschaft, die sich auf symbolische Akte (Königswahl, Krönung) und einzelne Rechte (Reichssteuer, Heerfolge) beschränkte.

8.3. Die Rolle der Reichsstädte und die Entwicklung des städtischen Lebens

8.3.1. Aufschwung der Städte

Nicht nur die Fürsten, sondern auch die Städte profitierten von der schwachen Zentralgewalt. Einige Städte hatten von Kaisern wie Friedrich I. Barbarossa oder Heinrich VI. Freiheitsrechte erhalten (Reichsstädte), was ihnen erlaubte, sich direkt auf den Schutz des Königs zu berufen und sich von territorialen Fürsten zu emanzipieren.

Im Interregnum konnten die Reichsstädte oft ihre Selbstverwaltung sichern. Mächtige Städte wie Köln, Straßburg, Nürnberg, Ulm oder Regensburg begannen, eigenständige Politik zu betreiben, schlossen Bündnisse untereinander (Städtebünde) und entwickelten Handelsbeziehungen in großem Maßstab.

8.3.2. Handelsbündnisse und Hanse

Einer der wichtigsten Zusammenschlüsse von Städten war die Hanse, die allerdings im 13. Jahrhundert noch in einer frühen Form existierte. Insbesondere norddeutsche Städte wie Lübeck, Hamburg, Wismar oder Rostock standen in engem Handelskontakt mit Skandinavien, dem Baltikum und Russland (Nowgorod). Sie schufen Handelsprivilegien und ein Netzwerk von Kontoren, das die Grundlage für ihren späteren Reichtum legte.

Im süddeutschen Raum entwickelten sich Fernhandelsrouten nach Italien, Frankreich und Osteuropa. Handel, Handwerk und Gewerbe wuchsen, was den wirtschaftlichen und kulturellen Austausch förderte. Viele Städte nutzten die königliche Schwäche, um sich de facto zu kleinen Republiken mit eigenen Ratsverfassungen auszubauen.

8.3.3. Patriziat und Zunftverfassungen

Innerhalb der Städte etablierte sich ein städtisches Patriziat, bestehend aus reichen Kaufleuten und Grundbesitzern, das die Ratsgremien dominierte. Daneben entstanden Zünfte, in denen sich Handwerker organisierten. Der Konflikt zwischen Patriziern und Zünften sollte in späteren Jahrhunderten für manche innere Unruhe in den Städten sorgen, doch im 13. Jahrhundert ging es vor allem um den Ausbau städtischer Freiheiten gegenüber den Fürsten.

8.4. Das Interregnum im weiteren Sinne (1254–1273)

8.4.1. Bemühungen um die Königs- und Kaiserwürde

In den knapp zwei Jahrzehnten nach dem Tod Wilhelms von Holland 1256 gab es mehrere Kandidaten für die Königswürde. Der bekannteste war Richard von Cornwall (Bruder des englischen Königs Heinrich III.), der 1257 gewählt wurde, jedoch kaum im Reich anwesend war und deshalb praktisch keine Regierung ausübte. Alfons von Kastilien war ebenfalls gewählt, beanspruchte den Titel, erschien aber auch nie wirklich, um seine Herrschaft anzutreten.

Diese „Doppelwahl" oder Mehrfachwahl führte zu keiner stabilen Autorität. Die Fürsten kümmerten sich weitgehend um ihre eigenen Belange, ohne dass ein König eingriff.

8.4.2. Folgen der königlichen Abwesenheit

Der völlige Mangel an königlichen Eingriffen bedeutete, dass das Reich noch weiter in einzelne Territorien, freie Städte und kleine Grafschaften zerfiel. Rechtliche Regelungen, Zölle und Münzen wurden regional geregelt. Kriege unter Fürsten oder Städtebünde gegen territorialen Adel waren an der Tagesordnung.

Gleichzeitig gab es in der Bevölkerung ein gewisses Bedürfnis nach Ordnung, Schutz vor Fehden und Räuberbanden. Hier konnten lokale Herren (Fürsten, Stadträte) durch Fehdeverbote, Bündnisse und Überwachung für Stabilität sorgen – was wiederum ihre Machtstellung festigte.

8.5. Neuer König: Rudolf von Habsburg (1273–1291) und das Ende des Interregnums

8.5.1. Wahl Rudolfs von Habsburg

Im Jahr 1273 drängten mehrere Fürsten, allen voran die Kurfürsten, auf eine Beendigung des Interregnums. Sie wollten einen König wählen, der zwar ihre Privilegien respektierte, aber dennoch für ein Mindestmaß an Ordnung sorgen konnte. Die Wahl fiel auf Rudolf von Habsburg, einen vergleichsweise unbedeutenden Grafen aus dem Elsass und der Nordschweiz, der jedoch als besonnen und diplomatisch galt.

Die Kurfürsten hofften, in Rudolf jemanden zu haben, der ihnen im Gegenzug für die Krone keine übermäßigen Ansprüche entgegenstellen würde. Tatsächlich zeigte sich Rudolf kompromissbereit: Er verzichtete auf bestimmte Reichsrechte zugunsten der Fürsten, sicherte ihnen ihre Territorien zu und versprach, keinerlei großangelegte Italienpolitik zu betreiben (also keinen teuren Italienzug auf Kosten der Fürsten).

8.5.2. Rudolfs Herrschaft und Konsolidierung des Reichs

Rudolf I. setzte bald ein Zeichen, indem er gegen Ottokar II. von Böhmen vorging, der sich weite Teile Österreichs und der Steiermark angeeignet hatte. In der Schlacht auf dem Marchfeld (1278) besiegte Rudolf Ottokar. Dadurch fielen die habsburgischen Lande (Österreich, Steiermark) schließlich in die Hände Rudolfs, der sie an seine Familie band. Damit begann der Aufstieg der Habsburger, die später eine der einflussreichsten Dynastien Europas werden sollten.

Im Reich selbst betrieb Rudolf eine Politik der vorsichtigen Wiederherstellung königlicher Rechte. Er versuchte, ehemalige Reichsgüter zurückzugewinnen, die während des Interregnums an Fürsten oder Städte gefallen waren. Gleichzeitig machte er keine Versuche, Italien militärisch zu unterwerfen. So blieb das Verhältnis zu den Kurfürsten und dem Papsttum relativ entspannt.

8.5.3. Bedeutung für das Ende des Interregnums

Mit Rudolfs Wahl 1273 wird traditionell das Interregnum als beendet betrachtet, da er von den meisten Reichsständen anerkannt wurde. Zwar war seine Stellung lange nicht so mächtig wie die der ottonischen oder staufischen Kaiser, doch er erfüllte die Aufgabe, wieder ein Mindestmaß an königlicher Ordnung herzustellen.

Rudolf wurde allerdings nie zum Kaiser gekrönt, weil er auf einen Italienzug verzichtete. Der Kaisertitel, den nur der Papst verleihen konnte, blieb unbesetzt. So war er „nur" König der Römer (rex Romanorum). Dennoch war sein Wirken für die Reorganisation des Reichs von großer Bedeutung.

8.6. Gesellschaftliche und wirtschaftliche Veränderungen während des Interregnums

8.6.1. Fortsetzung des Landesausbaus und der Stadtentwicklung

Der Landesausbau, der bereits in ottonischer und salischer Zeit eingesetzt hatte, ging weiter: Rodungen, Neugründungen von Dörfern und Kleinstädten, Ausbau von Handelswegen und Märkten. Die Bevölkerung in Mitteleuropa wuchs im 13.

Jahrhundert, begünstigt durch neue Anbaumethoden und eine relativ stabile Klimaphase (mittelalterliche Warmzeit).

Die Stadtentwicklung erfuhr einen regelrechten Schub, da immer mehr Händler, Handwerker und Bauern in die Städte zogen, angezogen von Märkten, Freiheiten und wirtschaftlichen Chancen. Dies führte zu einer verstärkten Urbanisierung in Regionen wie dem Rhein-Main-Gebiet, Schwaben und Franken, aber auch im norddeutschen Raum.

8.6.2. Erste Anzeichen sozialer Spannungen

Mit dem Wachstum der Städte und Territorien kamen neue soziale Spannungen auf. In den Städten konkurrierten Patrizier und Zünfte um Einfluss. Auf dem Land wuchs der Druck der Grundherren auf die Bauern, was teils zu Abhängigkeit und Unfreiheit führte. In manchen Regionen kam es vereinzelt zu Bauernaufständen, wenn die Abgabenlast zu hoch war oder die Rodungsgrenzen erreicht wurden.

Das Fehdewesen blieb problematisch: Adlige konnten private Fehden gegeneinander oder gegen Städte führen, was die Bevölkerung stark belastete. Friedensbünde (Landfrieden, Stadtbünde, Fürstenbünde) versuchten, das Gewaltniveau zu senken, erreichten aber nur mäßigen Erfolg.

8.6.3. Kulturelle Blüte

Trotz aller Unruhen entwickelte sich im 13. Jahrhundert eine hohe Kulturdichte:

- Der Minnesang erreichte eine Blüte (Walther von der Vogelweide, Neidhart von Reuental, Tannhäuser).
- Gotische Baukunst setzte sich langsam durch (z.B. Beginn des Kölner Dombaus 1248).
- Rechtsaufzeichnungen und Stadtrechte nahmen zu (z.B. das Schwabenspiegel genannte Rechtsbuch).

Der geistige Austausch wurde durch Pilgerreisen, Kleriker, Universitäten und klösterliche Netzwerke gefördert. Insbesondere die neuen Bettelorden (Franziskaner, Dominikaner) trugen die kirchliche Reformidee in die Städte und beeinflussten Bildung und Seelsorge.

8.7. Langzeitfolgen des Interregnums

Das Interregnum hatte erhebliche Auswirkungen auf die Verfassung des Reiches. Während früher die Ottonen, Salier und Staufer noch bemüht waren, eine königliche bzw. kaiserliche Zentralmacht durchzusetzen, zeigte sich nun, dass dieses Ideal in der Praxis kaum realisierbar war. Die Fürsten hatten ihre Gebiete konsolidiert, eigene Institutionen geschaffen und kooperierten nur mit einem König, der ihnen genügend Freiheiten ließ.

1. **Territorialisierung**: Der Trend zur Schaffung von geschlossenen Fürstenterritorien und zur Ausbildung landesherrlicher Verwaltungen prägte die weitere Entwicklung des „Reichs".
2. **Schwaches Königtum**: Der König konnte nur regieren, indem er sich mit den Fürsten arrangierte. Große, eigenmächtige Politik wie ein Italienzug oder eine Reichsreform war kaum durchzusetzen, ohne an den Interessen der Fürsten zu scheitern.
3. **Eigenständigkeit der Städte**: Reichsstädte und Stadtbünde setzten oft eigene Rechte durch. Zwar blieben sie formal dem König unterstellt, waren aber de facto weitgehend selbständig.
4. **Ende des universalistischen Kaiserideals**: Zwar gab es auch später Kaiser, die von Rom gekrönt wurden und hohe Ansprüche formulierten, doch eine reale, dauerhafte Herrschaft über Italien und das Papsttum war illusorisch geworden.

8.8. Fazit und Ausblick

Das Interregnum war eine Phase des Übergangs. Mit dem Ende der Staufer ging die Epoche der großen Kaisergestalten zu Ende, die versucht hatten, ein umfassendes Universalreich zu schaffen. An ihre Stelle trat eine zersplitterte Landschaft von Fürstentümern, Bistümern und freien Städten, in der der König nur noch ein „primus inter pares" (Erster unter Gleichen) war.

Rudolf von Habsburg leitete mit seiner Wahl 1273 eine neue Zeit ein: Das Königtum fiel nun häufig an die Habsburger, Luxemburger oder Wittelsbacher, die in einem komplizierten Wahlverfahren von den Kurfürsten bestimmt wurden. Dabei setzten sich die mächtigen Dynastien gegenseitig Schachzüge entgegen, um in diesem Flickenteppich ihre Macht auszuweiten.

Im nächsten Kapitel werden wir uns der Ostexpansion des Deutschen Ordens, den wechselnden Beziehungen im Osten und der Rolle der Kreuzzüge im Baltikum widmen. Gleichzeitig betrachten wir, wie das Reich und seine Fürsten weiter nach Osten expandierten und dabei den Grundstein für spätere Strukturen in Preußen, Schlesien und anderen östlichen Gebieten legten.

Damit endet das achte Kapitel. Wir haben gesehen, wie das Interregnum den Aufstieg der Fürsten beschleunigte, die Städte ihre Selbständigkeit festigten und das Papsttum sich in Italien behauptete. Das Reich war nun weit entfernt von einer zentralistischen Kaiserherrschaft. Diese Entwicklung sollte das weitere Mittelalter in Deutschland nachhaltig prägen.

NEUNTES KAPITEL: DER DEUTSCHE ORDEN UND DIE OSTEXPANSION

Die Epoche nach dem Interregnum war geprägt von einer anhaltenden Erweiterung des Siedlungs- und Machtraumes ostwärts. Verschiedene Fürsten und geistliche Orden suchten nach neuen Gebieten für Handel, Christianisierung und Herrschaft. In diesem Zusammenhang spielte der Deutsche Orden – offiziell „Orden der Brüder vom Deutschen Haus St. Mariens in Jerusalem" – eine zentrale Rolle. Seine Anfänge lagen zwar im Heiligen Land zur Zeit der Kreuzzüge, aber schon im 13. Jahrhundert verlagerte er sich zunehmend nach Osteuropa. Dort errichtete er einen Ordensstaat, der das spätere Preußen mitprägte und weitreichende Auswirkungen auf die Geschichte Deutschlands und der östlichen Nachbarregionen hatte.

In diesem Kapitel beleuchten wir die Entstehung des Deutschen Ordens, seine Ansiedlung im Ostseeraum, den Umgang mit einheimischen Völkern sowie die militärischen und politischen Folgen dieser Expansion. Wir schauen, wie es zur Christianisierung und Eroberung der heidnischen Stämme kam und welche Konflikte mit Polen, Litauen und anderen Mächten folgten. Wir werfen auch einen Blick darauf, wie der Ordensstaat organisiert war, welche Strukturen er hervorbrachte und wie er sich veränderte, bis er schließlich an Stärke verlor und in Konflikten mit osteuropäischen Mächten unterlag.

9.1. Ursprung und frühe Entwicklung des Deutschen Ordens

9.1.1. Die Gründung im Heiligen Land

Der Deutsche Orden entstand am Ende des 12. Jahrhunderts zur Zeit der Kreuzzüge im Nahen Osten. Dort gründeten deutsche Kaufleute 1190 in Akkon ein Feldlazarett, um verwundete und kranke Kreuzfahrer zu versorgen. Diese Laieninitiative fand bald Unterstützung bei kirchlichen Würdenträgern und Adligen aus dem Heiligen Römischen Reich. 1198 wurde aus dieser Spitalbruderschaft ein geistlicher Ritterorden, der sich an Vorbildern wie den Templern und Johannitern orientierte.

Das Ziel war zunächst, Pilger und Kreuzfahrer zu beschützen und das Heilige Land gegen die muslimischen Herrscher zu verteidigen. Doch schon in dieser Anfangszeit zeigte sich, dass der Deutsche Orden seine Identität stark auf seine Herkunft aus dem deutschsprachigen Raum stützte. Er verwendete die deutsche Sprache in Liturgie und Verwaltung und gewann schnell Anhänger aus dem Reich, die sich ihm anschlossen oder ihn finanziell unterstützten.

9.1.2. Wandel der Kreuzzugsbewegung

Als die militärische Lage im Heiligen Land schwieriger wurde und die europäischen Herrscher das Interesse an großen Kreuzzügen allmählich verloren, suchte der Deutsche Orden nach neuen Aufgaben und Betätigungsfeldern. Das Königreich Jerusalem schrumpfte, und viele Kreuzfahrer zogen sich zurück, während die muslimischen Sultane Gebiete zurückeroberten.

Andere Ritterorden wie die Templer und Johanniter blieben länger im Nahen Osten oder verlagerten sich ins Mittelmeer (Rhodos, Malta). Der Deutsche Orden hingegen fand in Osteuropa eine ganz neue Möglichkeit, sein geistliches und militärisches Wirken zu entfalten. Ab etwa 1211 experimentierte er bereits in Siebenbürgen (heute Rumänien) mit einer Ansiedlung, doch dort ergaben sich Konflikte mit dem ungarischen König, sodass der Orden das Gebiet wieder verließ.

9.2. Der Ruf ins Kulmerland und der Aufstieg im Baltikum

9.2.1. Einladung durch den polnischen Herzog Konrad von Masowien

Die entscheidende Wende für den Deutschen Orden kam mit der Einladung des polnischen Herzogs Konrad von Masowien. Dieser suchte Unterstützung im Kampf gegen die heidnischen Pruzzen (auch „Prußen" geschrieben) jenseits der Weichsel. Die Pruzzen waren ein baltisches Volk, das sich der Christianisierung und der Eroberung durch Polen widersetzte. Konrad erhoffte sich militärische Hilfe vom Deutschen Orden, um diese heidnischen Gebiete zu unterwerfen und zu christianisieren.

Um den Orden anzulocken, bot Konrad von Masowien dem Orden das Kulmerland (um die Stadt Kulm, heutiges Chełmno) als Lehen an. Der Deutsche Orden sicherte sich darüber hinaus die Zustimmung Kaiser Friedrichs II.

(Goldene Bulle von Rimini, 1226) und des Papstes (Goldbulle von Rieti, 1234) für seine Unternehmungen. Somit war der Grundstein für einen geistlichen Staat unter Schirmherrschaft von Kaiser und Papst gelegt, der zugleich weitgehend unabhängig agieren konnte.

9.2.2. Beginn der Ordensexpansion in Preußen

Ab 1230 begann der Deutsche Orden systematisch, die Gebiete der heidnischen Pruzzen zu erobern. Dabei gingen die Ritter teils brutal vor, zerstörten heidnische Kultstätten und zwangen die einheimische Bevölkerung, sich taufen zu lassen oder zu fliehen. Die militärische Überlegenheit des Ordens, der im gesamten deutschen Reich Söldner und Ritter rekrutieren konnte, ermöglichte schnelle Erfolge.

Die Ordensritter gründeten Burgen und befestigte Städte, so etwa Thorn (Toruń) und später Marienburg (Malbork), das spätere Hauptquartier des Ordens. Auf diese Weise sicherte der Orden seine Eroberungen und schuf eine Infrastruktur für Verwaltung, Christianisierung und ökonomische Ausbeutung der neuen Gebiete.

9.3. Organisation und Struktur des Ordensstaates

9.3.1. Geistlicher Ritterorden als Landesherr

Der Deutsche Orden war in seiner Verfassung sowohl ein geistlicher Orden als auch eine militärische Elite. Seine Mitglieder waren Ordensritter, die Gelübde (Keuschheit, Gehorsam, Armut) ablegten, zugleich aber in voller Rüstung in den Krieg zogen. Hinzu kamen Priesterbrüder, die die Seelsorge übernahmen, sowie „Halbbrüder" und Söldner, die zeitweise im Dienst standen.

An der Spitze des Ordens stand der Hochmeister (Magister generalis), der auf Lebenszeit gewählt wurde und weitreichende Macht in geistlichen wie weltlichen Belangen hatte. Ab dem 14. Jahrhundert residierte der Hochmeister in Marienburg (Malbork), wo sich ein prächtiges Ordensschloss entwickelte. Dieses Schloss diente als Repräsentationsort und Verwaltungszentrum des Ordensstaates.

9.3.2. Verwaltungsstruktur und Landteilung

Das eroberte Preußen (das heutige nördliche Polen und das Kaliningrader Gebiet) wurde in Komtureien aufgeteilt. Ein Komtur verwaltete ein Gebiet, sorgte für militärische Sicherheit und Rechtsprechung und leitete den Ausbau von Siedlungen. Burgen dienten als Zentren dieser Komtureien und boten der lokalen Bevölkerung Schutz bei Aufständen oder Einfällen der noch nicht unterworfenen Heiden.

Die lokale Bevölkerung war zum Teil baltischer Herkunft (Pruzzen, Kuren, Sudauer usw.), zum Teil kamen Siedler aus dem deutschen Reich, aus Flandern oder aus anderen Regionen Europas, die vom Orden angeworben wurden, um das Land nutzbar zu machen. Man errichtete Dörfer nach dem Vorbild deutscher Plansiedlungen und förderte den Ackerbau, Handwerk und Handel.

9.3.3. Beziehungen zur Kirche und zum Papst

Der Deutsche Orden stand offiziell unter dem Schutz des Papstes und wurde als Missionsorden anerkannt. Die Eroberung und Christianisierung Preußens galt als „Kreuzzug", was den Rittern geistliche Privilegien verschaffte und den Zustrom an Pilgern und Kreuzfahrern erleichterte. Oft zogen für einige Monate Ritter oder Adlige aus dem Reich in das Ordensland, um als „Kreuzfahrer" gegen die Balten zu kämpfen.

Gleichzeitig strebte der Orden nach weitgehender Unabhängigkeit von kirchlichen Bischöfen. Er gründete eigene Bistümer in Preußen, setzte dort Ordensleute ein und verhinderte zu starke päpstliche Eingriffe. Das führte mitunter zu Spannungen, da sowohl Kaiser als auch Papst Einflusssphären im Baltikum beanspruchten.

9.4. Konflikte und Kriege mit Nachbarvölkern

9.4.1. Widerstand der baltischen Stämme

Die Christianisierung der Pruzzen und anderer baltischer Stämme war kein friedlicher Prozess. Es kam immer wieder zu Aufständen, wenn der Orden versuchte, die einheimischen Traditionen zu verbieten oder Abgaben zu erhöhen. Diese Aufstände wurden vom Orden häufig mit großer Härte niedergeschlagen, was die Bevölkerung weiter entfremdete.

Dennoch war die militärische Stärke des Ordens oft überwältigend. Unterstützt von Kreuzfahrern, die aus dem Westen anreisten, und finanziert durch Spenden und Abgaben aus dem Reich, konnte der Deutsche Orden die meisten Rebellionen brechen. Mit der Zeit zerfiel der Widerstand der baltischen Stämme, und die Gebiete wurden ins Ordensland integriert.

9.4.2. Konfrontation mit Polen

Ursprünglich war der Orden von einem polnischen Herzog ins Land gerufen worden, um die baltischen Gebiete zu befrieden. Doch mit der Ausdehnung des Ordensstaates kam es zu Spannungen mit dem Königreich Polen. Insbesondere die Frage um den Besitz des Kulmerlandes und anderer Regionen führte zu Streit.

Das Königreich Polen war im 13. und 14. Jahrhundert nicht durchgängig stark, da es unterschiedliche Herzoglinien gab. Erst unter Władysław I. Ellenlang (Władysław Łokietek) und später unter Kasimir III. (Kasimir dem Großen) festigte sich ein polnisches Königtum wieder. Diese polnischen Herrscher beanspruchten Teile des Ordensgebiets, was zu langen Konflikten führte.

9.4.3. Auseinandersetzungen mit Litauen

Noch hartnäckiger war der Konflikt des Deutschen Ordens mit dem Großfürstentum Litauen, das als letztes heidnisches Land in Europa galt. Die Litauer wehrten sich erfolgreich gegen die Missionierungs- und Eroberungsversuche des Ordens. Unter Großfürsten wie Gediminas (1316–1341) und Algirdas (1345–1377) hielt Litauen seine Unabhängigkeit.

Es kam zu vielen Schlachten und Raubzügen auf beiden Seiten. Die Ordensritter verwüsteten litauische Siedlungen, während die Litauer Gegenangriffe ins Ordensland führten. Diese Auseinandersetzungen dauerten Jahrzehnte, ehe Litauen 1386/1387 durch die Personalunion mit Polen (Heirat von Großfürst Jogaila mit der polnischen Königin Jadwiga) zum Christentum konvertierte. Damit wurde der Deutschordenskrieg gegen Litauen als „Heidenland" immer fragwürdiger.

9.5. Höhepunkt der Macht des Ordens

9.5.1. Ordensland als wichtiger Faktor im Ostseeraum

Im 14. Jahrhundert erreichte der Deutsche Orden seine größte territoriale Ausdehnung. Er kontrollierte das heutige nördliche Polen (West- und

Ostpreußen) und Teile des Baltikums. Sein Ordensstaat war gut organisiert, Burgen und Städte waren befestigt, und der Handel über die Ostsee blühte.

Die Hanse, ein Bündnis norddeutscher Kaufleute und Städte, unterhielt enge Kontakte ins Ordensland, da es dort begehrte Rohstoffe wie Getreide, Holz, Pelze oder Bernstein gab. Der Ordensstaat profitierte also vom Handel und hatte gleichzeitig militärische Macht, um die Seewege zu sichern.

9.5.2. Marienburg als Zentrum

Die Marienburg (Malbork) wurde zur Residenz des Hochmeisters und wuchs zu einer der größten Burgen Europas heran. In dieser massiven gotischen Festung residierten die Ordensoberen, es fanden Kapitelversammlungen (Generalkapitel) statt, und von hier aus wurden die Kriegszüge, Diplomatie und Verwaltung gesteuert.

Das Ordensschloss bestand aus mehreren Teilen: dem Hochschloss, Mittelschloss und Vorschloss. Es gab Kapellen, Schlafsäle, Refektorien, Werkstätten und große Wirtschaftsräume. Trotz seiner militärischen Funktion war die Marienburg auch repräsentativ ausgestattet: Kunstvolle Glasfenster, Malereien und Gewölbe zeigten den Wohlstand und den Herrschaftsanspruch des Ordens.

9.5.3. Gesellschaft im Ordensstaat

Die Bevölkerung setzte sich zusammen aus den Ordensrittern und ihren Bediensteten, aus zugewanderten deutschen Siedlern, aus einheimischen Pruzzen (die sich nach und nach assimilierten) und auch aus anderen zugewanderten Gruppen (Holländer, Flamen, manchmal sogar Siedler aus weiter entfernten Regionen).

In den Städten wie Danzig (Gdańsk), Elbing (Elbląg) oder Thorn (Toruń) bildeten deutsche Kaufleute und Handwerker das Rückgrat des städtischen Lebens. Die Handwerkszünfte, Gilden und Kaufmannsvereinigungen standen in Kontakt mit der Hanse und trugen zu einem gewissen Wohlstand bei. Obwohl der Orden eine straffe Verwaltung errichtete, gab es auch lokale Freiheiten, zum Beispiel in Form von Stadtrechten nach Magdeburger Vorbild.

9.6. Konflikt mit dem Königreich Polen-Litauen und die Schlacht bei Tannenberg (1410)

9.6.1. Die polnisch-litauische Union

1386 heiratete der litauische Großfürst Jogaila die polnische Königin Jadwiga. Jogaila nahm den Namen Władysław II. Jagiełło an und trat zum Christentum über, womit Litauen offiziell christlich wurde. So verband sich Polen mit Litauen in einer Personalunion. Diese neue Machtstellung war für den Deutschen Orden höchst problematisch.

Bis dato hatte er die Kreuzzüge gegen die „Heiden" im Baltikum propagiert, doch nun war Litauen christlich. Damit entfiel das wichtigste ideologische Argument für weitere Kriegszüge. Zugleich wuchs Polen-Litauen zu einem großen Staat, der den Ordensstaat militärisch fordern konnte.

9.6.2. Spannungen um Gebiete und Abgaben

Der Orden verwaltete noch immer Gebiete, die Polen für sich beanspruchte. Zudem gab es Handelsstreitigkeiten und Konflikte um die Zolleinnahmen im Weichseldelta und um Danzig. Władysław II. Jagiełło und der litauische Großfürst Vytautas (Witold) waren entschlossen, die Vormacht des Ordens zu brechen oder zumindest zu beschränken.

9.6.3. Die Schlacht bei Tannenberg/Grunwald (1410)

Der Höhepunkt der Auseinandersetzung war 1410 die Schlacht bei Tannenberg (polnisch: Grunwald, litauisch: Žalgiris). Die vereinten polnisch-litauischen Truppen – unterstützt von böhmischen Söldnern und anderen Verbündeten – trafen auf das Heer des Deutschen Ordens unter Hochmeister Ulrich von Jungingen.

In dieser blutigen Schlacht siegten Polen und Litauen. Der Hochmeister Ulrich von Jungingen fiel, und das Ordensheer erlitt eine schwere Niederlage. Zwar gelang es den polnisch-litauischen Streitkräften nicht, die Marienburg einzunehmen, aber der Deutsche Orden wurde nachhaltig geschwächt. Im Frieden von Thorn (1411) musste der Orden große Summen zahlen und verlor einen Teil seines Ansehens in Europa. Die Rückeroberung der verlorenen Territorien gelang dem Orden nicht mehr vollständig.

9.7. Niedergang und Säkularisation des Ordensstaates

9.7.1. Innerer Verfall und wirtschaftliche Schwierigkeiten

Nach der Niederlage von Tannenberg geriet der Orden in finanzielle Schwierigkeiten. Die Kriegskosten und die Tributzahlungen an Polen-Litauen waren enorm. Hinzu kamen Unruhen in den Städten, die sich höhere Autonomie wünschten oder ganz zu Polen neigten, da sie wirtschaftlich eng mit polnischen Märkten verflochten waren.

Zudem verloren viele Adelige und Ritter aus dem Reich das Interesse an Kreuzzügen im Baltikum, da Litauen ja offiziell christianisiert war. Damit blieben neue Gelder und militärische Unterstützungen aus. Der Orden musste teure Söldnerheere unterhalten, geriet aber in Geldnöte und musste schließlich Gebiete verpfänden oder hohe Schulden aufnehmen.

9.7.2. Zweiter Frieden von Thorn (1466)

In den 1450er- und 1460er-Jahren kam es zu weiteren Kriegen mit Polen, in denen sich der Orden nicht mehr behaupten konnte. Die preußischen Stände und Städte (Preußischer Bund) lehnten sich zum Teil gegen die Ordensherrschaft auf und stellten sich auf die Seite Polens. Nach dem sogenannten Dreizehnjährigen Krieg endete der Konflikt 1466 mit dem Zweiten Frieden von Thorn.

Der Orden musste Westpreußen (mit Marienburg) an die polnische Krone abtreten und sich als Lehnsträger des polnischen Königs anerkennen. Damit war der Ordensstaat faktisch geteilt: Ein Teil stand unter direkter polnischer Kontrolle, der andere Teil (Ostpreußen) verblieb beim Orden, aber nur als polnisches Lehen.

9.7.3. Säkularisation unter Albrecht von Hohenzollern

Der letzte entscheidende Schritt zum Ende des geistlichen Ordensstaates fand 1525 statt: Albrecht von Hohenzollern, der letzte Hochmeister, trat zum Luthertum über und säkularisierte den Ordensstaat. Er gründete das Herzogtum Preußen, das nun ein weltliches Territorium unter polnischer Lehnshoheit war. Aus dem einst mächtigen Deutschen Orden war damit ein protestantisches Herzogtum geworden, regiert von einem Mitglied des Hauses Hohenzollern.

Der Orden selbst überlebte zwar als rein geistliche Institution in Teilen des Reiches (z.B. in Süddeutschland), hatte jedoch seine große politische Bedeutung verloren. Mit dieser Entwicklung endete die jahrhundertelange Phase des Ordensstaates in Ost- und Westpreußen.

9.8. Wirkungsgeschichte und Zusammenfassung

9.8.1. Bedeutung für die deutsche Ostexpansion

Der Deutsche Orden trug maßgeblich zur sogenannten „Ostsiedlung" bei. Er setzte ein großes Siedlungs- und Christianisierungsprogramm um, das baltische Völker in Preußen unterwarf oder vertrieb und stattdessen deutsche Siedler ins Land holte. Dies prägte die kulturelle und sprachliche Entwicklung im späteren Preußen.

Der Ordensstaat war lange Zeit ein eigener Machtfaktor im Ostseeraum. Er führte Kriege gegen Litauen und Polen, arbeitete mit der Hanse zusammen und war zeitweise ökonomisch und militärisch sehr stark. Der Bau von Burgen, die Gründung von Städten und die Entwicklung von Handelsnetzen schufen neue Strukturen in den eroberten Gebieten.

9.8.2. Konfliktstoff mit Nachbarn

Allerdings war das Verhältnis zum Königreich Polen und zum Großfürstentum Litauen von Anfang an problematisch. Gerade die Schlacht bei Tannenberg (1410) wurde zu einem Symbol dafür, dass der Orden nicht unbesiegbar war. Auch in späteren Jahrhunderten blieb Tannenberg in der polnischen und deutschen Erinnerung ein mythisch aufgeladener Ort.

Die Expansion des Deutschen Ordens ins Baltikum war Teil einer größeren Entwicklung der Kreuzzüge in Osteuropa. Auch der Schwertbrüderorden in Livland (später mit dem Deutschen Orden vereinigt) spielte eine Rolle bei der Christianisierung der baltischen Länder. Dabei kam es immer wieder zu Gewalt, Zwangstaufen und kulturellen Konflikten.

9.8.3. Vom Ordensstaat zum Herzogtum

Mit der Säkularisation 1525 endete das Zeitalter des geistlichen Ritterstaates in Preußen. Das Herzogtum Preußen, zunächst unter polnischer Lehnshoheit, entwickelte sich später eigenständig weiter (Personalunion mit Brandenburg) und ging schließlich im Königreich Preußen auf. So lässt sich die Linie vom Deutschen Orden zur Entstehung eines preußischen Staates und in der Folge zur brandenburgisch-preußischen Großmacht im 17. und 18. Jahrhundert nachverfolgen – freilich über viele Zwischenstufen und Veränderungen.

9.8.4. Schlussbetrachtung zu Kapitel 9

Der Deutsche Orden war in der Geschichte Deutschlands und Osteuropas von großer Bedeutung. Er knüpfte an die Kreuzzugsbewegung an, aber verlegte sein Hauptwirkungsfeld nach Preußen und das Baltikum. Durch Kriege, Christianisierung, Burgenbau und Siedlungsförderung entstand ein großer Ordensstaat, der zeitweise einflussreich war und den Handel im Ostseeraum mitgestaltete.

Seine Konflikte mit Polen-Litauen, seine Niederlage bei Tannenberg und seine schrittweise Schwächung führten letztlich zum Verlust der Unabhängigkeit. Mit der Reformation änderte sich die konfessionelle und politische Landkarte: Der Hochmeister Albrecht von Hohenzollern verwandelte den Ordensstaat in ein weltliches Herzogtum. Damit endete die Rolle des Deutschen Ordens als eigenständige politische Größe.

ZEHNTES KAPITEL (Kapitel 10): DIE HANSE, HANDEL UND DAS LEBEN IN DEN STÄDTEN

Während Ritterorden und Fürsten das Land beherrschten, entwickelten sich im Spätmittelalter die Städte zu immer wichtigeren Zentren von Wirtschaft, Handel und Kultur. Ein herausragendes Beispiel dafür war die Hanse, ein Bündnis norddeutscher Kaufleute und Städte, das über Jahrhunderte den Handel in Nordeuropa dominierte. Doch auch abseits der Hanse gab es in vielen Regionen des Reiches – etwa entlang des Rheins, in Süddeutschland oder im Baltikum – florierende Städte und Märkte, die den Grundstein für eine dynamische gesellschaftliche Entwicklung legten.

In diesem Kapitel betrachten wir die Entstehung und Struktur der Hanse, ihre Handelsrouten und Waren, aber auch das soziale und kulturelle Leben in den mittelalterlichen Städten allgemein. Dabei geht es um Bürgerrechte, Zünfte, Handwerk, Stadtbefestigungen und die Rolle der Kirche. Wir werfen einen Blick darauf, wie sich Städte organisierten, wie sie miteinander kooperierten oder rivalisierten, und wie das städtische Leben im Spätmittelalter aussah.

10.1. Die Hanse: Entstehung und Bedeutung

10.1.1. Ursprünge im Nord- und Ostseeraum

Die Hanse war kein Staat, sondern ein loser Zusammenschluss von Kaufleuten und später von Städten, die gemeinsame Handelsinteressen verfolgten. Ihre Wurzeln lagen im 12. Jahrhundert, als deutsche Kaufleute in den Ostseeraum vordrangen, um Felle, Wachs, Holz und andere Waren aus dem Osten zu beziehen.

Ein wichtiges Zentrum war Lübeck, das 1143 vom holsteinischen Grafen Adolf II. neu gegründet oder wiederbelebt wurde. Lübeck lag strategisch günstig zwischen den Handelswegen der Nordsee und der Ostsee. Auch andere Städte wie Hamburg, Wismar, Rostock oder Stralsund wuchsen in dieser Zeit. Kaufleute aus Westdeutschland, Flandern und sogar England nutzten diese Häfen, um Waren umzuschlagen und in den Ostseeraum weiterzuverkaufen.

10.1.2. Konsolidierung im 13. Jahrhundert

Im 13. Jahrhundert entwickelten sich Handelsrouten, die Lübeck mit Nowgorod (im heutigen Russland), Visby auf Gotland, Reval (Tallinn) und Riga verbanden. Kaufleute gründeten Kontore (stabile Handelsniederlassungen), um den Austausch von Produkten zu sichern. Gleichzeitig schlossen sich die Kaufleute zusammen, um gegen Seeräuber und ungünstige Zollbestimmungen vorzugehen.

Allmählich übernahmen nicht nur Kaufmannsgilden, sondern ganze Städte diese Interessen. So entstand ein Städtebündnis, das man heute als „Hanse" bezeichnet. In regelmäßigen Hansetagen berieten die Vertreter der Städte über gemeinsame Anliegen, etwa den Kampf gegen Piraten, die Schlichtung von Streitigkeiten oder die Verhandlung mit fremden Fürsten und Königen (z.B. in Skandinavien).

10.1.3. Die Hochphase der Hanse (14. Jahrhundert)

Im 14. Jahrhundert erreichte die Hanse ihren Höhepunkt. Bis zu 200 Städte aus dem niederdeutschen Sprachraum und dem Ostseeraum waren zeitweise beteiligt oder mit ihr verbunden. Zwar hatte die Hanse keine geschriebene Verfassung, aber sie besaß gemeinsame Beschlüsse und Abkommen, deren Einhaltung von führenden Städten wie Lübeck kontrolliert wurde.

Zu den wichtigsten hansischen „Waren" zählten:

- Salz (besonders aus Lüneburg),
- Getreide (aus Preußen und Livland),
- Fische (vor allem Stockfisch aus Norwegen),
- Pelze und Wachs (aus Russland),
- Bier (aus norddeutschen Brauereien),
- Tücher und Tuche (aus Flandern und England).

Die Hanse dominierte den Handel im gesamten Nord- und Ostseeraum. Sie schuf weitreichende Netzwerke, sicherte Handelswege und vertrat die Interessen ihrer Mitglieder gegenüber Fürsten.

10.2. Die städtische Gesellschaft: Aufbau und Selbstverständnis

10.2.1. Bürger und Stadtluft

Ein zentrales Element des Mittelalters war das Aufblühen der Städte. „Stadtluft macht frei" lautete ein bekanntes Sprichwort, das aussagte, dass ein leibeigener Bauer, der ein Jahr und einen Tag in einer Stadt lebte, seine Freiheit erlangen konnte. Das führte dazu, dass Städte Orte des relativen Freiheitsgewinns waren.

Dennoch war die Stadtgesellschaft hierarchisch gegliedert. An der Spitze standen oft reiche Kaufleute oder Patrizier, die den Rat der Stadt bildeten und die Politik bestimmten. Darunter kamen Handwerker, organisiert in Zünften, und am unteren Ende standen Tagelöhner, Knechte und Arme ohne Rechte.

10.2.2. Selbstverwaltung und Stadtrecht

Viele Städte erhielten vom König oder einem Territorialherren ein Stadtrecht, das ihnen gewisse Autonomien zusicherte. Dazu zählten das Marktrecht, die Befestigungsrechte, die Gerichtsbarkeit und das Recht, eine Stadtverwaltung zu wählen. Im späten Mittelalter gewann diese städtische Selbstverwaltung stetig an Bedeutung, da die Landesherren oft froh waren, wenn die Städte sich selbst verwalteten und zugleich für Steuern und Ordnung sorgten.

Die Stadträte bestanden meist aus den wohlhabendsten Familien. Patrizische Familien beherrschten lange Zeit den Rat und die höheren Ämter, da sie über Vermögen, Netzwerk und Einfluss verfügten. Gelegentlich kam es zu Unruhen und Machtkämpfen, wenn Zünfte oder niedere Schichten mehr Mitsprache forderten.

10.2.3. Zünfte und Gilden

Das wirtschaftliche Rückgrat bildeten die Handwerkszünfte und Kaufmannsgilden. In einer Zunft schlossen sich Handwerker eines Berufszweiges zusammen (z.B. Bäcker, Schneider, Schmiede), regelten Lehr- und Meisterprüfungen, sicherten Qualitätsstandards und vertraten gemeinsame Interessen nach außen.

Die Kaufmannsgilden hatten ähnliche Ziele, waren aber in vielen Städten bereits in den Ratsgremien vertreten, weil das reiche Kaufmannsbürgertum oft großen politischen Einfluss hatte. Zwischen den Zünften und dem Patriziat konnte es zu

Spannungen kommen, wenn es um Fragen der Mitbestimmung und Steuerlast ging.

10.3. Stadtbild und Alltagsleben

10.3.1. Architektur und Befestigungen

Mittelalterliche Städte hatten in der Regel Mauern oder Palisaden zum Schutz vor feindlichen Angriffen. Türme und Tore sicherten den Zugang. Das Stadtinnere war eng bebaut, mit Fachwerkhäusern oder steinernen Bauten in den reichen Vierteln.

Kirchen und Ratshäuser prägten oft das Stadtbild. Die großen Kirchen – teils in gotischem Stil – demonstrierten den Stolz und die Frömmigkeit der Bürger. Gotische Rathäuser, zum Beispiel in Lübeck oder Stralsund, waren Zentren der städtischen Verwaltung und zeigten zugleich die Macht des Bürgertums.

10.3.2. Hygiene, Märkte und Versorgung

Das Leben in mittelalterlichen Städten war belebt, aber auch laut und oft unhygienisch. Abfälle und Abwässer landeten häufig in Straßengräben oder im Fluss, und Krankheiten konnten sich schnell ausbreiten. Deshalb gab es in manchen Städten einfache Regeln zur Müllentsorgung und zum Schutz der Brunnen, doch die Vorstellungen von Hygiene waren noch begrenzt.

Märkte und Messen spielten eine große Rolle. An bestimmten Tagen kamen Händler von außerhalb, boten Waren an, und die Städte profitierten von Zöllen und Gebühren. Das Straßenbild war geprägt von Verkaufsständen, Handwerksbetrieben und regen Handelstätigkeiten.

10.3.3. Feste, Glaube und Bruderschaften

Das geistliche Leben war in der Stadt allgegenwärtig. Kirchen und Klöster prägten den Alltag, es gab Prozessionen, Feiertage und Wallfahrten. Die Menschen organisierten sich in Bruderschaften, die karitative oder religiöse Zwecke verfolgten.

Feste wie das Kirchweihfest, Jahrmärkte oder Schützenfeste brachten etwas Abwechslung in das harte Arbeitsleben. Musikanten, Gaukler und fahrendes Volk sorgten für Unterhaltung. Gleichzeitig gab es aber auch strenge Sittenordnungen, die Saufgelage, Glücksspiel oder „Unsittlichkeiten" verbieten sollten.

10.4. Wirtschaftliche Entwicklungen und Handelsbeziehungen

10.4.1. Der Fernhandel der Hanse

Die Hanse stand im Zentrum des Nord- und Ostseehandels. Lübeck galt als „Königin der Hanse", aber auch Städte wie Hamburg, Bremen, Danzig, Riga und Reval waren bedeutend. Der Handel umfasste nicht nur Lebensmittel wie Getreide, Salz oder Fisch, sondern auch Luxusgüter wie Pelze, Wachs, Gewürze und Tuche.

Wichtig waren die Kontore der Hanse, z.B. in Nowgorod (Peterhof), Bergen (Tyske Bryggen), London (Stalhof) und Brügge. Dort hatten die hansischen Kaufleute eigene Viertel, eigene Rechtsprechung und genossen Zoll- und Handelsprivilegien. Diese Kontore bildeten die Schlüsselstellen, über die Warenflüsse gelenkt wurden.

10.4.2. Kooperation und Konkurrenz

Trotz des gemeinsamen Bündnisses gab es innerhalb der Hanse immer wieder Rivalitäten. So standen etwa Lübeck und Rostock in Konkurrenz um Einfluss im Ostseeraum. Ähnlich stritten Bremen und Hamburg um den Handel auf der Nordsee. Dennoch versuchten die Hansestädte, nach außen hin geeint aufzutreten, um günstige Handelsverträge durchzusetzen oder Piraten zu bekämpfen.

Auch mit auswärtigen Herrschern kam es zu Konflikten, etwa mit dem dänischen König, der die Kontrolle über die Ostsee wollte, oder mit dem Deutschen Orden, der in Preußen eigene Zollregeln und Hafenpolitik betrieb. Die Hanse nutzte mitunter ein „Wirtschaftskrieg"-Instrument, nämlich den Boykott: Wenn ein Land den hansischen Kaufleuten schadete, konnten die Hansestädte den Warenimport einstellen.

10.4.3. Bedeutung für die Entwicklung des Spätmittelalters

Durch die Hanse und den allgemeinen Handel wuchsen die Städte, entstanden neue Wirtschaftszweige, und es vernetzten sich unterschiedliche Kulturkreise. Die Kaufleute brachten nicht nur Waren, sondern auch Ideen und Techniken aus fremden Regionen mit. Das führte langfristig zu einer kulturellen Blüte in Norddeutschland und im Baltikum.

Dennoch war der hansische Handel von Risiken geprägt: Piraten wie die Vitalienbrüder bedrohten die Schiffe auf See, Kriege zwischen Fürsten legten Handelswege lahm, und Pestepidemien wie der „Schwarze Tod" (ab 1347) führten zeitweise zu einem Rückgang der Bevölkerung und der Wirtschaftskraft.

10.5. Kulturelle Entwicklungen in den Städten

10.5.1. Bildung und Schriftlichkeit

Im städtischen Bereich nahm die Bildung gegenüber dem ländlichen Raum zu. Ratsschreiber und Kaufleute mussten lesen, schreiben und rechnen können. Handelsschulen und Schreibstuben entstanden, in denen man kaufmännische Fähigkeiten lernte. Geistliche Bildung gab es in Dom- und Klosterschulen, die auch für städtische Kinder zugänglich sein konnten – freilich meist nur für die männliche Elite.

Die Stadtschreiber verfassten Urkunden und Bücher in mittelniederdeutscher oder mittelhochdeutscher Sprache, aber auch auf Latein, wenn es um Rechtsgeschäfte oder Kontakte mit dem Ausland ging. Damit wuchsen Schriftlichkeit und Dokumentation. Ratsprotokolle und Stadtbücher liefern uns heute wertvolle Einblicke in das Alltagsleben des Spätmittelalters.

10.5.2. Gotische Baukunst und Kunsthandwerk

Die wachsende Wirtschaftskraft zeigte sich auch in der Baukunst. Die backsteingotischen Kirchen und Rathäuser Norddeutschlands sind noch heute Zeugnisse jener Zeit. Beispiele sind die Marienkirche in Lübeck, die Nikolaikirche in Stralsund oder das Rathaus in Wismar.

Kunsthandwerk blühte in den Städten auf: Goldschmiede, Glasbläser, Buchmaler und andere Berufe hatten dank der wohlhabenden Kundschaft rege Auftragslagen. Reliquienschreine, Altäre, Skulpturen und Wandmalereien verzierten die Kirchen. In den Wohnhäusern reicher Bürger gab es mitunter aufwändige Wandteppiche oder bemalte Truhen.

10.5.3. Literatur, Theater und Musik

Städtische Bevölkerung trug zur Entwicklung deutscher Literatur bei. Während am höfischen Adelshof der Minnesang und Epen im Vordergrund standen, brachte das Bürgertum andere Formen hervor: Schwänke, Fastnachtsspiele und moralische Stücke wurden aufgeführt, oft auf Marktplätzen oder in Zunfthäusern.

Musikensembles und Spielleute sorgten für Unterhaltung, besonders an Festtagen. Religiöse Spiele (Passionsspiele, Mysterienspiele) zogen Zuschauer an und verknüpften biblische Inhalte mit volkstümlichem Theater.

10.6. Soziale Spannungen und Krisen

10.6.1. Konflikte zwischen Patriziern und Zünften

In vielen Städten regierte das Patriziat, also die alteingesessenen, reichen Kaufmannsfamilien. Die Handwerkszünfte forderten aber mehr Mitbestimmung. Im 14. und 15. Jahrhundert kam es in etlichen Städten – etwa in Köln, Straßburg, Braunschweig – zu Zunftrevolutionen oder Unruhen, wenn sich die Handwerker gegen die patrizische Oberherrschaft stellten.

Manche Städte reagierten mit Kompromissen, räumten den Zünften Ratsitze ein oder ließen sie an Beschlüssen teilhaben. In anderen Fällen gelang es den Patriziern, die Machtposition zu verteidigen. So bildeten sich unterschiedliche Modelle städtischer Verfassungen heraus, die teils sehr fortschrittlich wirken, teils aber stark auf das Patriziat zugeschnitten blieben.

10.6.2. Juden in den Städten

Eine besondere Rolle spielten die jüdischen Gemeinden, die in vielen deutschen Städten ansässig waren. Sie betrieben Handel, Geldverleih oder spezialisiertes

Handwerk und gehörten zum städtischen Wirtschaftsleben dazu. Doch es gab immer wieder Pogrome und Vertreibungen, vor allem in Zeiten von Krisen oder Pestwellen, bei denen Juden als Sündenböcke herhalten mussten.

Manche Städte nutzten die Anwesenheit von Juden zur eigenen Bereicherung, indem sie ihnen Schutz nur gegen hohe Abgaben gewährten. Zugleich war das Stadtklima für Juden oft unsicher, denn kirchliche Hetze, Aberglaube und soziale Spannungen konnten jederzeit in Gewalt umschlagen.

10.6.3. Pest, Hungersnöte und Wirtschaftseinbrüche

Das Spätmittelalter war neben Phasen des Aufschwungs auch von schweren Krisen gekennzeichnet. Die Pestwellen ab 1347 führten zum Tod eines großen Teils der Bevölkerung und legten das städtische Leben lahm. In vielen Städten starben bis zu 30, 40 oder gar 50 Prozent der Einwohner.

Dies hatte dramatische Auswirkungen auf Handwerk, Handel und Landwirtschaft. Arbeitskräfte fehlten, Felder lagen brach, und viele Handelsrouten waren blockiert. Auf diese Krisen folgten jedoch oft Neuordnungen, in denen sich die Wirtschaft wieder stabilisierte. Mancherorts konnten überlebende Bauern und Handwerker günstig an Land oder Werkzeuge kommen, was langfristig zu Veränderungen in den Besitzverhältnissen führte.

10.7. Niedergang und Wandel der Hanse

10.7.1. Veränderungen der Handelsstrukturen

Im 15. Jahrhundert begann der Einfluss der Hanse zu schwinden. Neue Machtkonstellationen in Dänemark, Schweden und Russland erschwerten den hansischen Handel. Die wachsenden territorialen Staaten (etwa das Königreich Polen-Litauen, das Herzogtum Burgund, England, das aufstrebende Russland) hatten eigene Wirtschaftsinteressen und drängten die Hanse zurück.

Zudem kamen neue Schiffe und Routen auf: Die Kogge war lange Zeit das wichtigste hansische Handelsschiff, doch sie genügte den sich ändernden Bedürfnissen nicht mehr vollständig. Die Portugiesen und Spanier eröffneten Seewege nach Afrika und Amerika, was den Handel in der Ostsee zwar nicht sofort überflüssig machte, ihn aber relativierte, da neue Warenströme entstanden.

10.7.2. Politische Probleme im Innern

Auch im Innern hatte die Hanse Probleme: Viele Hansestädte verloren ihre Geschlossenheit und stritten untereinander. Lübeck blieb tonangebend, doch andere Städte fühlten sich von Lübecks Führungsanspruch bevormundet. Die Reformation (ab 1517) spaltete zusätzlich, da manche Städte protestantisch wurden, andere bei der katholischen Kirche blieben.

Im 16. Jahrhundert existierte die Hanse zwar noch als Bündnis, hatte aber große Teile ihres alten Einflusses eingebüßt. Den Fernhandel dominierten zunehmend englische, niederländische und süddeutsche Kaufleute. Die einst so mächtige Hanse war geschwächt und auf regionale Bedeutung reduziert.

10.7.3. Fazit zur Hanse

Trotz ihres schleichenden Niedergangs hat die Hanse die Stadt- und Handelslandschaft im nördlichen Europa jahrhundertelang geprägt. Sie schuf Verbindungen zwischen Ost und West, führte zu einem kulturellen Austausch und förderte die Entstehung wohlhabender Städte an der Ost- und Nordseeküste. Viele hansische Baudenkmäler und Stadtbilder sind bis heute sichtbar und gehören zum UNESCO-Weltkulturerbe (z.B. die Altstadt von Lübeck, Wismar, Stralsund).

10.8. Zusammenfassung: Die Rolle der Städte im Mittelalter

Das Spätmittelalter war eine Zeit, in der Städte zu dynamischen Zentren aufstiegen. Sie boten Freiheit, Handel und Gewerbe. Hier entwickelten sich neue Schichten von Kaufleuten und Handwerkern, die sich in Zünften und Gilden organisierten. Der Wohlstand der Städte zeigte sich in repräsentativer Architektur und reger kultureller Aktivität.

Die Hanse als Städtebündnis beherrschte über Generationen hinweg den Handel im Ostseeraum, handelte mit Salz, Getreide, Fisch, Pelzen und Tuch, baute Kontore in fernen Ländern auf und agierte teils sogar wie eine politische

Großmacht. Doch Machtgefüge änderten sich, neue Staaten und Handelswege setzten sich durch, und die Hanse verlor im Spätmittelalter an Bedeutung.

In den Städten entstand eine eigenständige Bürgerschaft, die sich abgrenzte vom Adel und Klerus. Auch wenn das Patriziat oft das Sagen hatte, so entwickelte sich doch im Laufe der Jahrhunderte eine gewisse Selbstbestimmung und ein neuer „Stolz der Bürger", der sich in Kirchen, Rathäusern, Festen und der Literatur niederschlug.

Das mittelalterliche Stadtleben war zugleich von Konflikten und Krisen durchzogen. Pestepidemien, Hungersnöte und soziale Spannungen machten deutlich, dass der Fortschritt stets gefährdet war. Dennoch legte die Entwicklung der Städte im Mittelalter einen Grundstein für das spätere Wirtschafts- und Geistesleben Europas.

ELFTES KAPITEL: DAS SPÄTMITTELALTER, DIE PEST UND SOZIALE UMBRÜCHE

Das Spätmittelalter (ca. 13. bis 15. Jahrhundert) war eine Zeit tiefgreifender Veränderungen in Europa und insbesondere in den deutschen Landen. Während das Hochmittelalter von einer Blüte in Kultur, Handel und Bevölkerungszunahme geprägt gewesen war, brachten das 14. und frühe 15. Jahrhundert dramatische Krisen. Die Pest, auch „Schwarzer Tod" genannt, dezimierte die Bevölkerung, was schwere wirtschaftliche und soziale Umbrüche nach sich zog. Zugleich führten machtpolitische Spannungen zu Fehden, Adelsaufständen und Versuchen, die politische Ordnung neu zu strukturieren.

In diesem elften Kapitel betrachten wir detailliert, wie sich die deutsche Gesellschaft im Spätmittelalter wandelte. Dabei rücken wir die Pestepidemien, Hungersnöte, Klimaveränderungen und lokale Kriege in den Fokus. Wir gehen auf soziale Spannungen ein, wie sie sich in Bauernaufständen oder städtischen Revolten äußerten. Schließlich fragen wir, wie das Reich darauf reagierte und welche Folgen diese Krisen für die späteren Entwicklungen hatten.

11.1. Bevölkerung, Klima und Ernährungskrisen

11.1.1. Bevölkerungswachstum und erste Sättigungsgrenze

Im Hochmittelalter hatte die Bevölkerung in vielen Teilen Europas stetig zugenommen. Neue Siedlungen entstanden, Wälder wurden gerodet, Moore trockengelegt, und die Landwirtschaft expandierte. Gegen Ende des 13. Jahrhunderts waren jedoch manche Regionen an eine Sättigungsgrenze gelangt, weil die vorhandenen Böden nicht unbegrenzt steigende Erträge lieferten.

Zudem zeigten sich erste Anzeichen klimatischer Veränderungen: Nach einer recht milden Phase (der sogenannten mittelalterlichen Klimaperiode) setzten ab dem frühen 14. Jahrhundert vermehrt kühle und regenreiche Jahre ein. Schlechte Ernten führten zu Ernteausfällen und Hungersnöten. Die ländliche Bevölkerung geriet in Not, und in den Städten stiegen die Getreidepreise.

11.1.2. Hungerkatastrophen im frühen 14. Jahrhundert

Eines der verheerendsten Beispiele war die Hungersnot von 1315 bis 1317, die nicht nur das Reich, sondern große Teile Nord- und Westeuropas traf. Dauerregen und kühle Temperaturen ruinierten Ernten und sorgten für Futtermangel beim Vieh. Menschen litten unter Mangelernährung, und die Sterberate stieg.

Der Transport von Nahrungsmitteln war schwierig: Straßennetze waren schlecht, und die meisten Waren wurden regional produziert. Wucherer und Händler konnten bei Knappheit die Preise in die Höhe treiben. Während sich reiche Grundherren oder Kaufleute noch Korn kaufen konnten, waren arme Bauern und Tagelöhner schutzlos. Viele verhungerten, andere flohen in die Städte in der Hoffnung auf Almosen oder Arbeit.

Diese frühen Hungersnöte schwächten die Bevölkerung bereits deutlich. Die Lebensumstände vieler Menschen verschlechterten sich so sehr, dass ein neuer großer Schock die Gesellschaft noch härter treffen würde – und genau dieser Schock kam in Form der Pest.

11.2. Der Schwarze Tod (Pestepidemie) ab 1347

11.2.1. Herkunft und Ausbreitung der Pest

Die „Große Pest" oder der „Schwarze Tod" war eine der verheerendsten Seuchenzüge, die Europa je trafen. Vermutlich stammt der Erreger (Yersinia pestis) aus dem asiatischen Raum. Mongolische Heere und Handelskarawanen brachten ihn nach Westen. Ab 1347 gelangte die Pest auf Handelsschiffen in mediterrane Häfen wie Genua, Venedig oder Marseille und von dort weiter ins Binnenland.

Die Krankheit war hoch ansteckend, verbreitete sich rasch entlang der Handelswege und erfasste binnen weniger Jahre große Teile Europas. Der Krankheitsverlauf war in seinen typischen Formen (Beulenpest, Lungenpest) tödlich, die Überlebenschancen gering. Viele starben innerhalb weniger Tage.

11.2.2. Auswirkungen in den deutschen Landen

Auch im Heiligen Römischen Reich – vom Niederrhein über Westfalen, von Süddeutschland bis hin nach Bayern, Sachsen und Böhmen – breitete sich die Pest schubweise aus. Die Mortalitätsraten waren regional unterschiedlich; Schätzungen sprechen davon, dass zwischen einem Drittel und der Hälfte der Bevölkerung in manchen Gegenden starb.

Die Folgen waren dramatisch:

- **Entvölkerung**: Zahlreiche Dörfer verödeten, weil fast alle Bewohner starben oder flohen.
- **Arbeitskräftemangel**: Felder blieben unbestellt, Handwerksbetriebe fanden keine Gesellen.
- **Wirtschaftskrise**: Kaufleute stellten Handel ein, Städte verloren Steuerzahler, und Zünfte konnten keine Produktion aufrechterhalten.
- **Kirchliche Not**: Viele Geistliche, die Kranke versorgen wollten, starben selbst. Kirchliche Strukturen wurden ausgedünnt.

11.2.3. Gesellschaftliche und religiöse Reaktionen

Die Menschen im Spätmittelalter hatten nur ein rudimentäres medizinisches Verständnis. Häufig suchten sie nach übernatürlichen Erklärungen. Einige glaubten, Gott strafe die Menschheit für ihre Sünden. Andere sahen den Teufel oder Hexen am Werk. Es kam zu Bußprozessionen, Selbstgeißler-Bewegungen (Flagellanten) und extremen Frömmigkeitsauswüchsen.

In vielen Orten führte die Pest zu aggressiven Sündenbock-Theorien. Eine Gruppe, die besonders darunter litt, waren die Juden. Man bezichtigte sie, Brunnen vergiftet zu haben, um die Christen zu töten. Pogrome brachen aus; jüdische Gemeinden wurden ausgeplündert und ihre Mitglieder ermordet oder vertrieben. Dies verstärkte noch einmal die gesellschaftliche Zerrissenheit.

11.3. Längerfristige Folgen der Pest

11.3.1. Demografische und wirtschaftliche Umbrüche

Nach der ersten großen Welle 1347–1351 kam es in den folgenden Jahrzehnten immer wieder zu lokalen Pestschüben. Die Bevölkerung erholte sich nur langsam – manche Regionen brauchten Generationen, um das frühere Niveau zu erreichen.

Trotz oder gerade wegen der Bevölkerungsverluste ergaben sich für die überlebenden Bauern und Handwerker manchmal Vorteile:

- **Weniger Konkurrenz**: Wer überlebte, konnte verlassene Höfe übernehmen.
- **Höhere Löhne**: Arbeitskräfte wurden knapp, was die Verhandlungsposition verbesserte.
- **Aufstiegschancen**: Handwerksmeister konnten expandieren, Grundherren mussten Zugeständnisse machen.

Auf der anderen Seite mussten die Fürsten, Adligen und Klöster neue Wege finden, ihre Einkünfte zu sichern. Manche erhöhten die Abgaben oder verschärften die Frondienste, was soziale Spannungen anheizte.

11.3.2. Mentalitätsänderungen und religiöse Bewegungen

Die Erfahrung des massenhaften Sterbens prägte die Kultur. Zahlreiche Darstellungen des Todes, Totentänze, Pestbilder und Bußpredigten zeigten die Vergänglichkeit des irdischen Lebens. Ein stärkeres Bewusstsein für individuelle Frömmigkeit entstand. Gleichzeitig gab es aber auch Menschen, die ein intensiveres Lebensgefühl entwickelten („Lasst uns essen und trinken, denn morgen sind wir tot").

Die Flagellantenbewegung (Selbstgeißler), die Apokalyptiker und bestimmte Sekten gewinnen in Krisenzeiten Zulauf. Kritische Stimmen gegen die Kirche wurden lauter, weil viele Gläubige fanden, dass das etablierte Klerus-System versagt habe. Dieser Unmut gegen kirchliche Missstände sollte später in den Vorabend der Reformation münden.

11.4. Soziale Spannungen und Aufstände

11.4.1. Bauernunruhen

Schon seit dem 13. Jahrhundert nahmen in vielen Regionen die Abgabenforderungen der Grundherren zu. Klöster, Adelige und Fürstentümer brauchten Geld, weil Kriege geführt, Burgen ausgebaut und Höfe wieder bewirtschaftet werden mussten. Die Pestkrise verschärfte die Lage, da die Grundherren auf geringere Bevölkerungszahlen mit höheren Belastungen für die Verbliebenen reagierten.

Immer wieder kam es zu lokalen Bauernaufständen, wenn sich die Landbevölkerung gegen zu hohe Frondienste oder neue Steuern wehrte. Diese Aufstände blieben meist regional und wurden von Adel und Fürsten blutig niedergeschlagen. Große, reichsweite Erhebungen sollten erst im 16. Jahrhundert (Bauernkrieg) erfolgen, doch die Wurzeln für diesen Konflikt lagen bereits im Spätmittelalter.

11.4.2. Städtische Revolten

Auch in den Städten entluden sich soziale Spannungen. Das Patriziat hatte häufig die Macht im Rat inne, während die Handwerkerzünfte immer wieder versuchten, Mitsprache zu erlangen. Besonders im 14. Jahrhundert kam es in Städten wie Köln, Braunschweig, Mainz oder Straßburg zu „Zunftkämpfen", in denen sich das Handwerk gegen die patrizische Oberschicht auflehnte.

In manchen Städten gelang den Zünften ein Machtgewinn, in anderen scheiterten sie. Diese Konflikte erschütterten die städtische Ordnung, führten aber auch zu neuen Kompromissen in der Verfassung. So entstanden Ratsverfassungen, in denen Patrizier und Zünftler gemeinsam über die Geschicke einer Stadt entschieden.

11.4.3. Fehdewesen und Adelskrisen

Das spätmittelalterliche Reich kannte kein absolutes staatliches Gewaltmonopol. Viele Adlige und Ritter führten private Fehden, um Streitereien über Landbesitz, Ehre oder Schulden auszutragen. So entstanden dauernde Kleinkriege, die Handel und Landwirtschaft störten. Während mächtige Fürsten ihre Territorien allmählich festigten, verloren ärmere Rittersleute oft an Bedeutung und suchten in Fehden oder Raubrittertum nach Einkünften.

Für die einfache Bevölkerung bedeutete das eine hohe Unsicherheit. Straßen waren unsicher, und Kaufleute mussten sich zusammenschließen oder hohen Wegezoll zahlen, um Fehden zu umgehen. Erst später führten Landesfrieden und Reichsreformen (im 15. Jahrhundert) zu einer schrittweisen Eindämmung dieses kriegerischen Einzelhandelns.

11.5. Machtpolitik und Kaisertum im Spätmittelalter

11.5.1. Das Reich nach dem Interregnum

Nach dem Interregnum (1254–1273) hatten wir gesehen, dass Könige wie Rudolf von Habsburg, Adolf von Nassau, Albrecht I. von Habsburg, Heinrich VII. von Luxemburg, Ludwig der Bayer und Karl IV. von Luxemburg regierten. Sie alle versuchten, die Königswürde im Reich zu stabilisieren, hatten aber nur bedingt Erfolg, weil das Land in viele Fürstentümer aufgeteilt war.

Je nach Dynastie und Persönlichkeit des Herrschers standen Italienpolitik, Reichsreformen oder der Ausbau der Hausmacht im Vordergrund. So sicherten sich etwa die Habsburger viele Ländereien in Österreich, die Luxemburger herrschten zeitweise in Böhmen, und Ludwig der Bayer aus dem Hause Wittelsbach kam mit dem Papsttum in Konflikt, als er sich zum Kaiser krönen ließ, ohne päpstliche Zustimmung einzuholen.

11.5.2. Goldene Bulle (1356)

Ein wichtiger Einschnitt war die Goldene Bulle, die Kaiser Karl IV. (aus dem Hause Luxemburg) 1356 verkündete. In diesem Gesetzeswerk wurden die Modalitäten der Königswahl im Reich neu geregelt. Die Zahl der Kurfürsten wurde verbindlich festgelegt (sieben an der Zahl):

1. Drei geistliche Kurfürsten: Erzbischöfe von Mainz, Köln und Trier.
2. Vier weltliche Kurfürsten: Pfalzgraf bei Rhein, Herzog von Sachsen-Wittenberg, Markgraf von Brandenburg und König von Böhmen.

Die Goldene Bulle sollte klare Verhältnisse für die Thronfolge schaffen und Konflikte um die Königswahl reduzieren. Tatsächlich festigte sie aber auch die Machtstellung der Kurfürsten, die sich seither auf ihr Wahlrecht beriefen und oft hohe Gegenleistungen (Privilegien, Territorien) für ihre Stimme forderten.

11.5.3. Hausmachtpolitik

Statt eine starke Reichsregierung zu schaffen, konzentrierten sich viele Könige darauf, die eigene Dynastie abzusichern. Sie betrieben Hausmachtpolitik – das bedeutet, sie versuchten Ländereien für ihre Familie zu gewinnen und in ihren Erblanden eine feste Herrschaftsstruktur aufzubauen.

Beispielsweise:

- Die Habsburger in Österreich und der Schweiz,
- Die Luxemburger in Böhmen und Teilen Schlesiens,
- Die Wittelsbacher in Bayern und der Pfalz.

Dieses Nebeneinander starker Fürstenhäuser behinderte die Entstehung einer starken Zentralgewalt im Reich. Gleichzeitig trug es jedoch zu einer Vielfalt von politischen Zentren und Kulturräumen bei.

11.6. Der Hundertjährige Krieg und seine Auswirkungen auf das Reich

Obwohl der Hundertjährige Krieg (1337–1453) hauptsächlich zwischen England und Frankreich tobte, hatte er indirekte Folgen für das Reich. Französische Könige und englische Herrscher warben Söldner an, was den Söldnermarkt durcheinanderbrachte. Söldnertruppen zogen nach Kriegsende marodierend durch verschiedene Gebiete Europas, darunter das Reich, und verwüsteten Landstriche.

Zudem blockierte der Krieg große Teile des Tuch- und Weinhandels, was die Wirtschaft im Westen des Reichs beeinflusste. Einige Reichsfürsten verdingten sich als Verbündete einer der beiden Seiten, sodass es zu diplomatischen und militärischen Verwicklungen kam.

11.7. Kirche und geistliche Umbrüche

11.7.1. Das Avignonesische Papsttum und das Große Schisma

Im 14. Jahrhundert geriet das Papsttum in eine Krise: Von 1309 bis 1377 residierten die Päpste im französischen Avignon (Avignonesisches Papsttum). Diese räumliche Trennung von Rom sowie der starke Einfluss der französischen Krone auf die Päpste sorgten für Kritik in vielen Teilen Europas, auch im Reich.

Nach der Rückkehr des Papstes nach Rom (1377) kam es bald zum sogenannten Großen Abendländischen Schisma (1378–1417), bei dem zeitweise zwei (oder sogar drei) rivalisierende Päpste gleichzeitig im Amt waren – einer in Rom, einer in Avignon, später kam noch ein weiterer aus Pisa hinzu. Dies verwirrte die

Gläubigen, da man nicht wusste, welcher Papst der wahre Stellvertreter Christi sei.

Im Reich führte diese Kirchenspaltung zu Auseinandersetzungen in den Bistümern und Klöstern. Manche Bischöfe hielten zu Rom, andere zu Avignon. Die weltlichen Fürsten mischten sich oft ein, um Kirchenbesitz oder Einfluss auf die Bistümer zu erlangen.

11.7.2. Reformbestrebungen und Konziliarismus

Die offensichtlichen Missstände der Kirche – z.B. Abhängigkeit vom Adel, Ämterhäufung (Pfründewesen), Verweltlichung der Kleriker – riefen reformerische Bewegungen auf den Plan. An Universitäten (z.B. Paris, Prag) entwickelte sich die Idee des Konziliarismus: Ein allgemeines Konzil (Versammlung von Bischöfen und Theologen) solle die höchste Autorität in der Kirche sein und sogar einen Papst absetzen können, wenn dieser Fehlverhalten zeige.

Das Konzil von Konstanz (1414–1418) beendete das Große Schisma, indem es alle bestehenden Päpste absetzte und einen neuen Papst wählte (Martin V.). Gleichzeitig verurteilte es aber Jan Hus, einen böhmischen Reformprediger, der einige Forderungen nach einer grundlegenden Kirchenreform erhoben hatte. Hus wurde als Häretiker verbrannt (1415), was in Böhmen zu Unruhen führte (Hussitenkriege).

11.8. Hussitenkriege und Unruhen in Böhmen

11.8.1. Jan Hus und die böhmische Reformbewegung

Jan Hus (um 1370–1415) wirkte in Prag und forderte eine Reform der Kirche nach dem Vorbild des englischen Theologen John Wyclif. Er kritisierte den Ablasshandel, die Ämterkorruption und rief zu einer Rückbesinnung auf das Evangelium auf. Hus hatte großen Zulauf unter Studenten, Bürgern und Teilen des Adels in Böhmen, das vom Haus Luxemburg regiert wurde (König Wenzel, später sein Bruder Kaiser Sigismund).

Die Verurteilung von Hus auf dem Konstanzer Konzil und seine Hinrichtung am Scheiterhaufen lösten Empörung in Böhmen aus. Viele Böhmen sahen darin einen Verrat am Versprechen freien Geleits und eine Unterdrückung ihrer nationalen und religiösen Anliegen.

11.8.2. Hussitenkriege (1419–1436)

Nach Hus' Tod kam es zu den Hussitenkriegen. Radikale Hussiten (Taboriten) und gemäßigte Hussiten (Utraquisten) stellten sich gegen die katholische Kirche und das Königtum. Kaiser Sigismund, der Erbe seines Bruders Wenzel IV., wollte Böhmen zurückerobern. Doch die hussitischen Heere, geführt von Jan Žižka und anderen Befehlshabern, wehrten mehrere Kreuzzüge aus dem Reich ab.

Diese Kriege verwüsteten Böhmen und zeitweise auch angrenzende Regionen. Zahlreiche deutsche Siedler in Böhmen flohen. Erst 1436 kam es mit dem Basler Konzil zu einem Kompromiss (Basler Kompaktaten), der den gemäßigten Hussiten gewisse Zugeständnisse (Abendmahl unter beiderlei Gestalt) gewährte. Die radikalen Flügel aber wurden weiterhin verfolgt.

Der hussitische Aufstand und die Kriege verdeutlichen, wie explosiv die religiöse und soziale Lage im Spätmittelalter war. Man kann sie als eine Vorstufe zur späteren Reformation interpretieren, denn sie zeigten, wie stark die Kritik an der Kirche war und wie weitreichend nationale und soziale Aspekte den Konflikt anheizten.

11.9. Das Reich an der Schwelle zur Frühen Neuzeit

11.9.1. Übergang zum 15. und 16. Jahrhundert

Gegen Ende des 15. Jahrhunderts hatten sich manche Regionen vom „Schwarzen Tod" erholt. Die Bevölkerung wuchs wieder, der Handel belebte sich, und es entstand ein neuer Drang nach Reformen in Kirche und Staat. Gleichzeitig stieg das Interesse an antiken Texten und humanistischen Ideen, sodass in Süddeutschland erste Humanistenkreise entstanden.

Auch technisch gab es Fortschritte: Johannes Gutenberg erfand um 1450 den Buchdruck mit beweglichen Metalllettern, was eine raschere Verbreitung von Wissen ermöglichte. Handfeuerwaffen und neue Belagerungstechniken veränderten die Kriegsführung. Dies alles weist schon in die Frühe Neuzeit.

11.9.2. Reichstage, Reichsreform und Landfrieden

Im 15. Jahrhundert wurden die Reichstage (Treffen von Kurfürsten, Reichsfürsten, Vertretern der Reichsstädte und dem König) wichtiger. Kaiser Friedrich III. (Habsburg) versuchte zwar, eine Zentralgewalt zu festigen, war aber nur mäßig erfolgreich. Sein Nachfolger Maximilian I. (ab 1493) trieb die sogenannte Reichsreform voran, die 1495 zum Ewigen Landfrieden führte. Private Fehden wurden verboten, und das Reichskammergericht entstand als höchste Gerichtsinstanz.

Diese Reformen waren jedoch halbherzig und von den Fürsten oft unterlaufen. Dennoch markieren sie den Versuch, die Vielzahl an Kleinkriegen und Adelsfehden einzudämmen und eine gemeinsame Rechtsordnung zu etablieren.

11.9.3. Spätmittelalterliche Dynastien

Die großen Dynastien – Habsburger, Wittelsbacher, Luxemburger und Wettiner – festigten ihre Territorien. Immer mehr verbanden sie Eheschließungen mit politischem Kalkül, um Erbansprüche in fremden Fürstentümern zu gewinnen. Der König oder Kaiser war oft nur noch ein Primus inter pares, ein Erster unter Gleichen, weil er auf die Unterstützung der Kurfürsten und Fürsten angewiesen war.

Als das 15. Jahrhundert zu Ende ging, entstand ein neues Selbstverständnis: Das Bewusstsein für „deutsche" Territorien wuchs, obwohl der Begriff „Deutschland" noch keine einheitliche politische Größe bezeichnete. Der Name „Heiliges Römisches Reich Deutscher Nation" tauchte allmählich auf, auch als Gegenbild zum aufstrebenden Frankreich und den expandierenden Osmanen im Südosten Europas.

11.10. Zusammenfassung und Ausblick

Das Spätmittelalter in den deutschen Landen war eine Zeit extremer Gegensätze: Auf der einen Seite wirtschaftlicher Aufschwung, städtische Blüte und kulturelle Impulse, auf der anderen Seite verheerende Krisen wie Hungersnöte, Pestwellen und politische Zerrissenheit. Fehdewesen, Aufstände und dynastische Kämpfe belasteten die Menschen zusätzlich. Dennoch sind gerade in dieser Periode viele Entwicklungen angelegt, die das spätere Gesicht des Reiches prägen sollten:

- **Pest und Bevölkerungsverluste** führten zu einer veränderten Sozialstruktur und zu einer stärkeren Forderung nach Reformen.
- **Aufstände** in Dörfern und Städten zeigten den Wunsch breiter Schichten nach Gerechtigkeit und Selbstbestimmung.
- **Dynastien** gewannen an Einfluss, während das Kaisertum schwach blieb – eine Grundkonstellation, die das Reich bis ins 19. Jahrhundert beschäftigen sollte.
- **Religiöser Umbruch** setzte ein: Kritische Bewegungen wie die Hussiten stellten Fragen, die später Martin Luther weiterführte.

Im nächsten Kapitel (Kapitel 12) wenden wir uns dem Humanismus und der Renaissance in den deutschen Landen zu. Wir werden sehen, wie sich das Denken der Menschen weiter veränderte, wie antike Bildungsideale und neue künstlerische Stile Einzug hielten und wie das Reich damit Schritt hielt oder auch im Konflikt zu den alten Strukturen stand.

Damit endet das elfte Kapitel, in dem wir den „schwarzen" Wendepunkt des Spätmittelalters erlebten, aber auch die langsamen Schritte in Richtung Frühe Neuzeit erkennen konnten.

ZWÖLFTES KAPITEL: HUMANISMUS UND RENAISSANCE IN DEUTSCHEN LANDEN

Das Ende des Mittelalters und der Beginn der Frühen Neuzeit werden häufig mit Schlagwörtern wie „Humanismus" und „Renaissance" in Verbindung gebracht. Während die Renaissance ihren Ursprung in Italien hatte, wo man ab dem 14. Jahrhundert zunehmend Kunst, Architektur und Literatur nach antiken Vorbildern neu gestaltete, drang dieser Geist im 15. Jahrhundert auch in die deutschen Territorien vor.

Der Humanismus, eine Geisteshaltung, die den Menschen und seine Bildung in den Mittelpunkt stellt, prägte Universitäten, Fürstenhöfe und städtische Eliten. Man studierte die lateinischen und griechischen Klassiker, wollte Wissen der Antike wiederbeleben und wandte sich gegen scholastische Engführungen des Denkens. In diesem zwölften Kapitel betrachten wir, wie sich Humanismus und Renaissance in den deutschen Landen verbreiteten, welche Rolle Druckkunst und Universitäten spielten, und wie die aufkommende Kritik an der Kirche hier bereits erste Spuren hinterließ, die später in der Reformation zum Ausbruch kamen.

12.1. Die Anfänge des Humanismus in Deutschland

12.1.1. Einfluss aus Italien

Der Humanismus entwickelte sich zunächst in den Handelsstädten Ober- und Mittelitaliens (Florenz, Venedig, Mailand), wo reiche Familien wie die Medici Künstler und Gelehrte förderten. Gelehrte wie Francesco Petrarca (1304–1374) und Leonardo Bruni (1370–1444) führten Studien der römischen Antike durch und begründeten die „studia humanitatis" – ein Bildungsideal, das auf Rhetorik, Grammatik, Poesie, Geschichte und Moralphilosophie basierte.

Schon im 14. Jahrhundert kamen Studenten aus deutschen Territorien nach Italien und brachten neue Ideen mit zurück. Universitäten wie Prag (gegründet 1348), Wien (1365), Heidelberg (1386), Köln (1388) und Erfurt (1392) spielten eine wichtige Rolle, da sie dem Austausch von Professoren und Studenten mit Italien Vorschub leisteten.

12.1.2. Frühe deutsche Humanisten

Bereits im späten 14. Jahrhundert und frühen 15. Jahrhundert kannte man Gelehrte, die lateinische Texte kritisch lasen, reformierte Sprach- und Rechtsstudien propagierten und den Wert der antiken Literatur betonten. Ein Beispiel ist Konrad Celtis (1459–1508), genannt „der Erzhumanist", der in Krakau und Italien studiert hatte und dann in Deutschland die Gründung von Humanistenzirkeln (Sodalitates) förderte.

Auch Enea Silvio Piccolomini (später Papst Pius II.) hatte Kontakte zum Kaiserhof und verbreitete humanistisches Gedankengut am Hof Friedrichs III. Im Rheinland wirkte Rodolphus Agricola (1443–1485), der sich für eine Erneuerung der Bildung und eine neue Geisteshaltung einsetzte.

12.1.3. Rolle der Universitäten und Fürstenhöfe

Für die Verbreitung des Humanismus waren Fürstenhöfe von großer Bedeutung. Einige Fürsten sahen sich als Förderer der Künste und der Wissenschaft. Sie luden Gelehrte ein, richteten Bibliotheken ein und finanzierten den Druck von Büchern.

Universitäten passten ihren Lehrplan an, indem sie neben der Scholastik jetzt auch Rhetorik, Poesie und klassische Sprachen schätzten. In Heidelberg und Erfurt gab es frühe humanistische Professoren, die auf antike Originaltexte zurückgriffen. Dadurch änderte sich der Lehrstil; statt rein scholastischer Disputationen kamen kritische Textausgaben und philologische Methoden in Mode.

12.2. Buchdruck, Wissensverbreitung und neue Medien

12.2.1. Johannes Gutenberg und die Erfindung des Buchdrucks

Die vielleicht wichtigste technische Neuerung, die der Renaissance und dem Humanismus zum Durchbruch verhalf, war der Buchdruck mit beweglichen Metalllettern. Johannes Gutenberg aus Mainz entwickelte um 1450 eine Druckpresse, die es ermöglichte, Bücher viel schneller und preiswerter herzustellen als durch das Abschreiben von Hand.

Guttenbergs berühmtestes Werk war die 42-zeilige Bibel (Gutenberg-Bibel), gedruckt in den 1450er-Jahren. Zwar gab es vorher schon Holztafeldruck und Ansätze mit beweglichen Lettern in Asien, doch Gutenbergs Technik setzte sich in Europa durch und revolutionierte die Verbreitung von Texten.

12.2.2. Auswirkungen des Buchdrucks auf den Humanismus

Dank des Buchdrucks konnten antike Klassiker, wissenschaftliche Werke und Bibeltexte schnell in großer Stückzahl reproduziert werden. Dies beschleunigte den Austausch von Ideen immens. Wer einen Text verfasste, konnte ihn jetzt in tausendfacher Auflage drucken lassen und in den Universitätsstädten verteilen.

Humanisten wie Erasmus von Rotterdam (in den Niederlanden) oder Johannes Reuchlin (in Deutschland) nutzten den Buchdruck, um lateinische und griechische Ausgaben wichtiger Texte zu veröffentlichen. Sie kommentierten diese Werke kritisch und forderten, die „reine Lehre" der Antike zu studieren, um die Kirche und Gesellschaft zu erneuern.

12.2.3. Flugschriften und neue Diskursformen

Später, im frühen 16. Jahrhundert, sollten Flugschriften eine noch größere Rolle spielen. Polemische Schriften, Pamphlete, Übersetzungen von Predigten – all das erreichte ein breites Publikum, zumal viele städtische Bürger zumindest grob lesen konnten.

Diese Veränderung in der „Medienlandschaft" kündigte bereits die Epoche der Reformation an. Martin Luther konnte seine 95 Thesen und andere Schriften rasch verbreiten, was ohne den Buchdruck kaum möglich gewesen wäre. Hier wird sichtbar, wie eng Humanismus, Buchdruck und die späteren kirchlichen Umbrüche verknüpft waren.

12.3. Renaissance-Kunst und Architektur in den deutschen Landen

12.3.1. Einfluss italienischer Kunst

Die Renaissance in Italien zeigte sich vor allem in der Architektur (z.B. Kuppelbauten von Filippo Brunelleschi in Florenz), in der Malerei (Leonardo da Vinci, Michelangelo, Raffael) und in der Skulptur. Ab dem späten 15. Jahrhundert gelangten diese Stilideen auch in den deutschsprachigen Raum, vor allem nach Süddeutschland (Augsburg, Nürnberg) und ins Rheinland (Köln, Düsseldorf).

Deutsche Fürsten oder reiche Kaufleute, die Italien bereisten, brachten Künstler mit oder beauftragten einheimische Meister, Elemente der Renaissance in ihre Bauten zu integrieren. So entstand eine Mischung aus gotischen Traditionen und neuen Renaissanceformen.

12.3.2. Deutsche Künstler der „Vorrenaissance"

Noch bevor die Renaissance offiziell „ankam", gab es namhafte Künstler, die im Übergang von der Spätgotik zur Frührenaissance standen. Beispiele:

- **Konrad Witz** (um 1400–1446/47) in Basel, der eine realistische Landschaftsdarstellung einführte.
- **Stefan Lochner** (um 1400–1451) in Köln, berühmt für seine weichen, detailreichen Madonnenbilder (z.B. Altar der Stadtpatrone).
- **Veit Stoß** (um 1447–1533) in Nürnberg und Krakau, der großartige Holzschnitzarbeiten fertigte.

Solche Künstler beschäftigten sich teilweise schon mit Perspektive, menschlicher Anatomie und einer naturnahen Wiedergabe, was im Geist der Renaissance stand, jedoch oft noch gotische Elemente zeigte.

12.3.3. Albrecht Dürer und die Hochrenaissance in Deutschland

Den eigentlichen Durchbruch der Renaissancekunst in deutschen Landen markieren Künstler wie Albrecht Dürer (1471–1528). Dürer reiste nach Italien, studierte dort Perspektive, Proportionen und Kupferstichtechniken. Zurück in Nürnberg, kombinierte er italienische Renaissanceelemente mit deutscher Gründlichkeit.

Seine Holzschnitte und Kupferstiche waren europaweit begehrt. Werke wie der „Rhinocerus", die „Apokalypse"-Holzschnitte oder der „Feldhase" machten Dürer berühmt. Er pflegte Kontakte zu Humanisten wie Willibald Pirckheimer und Erasmus von Rotterdam und war an intellektuellen Debatten beteiligt.

Ebenfalls bedeutend waren Künstler wie Lucas Cranach der Ältere (1472–1553), Hans Holbein der Jüngere (1497–1543) und Matthias Grünewald (um 1470–1528). Sie prägten eine eigenständige Variante der Renaissancekunst nördlich der

Alpen, bei der religiöse Themen und realistische Detailverliebtheit aufeinandertrafen.

12.4. Fürstenhöfe und Humanismus

12.4.1. Höfische Kultur

Im Spätmittelalter und der beginnenden Neuzeit versuchten viele Fürsten, ihre Residenzen zu kulturellen Zentren auszubauen. Durch Heiraten und Erbschaften stieg man zu neuen Territorien auf, was den Wunsch nach Repräsentation verstärkte. Wer etwas auf sich hielt, lud Gelehrte, Dichter und Künstler an den Hof, um deren Ruhm auf sich zu übertragen.

Beispielhaft ist der Hof von Kaiser Maximilian I. (1459–1519), der als „der letzte Ritter" galt. Er förderte Druckwerke, ließ genealogische Heldenbücher anfertigen und versuchte, sein Image als mächtiger Herrscher in literarischen Projekten festzuhalten. Dabei arbeitete er mit Humanisten und Künstlern zusammen (z.B. Albrecht Dürer für Holzschnitt-Serien).

12.4.2. Lateinische Bildung und Höfisch-Humanistische Gesellschaft

Humanisten wie Eobanus Hessus oder Conrad Celtis reisten von Hof zu Hof, hielten Laudationes auf Fürsten, widmeten ihnen ihre Bücher und bekamen dafür Geld oder Ämter. So entstand ein System wechselseitiger Förderung: Die Fürsten schmückten sich mit dem Ruhm eines gelehrten Hofes, die Humanisten erhielten materielle Sicherheit und einflussreiche Kontakte.

Latein wurde zur lingua franca der Gelehrsamkeit. Wer als Humanist etwas gelten wollte, schrieb lateinische Gedichte, Reden und Abhandlungen, die er dann in Druck gab. Deutsch war zwar in der Verwaltung und im Alltag präsent, aber für wissenschaftliche Texte galt das Lateinische als vornehmer. Erst im Zuge der Reformation und der volkssprachlichen Bibelübersetzungen rückte Deutsch stärker in den Mittelpunkt.

12.5. Geistige Strömungen und Vorboten der Reformation

12.5.1. Kirchliche Kritik im Geiste des Humanismus

Während des 15. und frühen 16. Jahrhunderts gab es viele Klagen über den moralischen Zustand der Kirche: Häufige Ämterhäufung (wenn ein Bischof mehrere Bistümer innehatte), Bestechung bei der Besetzung kirchlicher Posten und Ablasshandel galten als Missstände. Humanisten forderten eine Rückbesinnung auf die ursprüngliche christliche Lehre der Kirchenväter und des Neuen Testaments.

Ein zentraler Akteur war Erasmus von Rotterdam (1466/69–1536). Zwar war er Niederländer, doch seine Wirkung im Reich war enorm. Erasmus veröffentlichte 1516 eine kritische Edition des Neuen Testaments auf Griechisch mit eigener lateinischer Übersetzung. Damit legte er die Grundlage für genauere Bibelstudien, die später für Martin Luther entscheidend wurden.

12.5.2. Reformation im Ansatz

Manche Humanisten dachten an eine sanfte Reform der Kirche durch Bildung und Rückbesinnung auf die Schrift. Sie wollten Mönchswesen, Wallfahrten und Aberglaube eindämmen, aber keinen Bruch mit Rom. Andere gingen weiter und lehnten zentralen Aspekte der mittelalterlichen Kirchenpraxis ab.

Dennoch war die Stimmung unter Gelehrten, Studenten und gebildeten Laien reif für Veränderungen. Als Luther 1517 mit seinen Thesen an die Öffentlichkeit trat, griff das Feuer schnell um sich. Viele Humanisten unterstützten ihn zunächst, weil sie dachten, endlich komme die erhoffte Erneuerung.

12.6. Literarische und wissenschaftliche Neuerungen

12.6.1. Frühneuhochdeutsche Literatur

Obwohl Latein in den wissenschaftlichen Zirkeln weiter dominierte, entwickelten sich auch in der Volkssprache neue literarische Formen. Das Spätmittelalter kannte noch das Heldenepos (wie das Nibelungenlied), Minne- und Meistergesang, aber jetzt kamen Prosaschriften, Volksbücher und satirische Dichtung hinzu.

Autoren wie Sebastian Brant (1457–1521) schrieben in deutscher Sprache und erreichten ein großes Publikum. Brants „Narrenschiff" (1494) war ein Bestseller. Es handelte von menschlichen Fehlern und Torheiten und kritisierte indirekt kirchliche und weltliche Missstände.

12.6.2. Astronomie, Geographie und Naturwissenschaften

In den Universitäten und an Fürstenhöfen wurden längst nicht nur antike Texte gelesen. Man interessierte sich zunehmend für Astronomie, Geographie und Naturlehre. Karten und Globusmodelle verfeinerten sich, und die Entdeckungsfahrten portugiesischer und spanischer Seefahrer (spätes 15. Jahrhundert) weckten Neugier im gesamten europäischen Raum.

Deutsche Gelehrte wie Regiomontanus (Johannes Müller, 1436–1476) wirkten als Astronomen und Mathematiker. Sie arbeiteten an genauen Kalenderberechnungen und Sternenkarten. Nicolaus Copernicus (1473–1543), zwar gebürtiger Preuße polnischer Abstammung, stand in Kontakt zu deutschen Humanisten und studierte in Krakau, Bologna, Padua und Ferrara. Später entwickelte er sein heliozentrisches Weltbild – eine Revolution in der Astronomie.

12.7. Renaissance-Architektur und Stadtbild

12.7.1. Italienische Einflüsse auf Burgen und Schlösser

Im späten 15. und frühen 16. Jahrhundert setzte sich auch in der Architektur langsam die Renaissance-Formensprache durch. Auf gotische Spitzbögen folgten Rundbögen, Säulenordnungen, Kuppeln und geometrische Proportionen nach antiken Vorbildern. Allerdings war dieser Übergang fließend, und oft vermischte man gotische und Renaissance-Elemente.

Fürsten ließen ihre Burgen zu komfortablen Residenzen umbauen, mit Innenhöfen und Arkadengängen. Innenräume wurden freskenartig bemalt, Decken mit Kassettierungen verziert. Italienische Baumeister kamen nach Deutschland, um an Höfen von Würzburg, Heidelberg, München oder in sächsischen Residenzstädten zu arbeiten.

12.7.2. Stadtentwicklung und Bürgerbauten

Auch wohlhabende Bürger in Städten wie Nürnberg, Augsburg oder Danzig ließen sich Patrizierhäuser errichten, die auf die italienische Renaissance Bezug nahmen. Manchmal entstanden prächtige Fassaden mit Ornamenten, Rundbogenfenstern und klassischen Säulen.

Gleichzeitig herrschte in vielen Städten noch eine enge, mittelalterliche Bebauung. Es gab Kramgassen, Marktplätze und Pfarrkirchen im gotischen Stil. Das heißt, die Renaissance prägte oft nur repräsentative Gebäude und Neubauten, während das restliche Stadtbild seine mittelalterliche Struktur behielt.

12.8. Reichspolitische Entwicklung am Vorabend der Reformation

12.8.1. Kaiser Maximilian I.

Kaiser Friedrich III. starb 1493, und sein Sohn Maximilian I. folgte ihm. Maximilian war ein bedeutender Repräsentant der Renaissancezeit in Deutschland: Er förderte Kunst und Wissenschaft, rief sich selbst zum „letzten Ritter" aus und wollte ein mächtiges Kaisertum errichten, war aber ebenso in zahllose Kriege verstrickt.

Maximilian betrieb eine rege Heiratspolitik für das Haus Habsburg. Sein Enkel Karl V. erbte schließlich nicht nur das Habsburger Erbland (Österreich), sondern auch Spanien und seine Kolonien, die burgundischen Niederlande und Neapel. So lag am Übergang vom Mittelalter zur Frühen Neuzeit bereits eine enorme Machtkonzentration in habsburgischer Hand.

12.8.2. Reichsreform und Landfrieden

Wir sahen schon, dass Maximilian die Reichsreform (1495) ausrief. Damit wollte er das Fehdewesen eindämmen und dem Reich feste Strukturen geben (Reichskammergericht, Ewiger Landfriede). Allerdings blieben die Fürsten stark und eigenständig.

Gleichzeitig wuchsen die Spannungen zwischen Reichsstädten und Territorialfürsten, zwischen Adel und aufstrebendem Bürgertum. Auch das Geld spielte eine Rolle: Maximilian hatte einen großen Finanzbedarf für seine Kriege und Reformen, weshalb er sich teils bei reichen Familien wie den Fuggern in Augsburg verschuldete. Diese Situation sollte später Kaiser Karl V. ebenfalls stark prägen.

12.9. Zusammenfassung: Humanismus und Renaissance als Vorboten einer neuen Epoche

Im 15. und frühen 16. Jahrhundert veränderten sich die geistigen und kulturellen Grundlagen der deutschen Lande grundlegend. Der Humanismus brachte eine neue Bildungsidee, in deren Zentrum das „studium humanitatis" stand, also das Studium der alten Sprachen und Texte, um die Vernunft und den Charakter zu formen. Die Renaissance als Kunst- und Architekturepoche setzte auf neue Formen und Perspektiven, die den Menschen und seine sinnliche Wahrnehmung stärker betonten.

Das gedruckte Buch revolutionierte die Verbreitung von Wissen. Universitäten und Fürstenhöfe spielten eine zentrale Rolle bei der Etablierung des Humanismus. Doch all dies geschah in einem Reich, das politisch zersplittert, sozial angespannt und kirchlich reformbedürftig war. Die kritischen Stimmen gegenüber dem Klerus wuchsen, humanistische Gelehrte bereiteten theologisch und philologisch den Boden für eine umfassende Kirchenreform.

So sehen wir, dass die Renaissance in Deutschland nicht losgelöst von den großen Krisen und Umbrüchen des Spätmittelalters zu begreifen ist. Vielmehr brachten Pest, soziale Spannungen und kirchliche Konflikte den Wunsch nach einem Neubeginn hervor – in Kunst, Wissenschaft und Religion. Diese Entwicklungen mündeten schließlich in der Reformation, die wir im nächsten Kapitel (Kapitel 13) eingehend betrachten werden. Dort sehen wir, wie Martin Luther und andere Reformatoren das mittelalterliche Kirchensystem erschütterten und damit eine große Epoche der Konfessionskriege und Umwälzungen einläuteten.

DREIZEHNTES KAPITEL: DIE REFORMATION UND MARTIN LUTHER

In den vorangegangenen Kapiteln haben wir gesehen, wie das Spätmittelalter durch soziale Spannungen, kirchliche Krisen und eine zunehmende Wende zu humanistischem Denken geprägt war. Diese Entwicklungen waren der Nährboden für eine Bewegung, die das westliche Christentum tief erschütterte: die Reformation. Das 16. Jahrhundert gilt als Epochenumbruch, weil sich in kurzer Zeit nicht nur die religiöse Landschaft drastisch veränderte, sondern auch Politik, Kultur, Sprache und das Selbstverständnis großer Teile der Bevölkerung.

Im Mittelpunkt der frühen Reformation im Heiligen Römischen Reich steht Martin Luther (1483–1546), ein Augustinermönch und Theologieprofessor, dessen Thesen gegen den Ablasshandel die Auseinandersetzungen anfachten. Doch Luther war weder der Erste noch der Einzige, der eine Reform der Kirche forderte – schon vor ihm hatten Kritiker wie Jan Hus, John Wyclif und verschiedene humanistische Gelehrte Missstände angeprangert. Dennoch erreichte die Bewegung, die sich mit Luthers Namen verbindet, eine Dynamik, die die Reichspolitik, die Fürstengesellschaft und das Leben zahlloser Menschen grundlegend verändern sollte.

In diesem Kapitel verfolgen wir Luthers Werdegang, seine entscheidenden Ideen und die Schritte, die das Christentum im Reich in zwei große Konfessionen spalteten. Wir werfen einen Blick auf die Rolle des Buchdrucks, die Reaktion der Päpste und Kaiser, die Unterstützung durch einzelne Fürsten und Städte sowie auf die Folgen, die die Reformation für das Bildungswesen, die Sprache und das Selbstverständnis der Menschen hatte.

13.1. Die Vorläufer der Reformation

13.1.1. Kirchliche Missstände und Reformbedarf

Bereits im Spätmittelalter hatten sich viele Gläubige an der moralischen Verfasstheit der Kirche gestoßen: Ämterkauf (Simonie), das massenhafte Sammeln von Pfründen (ein Kleriker hatte mehrere einträgliche Ämter zugleich) und eine oftmals lasche Amtsführung mehrerer Bischöfe lösten Empörung aus.

Der Ablasshandel, bei dem Gläubige gegen Geldzahlungen Zeit im Fegefeuer verkürzen konnten (nach kirchlicher Vorstellung), wurde von vielen als Auswuchs einer finanzorientierten Frömmigkeit wahrgenommen. Für den Bau des Petersdoms in Rom warb Papst Leo X. besonders intensiv um Ablassgelder – eine Aktion, die im Reich viele Gemüter erregte.

13.1.2. Humanistische Kritik

Humanisten wie Erasmus von Rotterdam, Johannes Reuchlin oder Jakob Wimpfeling hatten bereits eine Erneuerung der Kirche auf dem Weg über Bildung und Rückbesinnung auf die biblischen Quellen gefordert. Sie kritisierten die Verweltlichung des Klerus, wandten sich gegen Aberglauben und forderten eine moralische Erneuerung der Geistlichen.

Allerdings gingen die meisten Humanisten nicht so weit, das Papsttum oder Grunddogmen der Kirche direkt infrage zu stellen. Sie hofften, dass es eine innere Reform geben könne, ohne die kirchliche Einheit zu sprengen.

13.1.3. Politische und soziale Hintergründe

Auch politisch war das Reich im frühen 16. Jahrhundert in einer Phase des Umbruchs. Kaiser Maximilian I. starb 1519, und sein Enkel Karl V. (Haus Habsburg) übernahm die Königswürde und wurde 1530 zum Kaiser gekrönt. Karl V. regierte ein gewaltiges Imperium: Spanien, die burgundischen Niederlande, Österreich und weite Gebiete in Italien. Er sah sich als Beschützer des Katholizismus und wollte eine einheitliche Kirche im Reich erhalten.

Gleichzeitig hatten viele Fürsten, Ritter und Städte das Bedürfnis, ihre Eigenständigkeit zu stärken – gegen die Vormacht des Kaisers und gegen die zentralistischen Ansprüche des Papstes. Der Übergang zu einer „evangelischen" Konfession bot solchen Landesherren und Städten eine Gelegenheit, sich von Rom zu lösen und eigene kirchliche Strukturen zu schaffen.

13.2. Martin Luther: Werdegang und erste Kritik

13.2.1. Jugend und Mönchsein

Martin Luther wurde 1483 in Eisleben (Grafschaft Mansfeld) geboren. Sein Vater war Bergmann und strebte für den Sohn eine juristische Laufbahn an, damit dieser gesellschaftlich aufsteigen könne. Nach Studien an der Universität Erfurt machte Luther jedoch eine Wende: Infolge eines Gewitters, in dem er in Todesangst schwor, Mönch zu werden, trat er 1505 in das Augustinerkloster in Erfurt ein.

Luther litt unter starken Gewissensqualen und einem ausgeprägten Sündenbewusstsein. Die Suche nach einem gnädigen Gott trieb ihn um. Er wurde Priester und später Doktor der Theologie, lehrte ab 1512 als Professor an der Wittenberger Universität (Kurfürstentum Sachsen).

13.2.2. Ablassstreit und 95 Thesen (1517)

Der Ablasshandel war Luther schon lange ein Dorn im Auge, weil er keinen biblischen Unterbau dafür erkennen konnte und die Praxis als Betrug an den Gläubigen empfand. Besonders die Ablasskampagne des Dominikaners Johann Tetzel in der Nähe Wittenbergs regte Luther auf. Tetzel versprach den Gläubigen, sie könnten gegen Geldzahlungen die Zeit ihrer verstorbenen Angehörigen im Fegefeuer verringern.

Luther verfasste 95 Thesen gegen den Ablass und schlug sie – so die Überlieferung – am 31. Oktober 1517 an die Tür der Schlosskirche zu Wittenberg an, was als symbolische Geburtsstunde der Reformation gilt. Dieser Thesenanschlag wird historisch kontrovers diskutiert (ob er wirklich in dieser Form stattfand), doch fest steht, dass Luther seine Thesen an kirchliche und akademische Autoritäten sandte und sie bald gedruckt und verbreitet wurden.

13.2.3. Theologische Grundfragen

Für Luther stand die Frage im Zentrum: „Wie finde ich einen gnädigen Gott?" Seine Antwort basierte auf einem intensiven Studium der Bibel, insbesondere des Römerbriefs (Apostel Paulus). Luther formulierte die Lehre von der Rechtfertigung „allein aus Glauben" (sola fide) und „allein aus Gnade" (sola gratia). Der Mensch könne sich das Heil nicht durch gute Werke oder Ablasszahlungen erkaufen, sondern müsse es im Glauben an Christus empfangen.

Diese theologische Position widersprach der weit verbreiteten Vorstellung, dass gute Werke, Wallfahrten oder der Ablasshandel zur Errettung beitragen könnten. Zudem stellte Luther die Autorität der Bibel (sola scriptura) über die kirchliche

Tradition. Damit ging er letztlich gegen das Lehramt des Papstes vor, da er behauptete, der Papst könne irren und stehe nicht über der Heiligen Schrift.

13.3. Auseinandersetzung mit Rom und Reich: Der Weg zur Kirchenspaltung

13.3.1. Von der Disputation in Leipzig (1519) bis zur Bannandrohung

Die päpstliche Kurie reagierte zunächst zögerlich auf Luthers Thesen, doch als die Aufregung im Reich zunahm, wollte man ihn zu einem Widerruf drängen. 1519 kam es in Leipzig zur Disputation zwischen Luther und Johannes Eck, einem Theologen, der Luthers Positionen scharf angriff. Luther ging in dieser Debatte so weit, die Autorität von Papst und Konzil infrage zu stellen.

Papst Leo X. erließ im Juni 1520 die Bulle „Exsurge Domine", in der Luthers Lehren verurteilt und Luther aufgefordert wurde, binnen 60 Tagen zu widerrufen. Luther hingegen verbrannte öffentlich die päpstliche Bulle und betonte, dass er allein an der Schrift festhalte. Im Januar 1521 wurde er mit der Bannbulle „Decet Romanum Pontificem" exkommuniziert.

13.3.2. Der Reichstag zu Worms (1521)

Kaiser Karl V. lud Luther im Frühjahr 1521 zum Reichstag nach Worms, damit er sich vor den versammelten Reichsständen äußern könne. Man gewährte ihm freies Geleit. Vor Kaiser und Fürsten sollte Luther seine Schriften widerrufen. Doch Luther blieb standhaft. Berühmt ist sein (etwas später ausgeschmückter) Satz: „Hier stehe ich, ich kann nicht anders. Gott helfe mir. Amen."

Nach Luthers Weigerung, seine Lehren zu widerrufen, erließ Karl V. das Wormser Edikt (1521), das Luther und seine Anhänger zu Vogelfreien erklärte. Seine Schriften sollten verbrannt werden. Doch der sächsische Kurfürst Friedrich der Weise, einer der mächtigsten Fürsten im Reich, stellte sich schützend vor Luther. Er ließ ihn zum Schein entführen und auf die Wartburg bei Eisenach bringen, wo Luther sich versteckt hielt und die Bibel ins Deutsche zu übersetzen begann.

13.3.3. Luther auf der Wartburg und Bibelübersetzung

Die Monate auf der Wartburg (1521–1522) waren für Luther äußerst produktiv. Er übersetzte das Neue Testament ins Deutsche, publizierte weitere Schriften und gründete damit die Basis für ein gemeinsames evangelisches Schriftdeutsch. Luthers Bibelübersetzung hatte enorme Wirkung, weil sie nicht nur Glaubensinhalte auf Deutsch zugänglich machte, sondern auch die deutsche Sprache vereinheitlichte.

In der Zwischenzeit breitete sich die reformatorische Bewegung in vielen Städten und Territorien aus. Pfarrer predigten „evangelisch", Mönche verließen ihre Klöster, und es kam an manchen Orten zu Unruhen. Die Obrigkeiten – Fürsten, Stadträte – sahen sich gezwungen, Stellung zu Luthers Ideen zu beziehen.

13.4. Die Ausbreitung der Reformation im Reich

13.4.1. Unterstützung durch Fürsten und Städte

Einige Fürsten, wie der sächsische Kurfürst, unterstützten Luther aus Überzeugung oder politischen Motiven. Sie sahen die Chance, kirchlichen Besitz zu säkularisieren und die Finanzen ihres Territoriums zu stärken. Andere wollte sich vom Einfluss Roms lösen und einen eigenen, landesherrlichen Kirchenapparat aufbauen.

Zahlreiche Reichsstädte schlossen sich früh der Reformation an. In Städten wie Nürnberg, Straßburg, Magdeburg und Lübeck setzten die Stadtregierungen reformatorische Prediger ein, führten eine evangelische Kirchenordnung ein und eigneten sich Klostergüter an. Die Bürgerschaft war vielerorts von Luthers Kritik am Ablasshandel und seiner Betonung der Schrift begeistert.

13.4.2. Reformatorische Vielgestaltigkeit: Zwingli und andere Strömungen

Luthers Theologie war nur eine Variante der reformatorischen Bewegung. In der Schweiz wirkte Huldrych Zwingli (1484–1531), der in Zürich eine ähnlich radikale Form von Schriftprinzip und Abendmahlsverständnis vertrat. Er und Luther stimmten zwar in vielen Punkten überein, doch in der Abendmahlslehre kam es

1529 (Marburger Religionsgespräch) zum Bruch, was eine Einheit der Protestanten verhinderte.

Gleichzeitig entstanden in Süddeutschland und der Schweiz auch täuferische Bewegungen, die die Erwachsenentaufe anstelle der Kindertaufe propagierten. Sie wurden von Luthers Anhängern genauso verfolgt wie von den Katholiken, weil sie die Grundstrukturen von Staat und Kirche infrage stellten (keine Säuglingstaufe, radikaldemokratische Gemeindemodelle).

13.4.3. Radikalisierung und Bilderstürme

An manchen Orten schlugen die neuen religiösen Eiferer über die Stränge und stürmten Kirchen, um Heiligenbilder und Altäre zu zerstören („Bildersturm"). Solche Aktionen hatten eine enorme Sprengkraft. Die einen verstanden sie als Befreiung von unnötigem „Götzendienst", andere als Zerstörung von wertvoller Tradition und Kunst.

Luther selbst war nicht immer erfreut über diese radikalen Züge. Als er 1522 aus seinem Versteck auf der Wartburg zurückkehrte, distanzierte er sich von den fanatischen Strömungen in Wittenberg, die unter Andreas Bodenstein von Karlstadt Ikonen und Zeremonien abgeschafft hatten. Luther wollte eine langsame, geordnete Reform, die auf die Obrigkeit und die seelsorgerische Betreuung der Menschen Rücksicht nahm.

13.5. Politische und kirchliche Folgen: Kirchenspaltung und Religionskriege

13.5.1. Confessio Augustana (1530)

Kaiser Karl V. wollte die Spaltung des Reiches verhindern und lud 1530 zu einem Reichstag nach Augsburg. Dort sollten die Protestanten ihre Lehre darlegen. Philipp Melanchthon, Luthers engster theologischer Mitarbeiter, formulierte die „Confessio Augustana", das Augsburger Bekenntnis, das die Grundzüge der lutherischen Theologie in moderater Form zusammenfasste.

Karl V. wies diese Position zurück, das Reich blieb konfessionell gespalten. Die protestantischen Fürsten bildeten den Schmalkaldischen Bund (1531), einen militärischen Verteidigungsbund gegen kaiserliche Angriffe. Dieser Konflikt sollte später zu kriegerischen Auseinandersetzungen führen (Schmalkaldischer Krieg, 1546/47).

13.5.2. Luthers Einfluss auf Sprache und Bildung

Die lutherische Bibel, die Luther bis 1534 komplett ins Deutsche übersetzte, hatte einen enormen sprachbildenden Einfluss. Auch Katechismen (Großer und Kleiner Katechismus, 1529) erschienen auf Deutsch. In Gemeinden, die sich der Reformation anschlossen, wurde mehr Wert auf Bibellesen und Schulbildung gelegt, um die Kinder im Geist der Schrift zu unterweisen.

Luther und seine Gefährten setzten sich für eine Volksbildung ein: Jeder Christ sollte die Bibel lesen können. So entstanden in lutherischen Territorien oft neue Schulen (etwa Lateinschulen und Stadtschulen), die vom Landesherrn oder den Städten getragen wurden. Dies förderte die Alphabetisierung breiter Schichten.

13.5.3. Konzil und katholische Reform

Rom reagierte zunächst zögerlich auf die Reformationsbewegung. Erst als große Teile des Reiches und andere Regionen Europas (z.B. Skandinavien) reformiert wurden, berief Papst Paul III. 1545 das Konzil von Trient ein (1545–1563). Dort versuchte die katholische Kirche, ihre Lehren zu präzisieren und Missstände abzustellen. Gleichzeitig wurde entschieden, dass manche reformatorische Positionen (Rechtfertigung allein aus Glauben, sola scriptura) als Irrlehren galten.

Somit bildete sich auch auf der katholischen Seite eine Reformbewegung heraus, die man Gegenreformation oder Katholische Reform nennt. Neue Orden (Jesuiten) und verbesserte Priesterausbildung sollten die Ausbreitung des Protestantismus eindämmen.

13.6. Martin Luthers Spätzeit und Vermächtnis

13.6.1. Luthers Stellung zu Politik und Gesellschaft

Luther war zwar ein religiöser Erneuerer, lehnte aber radikale gesellschaftliche Umwälzungen ab. Den Bauernkrieg (1524–1526) – den wir im nächsten Kapitel ausführlich behandeln – verurteilte er scharf. Er erwartete Gehorsam gegenüber der Obrigkeit, da er in weltlichen Fürsten von Gott eingesetzte Autoritäten sah.

Gegenüber den Juden, denen er anfangs mehr Respekt zollte, äußerte Luther in späten Schriften (z.B. „Von den Juden und ihren Lügen", 1543) hasserfüllte Worte, die in der Geschichte immer wieder als Rechtfertigung für Antijudaismus herangezogen wurden. Dies ist ein dunkles Kapitel in Luthers Vermächtnis.

13.6.2. Konflikt mit anderen Reformatoren

Luther verband eine Zusammenarbeit mit Philipp Melanchthon und zahlreichen Fürsten. Doch gegenüber Zwingli und anderen Strömungen zeigte er sich wenig kompromissbereit. Gerade die Abendmahlslehre führte zu einer dauerhaften Spaltung zwischen Lutheraner*innen und Reformierten.

Auch die Täufer wurden von Luther stark kritisiert und zusammen mit den katholischen Obrigkeiten verfolgt. Luther war in vielen Fragen ein Mann der Mitte, der radikale Positionen ablehnte und sich gleichzeitig von der katholischen Kirche abwandte.

13.6.3. Luthers Tod (1546) und die weitere Entwicklung

Luther starb 1546 in seiner Geburtsstadt Eisleben. Kurz zuvor war der Schmalkaldische Krieg ausgebrochen, in dem Karl V. versuchte, die protestantischen Fürsten militärisch zur Rückkehr zum Katholizismus zu zwingen. Zunächst hatte Karl V. Erfolge, doch schließlich konnten die Protestant*innen sich behaupten.

Die Reformation blieb nicht auf das Reich beschränkt: In Skandinavien, England, der Schweiz und Frankreich entstanden unterschiedliche evangelische oder reformierte Kirchen. Die Spaltung der lateinischen Christenheit war irreversibel. Im Reich festigte sich der Protestantismus in Nord- und Ostdeutschland, während der Süden und Westen mehrheitlich katholisch blieb.

13.7. Reichspolitische Folgen: Augsburger Religionsfrieden (1555)

13.7.1. Fortdauernder Konflikt

Nach dem Schmalkaldischen Krieg folgten weitere Auseinandersetzungen, da Kaiser Karl V. weiter versuchte, eine konfessionelle Einigung herbeizuführen. Aber der Widerstand der protestantischen Fürsten, die sich im Fürstenaufstand von 1552 gegen den Kaiser stellten, war stark. Karl V. musste schließlich politische Zugeständnisse machen.

13.7.2. Augsburger Religionsfrieden

1555 wurde auf dem Reichstag in Augsburg der Augsburger Religionsfrieden beschlossen. Er räumte den Reichsfürsten das Recht ein, in ihren Territorien selbst zu bestimmen, ob sie dem katholischen Glauben oder dem lutherischen Augsburger Bekenntnis (Confessio Augustana) folgen wollten. Untertanen mussten die Konfession des Landesherrn annehmen oder auswandern (ius reformandi – „cuius regio, eius religio").

Dieser Religionsfrieden beendete vorerst die blutigen Konfessionalkriege im Reich, festigte aber die Spaltung in konfessionelle Territorien. Einzig der Calvinismus blieb im Augsburger Religionsfrieden unberücksichtigt, was später erneut Konflikte hervorrufen sollte.

13.7.3. Bewertung des Religionsfriedens

Der Augsburger Religionsfrieden gilt als pragmatischer Kompromiss: Er bewahrte das Reich vor einem flächendeckenden Bürgerkrieg und erkannte den protestantischen Glauben rechtlich an. Allerdings setzte er der individuellen Glaubensfreiheit enge Grenzen, da sich jede Person dem Bekenntnis des Landesherrn anzuschließen hatte (oder wegzuziehen hatte).

Damit institutionalisierten sich konfessionelle Strukturen, und das Reich blieb weitgehend friedlich bis ins späte 16. Jahrhundert. Doch die Spannungen schwelen weiter, insbesondere als sich neben dem Luthertum auch der Calvinismus ausbreitete. Dies bereitete die Bühne für spätere kriegerische Auseinandersetzungen wie den Dreißigjährigen Krieg.

13.8. Zusammenfassung von Kapitel 13

Die Reformation brach nicht aus dem Nichts hervor. Kirchliche Missstände, humanistische Reformideen und soziale Spannungen bildeten einen fruchtbaren Boden. Martin Luther, zunächst ein unbedeutender Mönch und Theologe aus Wittenberg, löste durch seine 95 Thesen gegen den Ablasshandel eine Bewegung aus, die das mittelalterliche Europa veränderte.

Innerhalb weniger Jahrzehnte entstand aus Luthers Kritik eine neue Konfession. Die Spaltung in eine katholische und verschiedene evangelische Richtungen prägte das Reich politisch und kulturell. Fürsten und Städte entschieden eigenständig, ob sie katholisch oder lutherisch (bzw. reformiert) sein wollten – ein Prozess, der die Reichsverfassung tiefgreifend veränderte.

Die Folgen der Reformation waren weitreichend:

1. **Kirchenspaltung** und Einführung einer landesherrlichen Kirchenorganisation in vielen Territorien.
2. **Förderung der Bildung** durch die Bibelübersetzungen und neue Schulmodelle.
3. **Sprachliche Vereinheitlichung** durch Luthers Bibeldeutsch.
4. **Politische Konflikte** zwischen Kaiser und Fürsten, die im Schmalkaldischen Krieg und weiteren Fehden kulminierten.
5. **Augsburger Religionsfrieden (1555)** als Kompromiss, der die konfessionelle Zersplitterung des Reiches festschrieb.

Im nächsten Kapitel (Kapitel 14) wenden wir uns einem besonders einschneidenden Ereignis innerhalb dieser Epoche zu: dem Bauernkrieg (1524–1526) und den konfessionellen Spannungen, die sich nicht nur auf Fürstenebene, sondern auch in den unteren Schichten der Gesellschaft entluden. Dort zeigt sich deutlich, wie eng religiöse Überzeugungen mit sozialen und wirtschaftlichen Forderungen verknüpft sein konnten und wie Luther selbst sich gegen die radikalen Forderungen der Bauern aussprach.

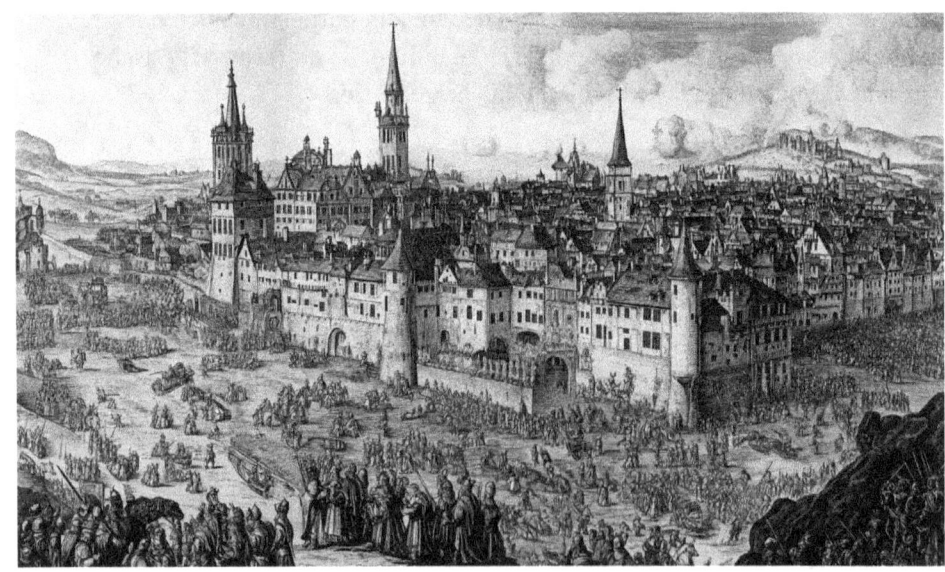

VIERZEHNTES KAPITEL: DER BAUERNKRIEG UND KONFESSIONELLE SPANNUNGEN

Während die Reformation die geistliche Ordnung im Reich erschütterte, brodelte es auch in den unteren Schichten der Gesellschaft. Der Bauernkrieg (1524–1526) war die größte soziale Erhebung im deutschen Spätmittelalter und in der frühen Neuzeit. Hunderttausende Bauern, aber auch Bürger und Bergknappen aus verschiedenen Regionen erhoben sich gegen drückende Abgaben, Frondienste und die Willkür der Herrschaft.

Manche führten das neue „evangelische" Denken in ihre Forderungen ein: Sie beriefen sich auf die Bibel, auf Luthers Lehre vom Priestertum aller Gläubigen und auf den Wunsch nach Gerechtigkeit. Doch Luther wandte sich entschieden gegen die radikalen Aufstände, da er befürchtete, jede soziale Revolte untergrabe die von Gott eingesetzte Obrigkeit.

In diesem Kapitel untersuchen wir die Hintergründe, den Verlauf und die Folgen des Bauernkriegs. Außerdem betrachten wir die verschiedenen konfessionellen Spannungen, die sich im Zuge der Reformation zuspitzten – von Zwinglianern über Täuferbewegungen bis hin zu innerlutherischen Auseinandersetzungen. So wird deutlich, wie eng politisch-soziale Konflikte und religiöse Überzeugungen verknüpft waren.

14.1. Ursachen und Vorzeichen des Bauernkriegs

14.1.1. Soziale und wirtschaftliche Lage der Bauern

Die meisten Menschen im Reich waren Bauern. Sie lebten als Leibeigene oder Hörige auf dem Land der Grundherren (Adlige, Klöster, Bischöfe, Patrizier). Bereits im Spätmittelalter hatten sich Abgaben und Dienste verschärft, vor allem nachdem Pest und Kriege die Arbeitskräfte dezimiert hatten. Die Grundherren versuchten, ihre Einnahmen auf Kosten der Bauern zu sichern.

Zudem war das Fehdewesen noch immer weit verbreitet, was zusätzliche Belastungen und Unsicherheit erzeugte. Viele Bauern hatten nicht das Recht, frei umzuziehen oder ihren Herrn zu wechseln. Hohe Steuern, Zehnte und willkürliche Gerichtsbarkeit führten zu wachsender Unzufriedenheit.

14.1.2. Frühe Revolten und Bundschuh-Bewegung

Schon vor 1524 kam es in verschiedenen Regionen zu Bauernaufständen, zum Beispiel im Elsass, im Schwarzwald oder in der Schweiz. Die sogenannte „Bundschuh-Bewegung" (ein Bundschuh, also ein einfacher Bauernschuh, diente als Symbol) vereinte Bauern und Handwerker, die gemeinsam für ihre Freiheitsrechte kämpften.

Diese Aufstände blieben meist regional und wurden niedergeschlagen. Doch sie zeigten das wachsende Potenzial für eine großflächige Erhebung. Gleichzeitig bildeten sich in manchen Regionen bäuerliche Versammlungen, die Beschwerden sammelten und Forderungen formulierten.

14.1.3. Reformatorische Impulse

Mit der Reformation gewann die bäuerliche Unruhe eine neue geistige Komponente. Luthers Schriftprinzip und die Kritik am Klerus trafen bei vielen Bauern auf offene Ohren. Sie sahen im „Priestertum aller Gläubigen" eine Bestätigung ihres Anliegens, dass alle Menschen vor Gott gleich seien. Manche radikale Prediger verkündeten, es solle keine Leibeigenschaft mehr geben, da Christus alle Menschen befreit habe.

Die Hoffnung wuchs, dass eine religiöse Erneuerung auch soziale Gerechtigkeit bringen würde. Luthers Botschaft wurde teils in zugespitzter Weise verstanden: Man nahm aus seinen Schriften, was die Gleichheit aller vor Gott betonte, und ignorierte seinen Aufruf zur Unterordnung unter die weltliche Obrigkeit.

14.2. Verlauf des Bauernkriegs (1524–1526)

14.2.1. Der Funke: Erhebungen in Südwestdeutschland

Der Bauernkrieg brach im Frühjahr 1524 im Schwarzwald und am Oberrhein aus. Bauern schlossen sich zu Haufen (Heerhaufen) zusammen, besetzten Klöster und Burgen, vernichteten Urkunden über Abgabenpflichten und erzwangen Zugeständnisse von Adligen.

Rasche Ausbreitung fand diese Bewegung in Schwaben, Franken und im Elsass. Auch in Thüringen, Sachsen und Oberbayern kam es zu Aufständen. Die verschiedenen Haufen waren lose koordiniert, es gab keine einheitliche Führung. Dennoch verfügten manche Gruppen über Tausende Bewaffnete.

14.2.2. Die Zwölf Artikel von Memmingen

Im März 1525 trafen sich Vertreter der Bauern in Memmingen (Oberschwaben) und verfassten die sogenannten „Zwölf Artikel". Darin forderten sie unter anderem die Abschaffung der Leibeigenschaft, das Recht auf Pfarrerwahl durch die Gemeinde, die Minderung des Zehnten und den freien Zugang zu Wald und Wild. Die Bauern beriefen sich auf die Bibel als Grundlage ihrer Ansprüche.

Die Zwölf Artikel verbreiteten sich schnell in gedruckter Form. Sie gelten als eines der ersten großen Menschenrechtsdokumente auf deutschem Boden. Allerdings war die Obrigkeit nicht bereit, diese Forderungen generell zu erfüllen. Fürsten, Adlige und Klerus sahen in den Bauernaufständen eine Bedrohung ihrer Macht und ihres Besitzes.

14.2.3. Radikale Strömungen

In Thüringen entwickelte sich ein besonders radikaler Flügel unter Thomas Müntzer (um 1489–1525). Müntzer war ein reformatorischer Prediger, der eine Endzeitvision vertrat. Er verkündete, das Reich Gottes auf Erden solle mit Gewalt gegen die „Gottlosen" durchgesetzt werden. Seine Reden begeisterten arme Stadtbewohner und Bauern gleichermaßen.

Im Mai 1525 kam es in Frankenhausen zur entscheidenden Schlacht, in der die fürstlichen Truppen die aufständischen Bauern vernichtend schlugen. Thomas Müntzer wurde gefangen genommen, gefoltert und hingerichtet.

14.3. Luthers Haltung zum Bauernkrieg

14.3.1. Anfängliche Vermittlung

Martin Luther stand den Bauern zunächst nicht feindlich gegenüber. Er kritisierte auch die Fürsten, die in Unterdrückung und Willkür regierten. Doch als der Konflikt eskalierte, versuchte Luther zu vermitteln und schrieb im April

1525 die Schrift „Ermahnung zum Frieden". Darin rief er sowohl Bauern als auch Obrigkeit zur Mäßigung auf.

14.3.2. „Wider die räuberischen und mörderischen Rotten der Bauern"

Als die Aufstände weitergingen und es zu Plünderungen und Zerstörungen kam, schlug Luther um und veröffentlichte im Mai 1525 die berüchtigte Schrift „Wider die räuberischen und mörderischen Rotten der Bauern". Darin rechtfertigte er ein hartes Vorgehen der Fürsten gegen die rebellischen Bauern und sprach den aufständischen Haufen das Recht ab, sich auf die Bibel zu berufen.

Luthers Wendung gegen die Bauern enttäuschte viele, die gehofft hatten, in ihm einen Fürsprecher ihrer sozialen Anliegen zu finden. Seine theologischen Grundsätze ließen aber keine radikale Umwälzung der gesellschaftlichen Ordnung zu. Nach Luthers Auffassung waren geistliches und weltliches Regiment zu unterscheiden, und der Christ müsse sich staatlicher Autorität beugen, um Anarchie zu vermeiden.

14.3.3. Folgen für Luthers Ansehen

Luthers scharfe Distanzierung von den Bauern trug dazu bei, dass er bei den Fürsten weiter an Rückhalt gewann. Für manche Bauern war die Reformation nun nicht mehr der Weg zur sozialen Befreiung. Im späteren Verlauf entwickelte sich eine landesherrliche Kirche: Die Fürsten übernahmen im lutherischen Bereich die Kirchenhoheit, was Luthers Autoritätsprinzip bestärkte.

Gleichwohl schadete die blutige Niederschlagung der Aufstände dem Ruf der Reformation in den unteren Schichten. Viele Arme sahen Luther als Verräter ihrer Anliegen. Dadurch entwickelten sich an manchen Orten alternative Ausrichtungen, etwa täuferische Bewegungen, die gegen jede Obrigkeit waren.

14.4. Die Niederschlagung des Bauernkriegs und ihre Folgen

14.4.1. Schwere Verluste unter den Aufständischen

Die Fürsten setzten ihre gut gerüsteten Söldnerheere ein, um die Bauernhaufen zu besiegen. In Schwaben, Franken, Thüringen und anderen Regionen folgten Schlachten, in denen die Bauern chancenlos waren. Tausende wurden getötet, und viele Anführer hingerichtet. Das harte Strafgericht sollte ein Exempel statuieren, damit sich ein solcher Aufstand nicht wiederhole.

Wo die Bauern Zugeständnisse erkämpft hatten, wurden sie nach der Niederschlagung größtenteils wieder zurückgenommen. Die Macht des Adels und der Fürsten verfestigte sich in den ländlichen Gebieten erneut.

14.4.2. Verschärfte Unterdrückung oder Reformen?

Die Reaktion der Grundherren war nicht überall gleich: Manche nutzten den Sieg aus, um noch rigoroser durchzugreifen. Andere machten minimale Zugeständnisse, um erneute Revolten zu vermeiden. Insgesamt aber blieb die Landbevölkerung größtenteils in Abhängigkeit.

Eine flächendeckende Agrarreform oder Bauernbefreiung gab es nicht. Erst Jahrhunderte später, im Zuge der Aufklärung und der Napoleonischen Kriege, wurden die feudalen Lasten und die Leibeigenschaft nach und nach aufgehoben.

14.4.3. Bedeutung des Bauernkriegs in der deutschen Geschichte

Der Bauernkrieg gilt als frühe Form einer großen sozialen Revolution, die jedoch scheiterte. Auch wenn Luther die revoltierenden Bauern verurteilt hatte, zeigten sich hier die Grenzen seiner Reform: Eine geistliche Erneuerung reichte nicht, um die tief verwurzelten sozialen Ungleichheiten zu beseitigen.

Gleichwohl ist der Bauernkrieg ein wichtiger Meilenstein. Die „Zwölf Artikel" von Memmingen gingen als eine der frühesten Formulierungen von Menschenrechten in die Geschichte ein. Die Aufstände dokumentieren, wie stark sich einfache Leute auf die Bibel und auf ein aus ihrer Sicht christliches Recht beriefen, um soziale Verbesserungen einzufordern.

14.5. Konfessionelle Spannungen: Zwinglianer, Täufer und weitere Strömungen

14.5.1. Zwingli und Zürich

Während Luther vor allem in Sachsen, Thüringen und Norddeutschland wirkte, entwickelte sich in der Schweiz eine zweite Hauptlinie der Reformation um

Huldrych Zwingli. Zwingli war Leutpriester am Zürcher Großmünster und begann ab 1519, die Messe zu reformieren. Er legte großen Wert auf die Predigt und die Abkehr von Heiligenverehrung und Fastengeboten.

Zwinglis Theologie war stark an der Bibel orientiert, aber in der Abendmahlslehre von Luther abweichend: Zwingli sah das Abendmahl als symbolische Gedächtnisfeier. Luther betonte demgegenüber Christi wirkliche Gegenwart „in, mit und unter" Brot und Wein. Dadurch entstanden zwei konfessionelle Blöcke: Lutherisch und „Zwinglianisch" (später reformiert).

14.5.2. Täuferbewegungen

Die radikalen Täuferbewegungen vertraten die Erwachsenentaufe, lehnten das landesherrliche Kirchenmodell ab und befürworteten oft eine Gemeinschaft, die dem Urchristentum nacheifern wollte. In Städten wie Zürich kam es zum Konflikt, als Täufer sich weigerten, ihre Kinder zu taufen und eigene Gemeinden gründeten.

Die Obrigkeiten – ob lutherisch, zwinglianisch oder katholisch – verfolgten die Täufer teils brutal. Ein spektakuläres Beispiel ist das Täuferreich von Münster (1534–1535), wo radikale Täufer zeitweilig eine theokratische Herrschaft ausriefen. Das Experiment endete in einer blutigen Belagerung durch bischöfliche Truppen, die das Täuferregime zerschlugen.

14.5.3. Innerprotestantische Konflikte und Bündnisse

Neben den Differenzen zwischen Lutheranern und Zwinglianern kamen weitere reformatorische Richtungen auf, etwa in Genf (Johannes Calvin, ab 1536) oder in Straßburg (Martin Bucer). Diese Ausdifferenzierung führte zu verschiedenen „evangelischen" Konfessionen.

Politisch schlossen sich Lutheraner im Schmalkaldischen Bund zusammen, während die Zwinglianer in der Schweiz gegen habsburgische Angriffe kämpfen mussten. Im Reich selbst blieb jedoch vorerst die lutherische Richtung dominierend, da viele Fürsten sich an Luthers Person orientierten.

14.6. Nachwirkungen der Bauernkriege und konfessioneller Spaltungen

14.6.1. Soziale Stabilisierung?

Die Niederschlagung des Bauernkriegs brachte eine scheinbare Stabilisierung der Ordnung. Die Fürsten stärkten ihre Kontrolle, verbesserten aber teils die Verwaltung, um die ländliche Bevölkerung besser zu lenken. Die Reformation führte zudem dazu, dass viele Territorialherren ihre Landeshoheit auch in kirchlichen Fragen durchsetzten (Landeskirchentum).

Für die einfache Bevölkerung änderte sich der Alltag vordergründig oft nur langsam. Doch die Idee, dass man sich auf die Schrift berufen könne, um Autoritäten infrage zu stellen, ließ sich nicht mehr aus der Welt schaffen.

14.6.2. Konfessionelle Schärfe

Nach 1525 begann sich die Spaltung des Reiches in protestantische und katholische Territorien zu vertiefen. In den Bistümern verloren katholische Bischöfe Teile ihres Einflusses, wenn Fürsten die Kirchengüter säkularisierten und die Reformation einführten.

In Süddeutschland blieb es lange Zeit unentschieden, während im Norden die lutherische Konfession dominierte. Gegen Ende der 1520er-Jahre war klar, dass eine kirchliche Einheit nicht mehr herzustellen war. Die Intensität der konfessionellen Polemik nahm zu, was in den folgenden Jahrzehnten bis zum Augsburger Religionsfrieden 1555 zu ständigen Spannungen führte.

14.6.3. Voraussetzung für künftige Konflikte

Die Reformation und die daraus resultierende Konfessionsspaltung bereiteten den Boden für weitere Religionskriege und politische Rivalitäten im 16. und 17. Jahrhundert. Zwar schaffte der Augsburger Religionsfrieden eine gewisse Beruhigung, doch die Frage nach Calvinisten und anderen protestantischen Minderheiten blieb ungelöst.

Besonders die böhmischen Länder (mit ihrer hussitischen Vergangenheit) und der West- und Südwesten des Reiches (wo verschiedene Konfessionen auf engem Raum lebten) entwickelten sich zu Brennpunkten. Letztlich mündete dieser Konflikt 1618 in den Dreißigjährigen Krieg, eine der verheerendsten Katastrophen der deutschen Geschichte.

14.7. Zusammenfassung von Kapitel 14

Der Bauernkrieg und die konfessionellen Spannungen des frühen 16. Jahrhunderts sind untrennbar mit der Reformation verbunden. Die Aufstände der Bauern, die „Zwölf Artikel von Memmingen" und der radikale Prediger Thomas Müntzer zeigten, dass die Menschen sich nicht mehr nur in stiller Frömmigkeit übten, sondern die biblische Botschaft als Aufruf zu sozialer und politischer Veränderung deuteten.

Luther, dessen Theologie oft als befreiend wahrgenommen wurde, trat vehement gegen die gewaltsame Rebellion auf. Damit stellte er sich auf die Seite der Fürsten, was viele Bauern als Verrat empfanden. Seine Schrift „Wider die räuberischen und mörderischen Rotten der Bauern" beendete die Illusion, die Reformation könnte eine umfassende soziale Revolution ermöglichen.

Der Bauernkrieg wurde niedergeschlagen, und die agrarischen Strukturen blieben großteils erhalten. Doch die Obrigkeit war alarmiert: Von nun an herrschte in vielen Territorien eine noch stärkere Kontrolle über die ländliche Bevölkerung. Die Reformatoren gingen auf Distanz zu radikalen Ideen, was die entstehenden evangelischen Landeskirchen weiter in die Arme der Fürsten führte.

In der sich weiter ausbreitenden Reformation entstand neben dem Luthertum eine Vielzahl anderer protestantischer Strömungen (Zwinglianer, Täufer, später Calvinisten). Diese Pluralität führte zu teils erbitterten konfessionellen Streitigkeiten. Das Reich trieb in eine Epoche konfessioneller Frontstellungen, die zwar im Augsburger Religionsfrieden 1555 einen ersten Kompromiss fand, aber nicht dauerhaft befriedet wurde.

Im nächsten Kapitel (Kapitel 15) widmen wir uns dem Dreißigjährigen Krieg (1618–1648). Dort werden wir sehen, wie sich die jahrzehntelangen konfessionellen Spannungen zu einem europäischen Konflikt ausweiteten, der in den deutschen Landen grausame Verwüstungen verursachte und das Reich langfristig schwächte. Die Wurzeln jener Auseinandersetzungen liegen eindeutig auch in der Epoche von Reformation, Bauernkrieg und dem Ringen um konfessionelle Vormachtstellungen, die wir hier betrachtet haben.

FÜNFZEHNTES KAPITEL: DER DREIßIGJÄHRIGE KRIEG UND SEINE FOLGEN

Der Dreißigjährige Krieg (1618–1648) gilt als einer der verheerendsten Konflikte auf deutschem Boden. Er verwüstete weite Landstriche, entvölkerte Dörfer und Städte, zerriss Familien und wirtschaftliche Strukturen. Ursprünglich als konfessioneller Krieg zwischen katholischen und protestantischen Mächten des Reiches begonnen, weitete sich dieser Konflikt schnell zu einem gesamteuropäischen Ringen um Macht und Einfluss aus. Fremde Heere zogen plündernd durch die deutschen Lande, und viele Zeitgenossen empfanden das Geschehen als Weltuntergang.

In diesem Kapitel untersuchen wir die Ursachen, den Verlauf und die Folgen dieses Krieges. Wir wollen verstehen, warum sich die konfessionellen Spannungen nach dem Augsburger Religionsfrieden (1555) erneut zuspitzten, welche ausländischen Mächte sich einmischten und welche politischen Veränderungen der Westfälische Frieden (1648) schließlich brachte. Auch die sozialen, wirtschaftlichen und kulturellen Folgen dieses „Großen Krieges" werden wir betrachten.

15.1. Vorgeschichte: Konfessionelle Spannungen nach 1555

15.1.1. Der Augsburger Religionsfrieden und seine Grenzen

Der Augsburger Religionsfrieden (1555) hatte das Prinzip „Cuius regio, eius religio" eingeführt: Der Landesherr entschied, ob sein Territorium katholisch oder lutherisch sein sollte. Doch dieses Abkommen berücksichtigte Calvinisten (Reformierte) nicht. Gleichzeitig gab es immer wieder Streitfälle um die Auslegung des Religionsfriedens.

Besonders strittig war die Frage der so genannten „geistlichen Reservatsrechte". Diese Klausel besagte, dass katholische Bischöfe und Äbte, wenn sie sich zum Protestantismus bekehrten, ihr Kirchenamt und das dazugehörige Territorium verlieren sollten. In der Praxis wurde dies oft nicht eingehalten. Außerdem wollte der Kaiser, meist ein Habsburger, weiter die Einheit des Reiches im katholischen Geist bewahren.

15.1.2. Das Vordringen des Calvinismus

In einigen Territorien des Reiches – etwa in der Kurpfalz, in Hessen-Kassel oder in manchen Reichsstädten – fasste der reformierte (calvinistische) Glaube Fuß. Er ging auf die Theologie Jean Calvins in Genf zurück und unterschied sich in manchen Punkten von Luthers Lehre, besonders in der Abendmahlsauffassung und im Verständnis von Vorsehung (Prädestination).

Die Anwesenheit einer dritten Konfession im Reich verkomplizierte die Lage. Es kam zu Spannungen zwischen Lutheranern und Reformierten, während die Katholiken ihre Machtbasis zu festigen suchten. Der Augsburger Religionsfrieden hatte also nicht die volle konfessionelle Vielfalt abgedeckt.

15.1.3. Politik der habsburgischen Kaiser

Nach Kaiser Karl V. folgte sein Bruder Ferdinand I. als Kaiser, dann dessen Sohn Maximilian II. und später Rudolf II. (1576–1612). Diese Habsburger Herrscher residierten meist in Wien oder Prag. Sie hatten nicht nur im Reich zu regieren, sondern auch ihre österreichischen Erblande und oft Konflikte mit dem Osmanischen Reich an der Südostgrenze (Ungarn, Balkan).

Besonders Rudolf II. lebte bevorzugt in Prag, förderte die Künste und Wissenschaften, war aber in Religionsfragen unsicher. Unter seiner Herrschaft kam es in Böhmen zu kirchlichen Spannungen zwischen den Utraquisten (Hussitennachfolger), Lutheranern, Calvinisten und Katholiken. Böhmen genoss seit Jahrhunderten bestimmte Religionsfreiheiten (Majestätsbrief), die Rudolf aber eingeschränkt sah.

15.2. Ausbruch des Dreißigjährigen Krieges: Der Prager Fenstersturz (1618)

15.2.1. Böhmische Konfessionskonflikte

Böhmen war seit dem 14. Jahrhundert Teil der Krone Böhmen und damit ein wichtiger Bestandteil des Reiches. Dort gab es eine lange Vorgeschichte hussitischer Bewegungen, die schon einmal zu Kriegen geführt hatten. Im späten 16. Jahrhundert erlangten die protestantischen Stände in Böhmen (darunter Adelige, Städte und Landtage) beträchtliche Freiheiten.

Als Kaiser Matthias (1612–1619) regierte, wurde Ferdinand von Steiermark (katholischer Habsburger) zum König von Böhmen bestimmt. Die protestantischen Stände fürchteten, Ferdinand würde die Religionsfreiheiten in Böhmen zurückdrängen. So spitzte sich der Konflikt zu.

15.2.2. Der Zweite Prager Fenstersturz (23. Mai 1618)

Die böhmischen Protestanten fühlten sich in ihren Rechten verletzt, als katholische Statthalter kaiserliche Anordnungen durchsetzen wollten. In einer aufgebrachten Versammlung im Prager Hradschin warf man am 23. Mai 1618 zwei kaiserliche Statthalter und einen Schreiber aus dem Fenster (der sogenannte „Zweite Prager Fenstersturz"). Die Männer überlebten zwar, doch dieser symbolische Akt galt als offener Aufstand gegen die kaiserliche Autorität.

Damit begann der Aufstand der böhmischen Stände, der oft als Auslöser für den Dreißigjährigen Krieg gilt. Die Böhmen setzten Ferdinand als König ab und wählten stattdessen den calvinistischen Kurfürsten Friedrich V. von der Pfalz zum König von Böhmen (genannt „Winterkönig").

15.2.3. Erweiterung zum Reichskonflikt

Kaiser Ferdinand II. (er war 1619 Matthias gefolgt) betrachtete den böhmischen Aufstand als Rebellion gegen den legitimen Kaiser. Bald schalteten sich andere Reichsstände ein. Auf kaiserlicher Seite standen die Katholische Liga (mit Bayern unter Maximilian I.), Spanien (ebenfalls Habsburger verwandt) und andere katholische Fürsten.

Auf protestantischer Seite hofften einige Fürsten, unterstützt von den Niederlanden, England oder Dänemark, auf eine Schwächung der Habsburger. So entwickelte sich aus dem böhmischen Konflikt ein größerer Machtkampf zwischen kaiserlichen (katholischen) und protestantischen Kräften im Reich.

15.3. Erste Phase: Der Böhmisch-Pfälzische Krieg (1618–1623)

15.3.1. Schlacht am Weißen Berg (1620)

Friedrich V., der „Winterkönig", konnte sich in Böhmen nur kurz halten. Die kaiserlich-katholischen Truppen – unterstützt durch das bayerische Heer und die Liga – rückten vor. Am 8. November 1620 kam es bei der Schlacht am Weißen Berg (nahe Prag) zur entscheidenden Niederlage der böhmischen Aufständischen. Friedrich V. floh ins Exil, Böhmen geriet wieder unter Habsburger Kontrolle.

Diese Niederlage war ein schwerer Schlag für die protestantische Sache. Kaiser Ferdinand II. griff hart durch: Die böhmischen Stände wurden entmachtet, führende Adelige hingerichtet oder enteignet, und eine Zwangskatholisierung Böhmens begann.

15.3.2. Folgen für die Kurpfalz

Friedrich V. stammte aus der Kurpfalz am Rhein. Nachdem er aus Böhmen geflohen war, fiel auch sein heimisches Territorium ins Visier der kaiserlich-bayerischen Truppen. Der bayerische Herzog Maximilian I. erhielt vom Kaiser die pfälzische Kurwürde übertragen. Damit war eine der wichtigsten protestantischen Kurwürden in katholische Hand übergegangen.

Dies empörte andere protestantische Fürsten, da sie eine Verletzung der Reichsverfassung sahen. Dennoch wagten sie zunächst kein offenes Bündnis gegen Ferdinand II. und Maximilian I.

15.3.3. Ausweitung der Kriegsschauplätze

Während dieser Phase wurden weite Teile Böhmens, Mährens und der Oberpfalz verwüstet. Söldnertruppen, die nicht regelmäßig Sold erhielten, finanzierten sich durch Plünderungen. Zivilbevölkerungen litten unter Einquartierungen, Brandschatzungen und Seuchen.

Gleichzeitig formierten sich protestantische Bündnisse im Norden des Reiches und schauten auf mögliche Hilfe aus dem Ausland. Der Konflikt begann sich zu internationalisieren, da der spanische Zweig der Habsburger gegen die Niederlande kämpfte und die Niederländer ihrerseits protestantische Verbündete unterstützten.

15.4. Zweite Phase: Der Dänisch-Niedersächsische Krieg (1625–1629)

15.4.1. König Christian IV. von Dänemark greift ein

König Christian IV. von Dänemark war lutherisch und zugleich Herzog von Holstein (ein Reichslehen). Er fürchtete die Habsburger Expansion an der

Nordgrenze. Deshalb trat er 1625 an die Spitze eines protestantischen Bündnisses, um die katholischen Heere zu stoppen.

Allerdings fehlte es den protestantischen Fürsten an Geschlossenheit. Viele misstrauten Christian IV. oder hofften auf Hilfe von anderen Mächten (z.B. England, das jedoch kaum etwas unternahm).

15.4.2. Künftige kaiserliche Feldherrn: Tilly und Wallenstein

Auf kaiserlicher Seite traten zwei bedeutende Feldherrn in Erscheinung:

- Johann T'Serclaes Graf von Tilly (1559–1632), General der Katholischen Liga, erfahrener Offizier.
- Albrecht von Wallenstein (1583–1634), ein böhmischer Adliger, der während des Aufstands die Seite des Kaisers gewählt hatte. Wallenstein finanzierte ein eigenes Söldnerheer, indem er den Soldaten Plünderungsrechte gewährte und selbst Adelsgüter aufkaufte.

Diese beiden Generäle schlugen die Dänen 1626/1627 mehrfach. Christian IV. erlitt eine vernichtende Niederlage bei Lutter am Barenberge (1626). Dänemark wurde aus Norddeutschland zurückgedrängt. Bis 1629 rückten kaiserliche Truppen sogar nach Jütland vor.

15.4.3. Restitutionsedikt (1629)

Unter dem Eindruck dieser Erfolge erließ Kaiser Ferdinand II. 1629 das „Restitutionsedikt". Darin forderte er alle seit 1552 säkularisierten Bistümer und Kirchengüter für die katholische Kirche zurück. Das hätte bedeutet, dass zahlreiche protestantische Fürsten oder Städte große Gebiete und Einnahmequellen verlieren würden.

Das Edikt sorgte für massiven Unmut unter Lutheranern und Reformierten. Selbst einige katholische Fürsten sahen dies kritisch, weil sie befürchteten, der Kaiser könne damit die Macht der Habsburger weiter ausdehnen. Gleichzeitig wuchsen die Widerstände gegen Wallensteins zunehmend übermächtige Stellung im Reich.

15.5. Dritte Phase: Der Schwedische Krieg (1630–1635)

15.5.1. Gustav II. Adolf von Schweden interveniert

Schweden war seit dem 16. Jahrhundert lutherisch und hatte sich bereits im Baltikum ausgedehnt. König Gustav II. Adolf (reg. 1611–1632) galt als begabter Heerführer und war hoch motiviert, die protestantische Sache im Reich zu unterstützen. Auch er wollte die habsburgische Expansion unterbinden und Schwedens Vormacht an der Ostseeküste sichern.

Im Sommer 1630 landete Gustav Adolf mit seinem Heer in Pommern. Er verbündete sich mit protestantischen Reichsfürsten und führte eine schlagkräftige Armee an, die besser organisiert war als viele andere Söldnertruppen. Auch Frankreich, obwohl katholisch, sah die Habsburger als Rivalen und unterstützte Schweden indirekt finanziell.

15.5.2. Siege der Schweden und Tod Gustav Adolfs (1632)

Gustav Adolf errang rasch Erfolge. 1631 schlug er Tilly bei Breitenfeld (nahe Leipzig) in einer entscheidenden Schlacht. Diese Schlacht war bedeutend, weil sie zeigte, dass die protestantische Seite wiedererstarkte und die kaiserlichen Truppen geschlagen werden konnten.

Nach Tillys Tod wurde Wallenstein erneut berufen, um das kaiserliche Heer zu führen. In der Schlacht bei Lützen (1632) besiegte Gustav Adolf die kaiserlich-wallensteinischen Truppen, doch er fiel selbst im Kampf. Der Tod Gustav Adolfs war ein herber Verlust für das protestantische Lager. Trotzdem setzten die Schweden den Krieg fort, nun unter neuen Befehlshabern.

15.5.3. Wallensteins Ermordung (1634)

Wallenstein war in den 1630er-Jahren sehr mächtig geworden, fast zu einer Art Nebenkaiser. Er führte Verhandlungen sowohl mit Protestant*innen als auch mit Feinden der Habsburger, um seine eigene Position zu stärken. Kaiser Ferdinand II. misstraute ihm immer mehr.

1634 wurde Wallenstein von eigenen Offizieren ermordet – vermutlich im kaiserlichen Auftrag oder zumindest geduldet. Damit verschwand einer der wichtigsten Akteure von der Bühne. Im gleichen Jahr erlitt das schwedisch-protestantische Bündnis eine schwere Niederlage bei Nördlingen (1634).

15.6. Vierte Phase: Der Schwedisch-Französische Krieg (1635–1648)

15.6.1. Frankreich tritt offen in den Krieg ein

Nach der Niederlage bei Nördlingen drohte das protestantische Lager erneut zu zerbrechen. Frankreich, das seit langem die Habsburger in Spanien und im Reich bekämpfte, entschied sich nun für eine offene Kriegserklärung an das Heilige Römische Reich (1635). Kardinal Richelieu, der starke Mann in Frankreich, wollte die Habsburgermacht im Reich schwächen.

So wurde aus dem Krieg endgültig ein europäischer Großkonflikt: Schweden und Frankreich kämpften gegen die Habsburger (Kaiser und Spanien) und deren Verbündete. Zeitweise waren auch England, die Niederlande und andere Mächte involviert, zumindest diplomatisch oder finanziell.

15.6.2. Verheerungen im Reich

Während Diplomaten seit 1635 immer wieder Friedensverhandlungen anstrebten (unter anderem in Hamburg, Lübeck, Köln), tobte der Krieg gnadenlos weiter. Die Söldnerheere marschierten kreuz und quer durch das Reich und finanzierten sich durch Brandschatzung. Ganze Landstriche lagen brach, Ernten wurden zerstört, die Bevölkerung floh in Wälder oder befestigte Städte.

Hungersnöte und Seuchen (Pest, Fleckfieber) erhöhten die Sterblichkeit. Viele Zeitzeugen berichten von einer „grausamen Zeit", in der Recht und Ordnung zusammenbrachen. Manche Historiker schätzen, dass in manchen Regionen über die Hälfte der Einwohner umkam.

15.6.3. Kriegsmüdigkeit und erste Friedensschritte

Allmählich zeigten sich alle Seiten kriegsmüde. Die kaiserliche Kasse war leer, Spanien kämpfte auch an anderen Fronten (Niederlande, gegen Frankreich), und Schweden hatte führende Generäle verloren. Frankreich erzielte zwar militärische Erfolge, war aber ebenfalls finanziell belastet.

1637 starb Kaiser Ferdinand II., und sein Sohn Ferdinand III. übernahm. Er war offener für Friedensverhandlungen. Nach zähen Vorgesprächen begann man 1643 mit dem „Kongress von Münster und Osnabrück", der schließlich zum Westfälischen Frieden (1648) führte.

15.7. Die Folgen für Bevölkerung und Wirtschaft

15.7.1. Demografische Katastrophe

Der Dreißigjährige Krieg forderte einen immensen Blutzoll. Genaue Zahlen sind schwer zu ermitteln, da es keine exakten Volkszählungen gab. Schätzungen gehen davon aus, dass das Reich im Durchschnitt ein Drittel seiner Bevölkerung verlor; manche Gegenden wurden entvölkert (bis zu 50 % und mehr). Städte wie Magdeburg erlebten schreckliche Massaker (Sacco di Magdeburgo 1631).

Bauernhöfe lagen öde, Handwerk und Handel stagnierten, weil auch die Lieferwege unsicher waren. Ganze Generationen wuchsen in einer Welt auf, in der Krieg und Hunger allgegenwärtig waren.

15.7.2. Wirtschaftlicher Niedergang

Die Wirtschaft litt unter zerstörten Feldern, verbrannten Ernten, niedergebrannten Werkstätten und Mühlen, untertriebenen Bevölkerungsverlusten und fehlender Arbeitskraft. Auch der Handel brach ein, da Kaufleute die ständigen Kriegszüge fürchten mussten.

Die Reichsstädte konnten teilweise ihre städtischen Mauern verteidigen, erlitten aber oft Belagerungen und finanzielle Ausblutungen. Handel und Bergbau in Süddeutschland (z.B. im Erzgebirge, in Schwaben) litten enorm. Einige Städte nie wieder erholten sich auf ihr altes Niveau.

15.7.3. Soziale Wandlungen und Traumata

Inmitten des Chaos blühten Kriminalität, Räuberei, Seuchen und religiöser Fanatismus auf. Gleichzeitig wuchs eine Generation heran, die nur Söldnerleben kannte. Wer im Krieg eine Waffe trug, hatte eine gewisse Macht – Frauen und Kinder hingegen waren oft schutzlos.

Dies hinterließ tiefe seelische Spuren und traumatische Erinnerungen in Liedern, Chroniken und Sagen. Die literarische Verarbeitung (z.B. in Hans Jakob Christoffel von Grimmelshausens Roman „Simplicissimus Teutsch", 1668) zeigt das Elend jener Zeit.

15.8. Politische und konfessionelle Konsequenzen

15.8.1. Schwächung des Kaisers und Stärkung der Fürsten

Der Krieg bewies, dass der Kaiser – trotz erheblicher Anstrengungen – nicht in der Lage war, das ganze Reich zentral zu beherrschen. Die Fürsten führten weitgehend eigene Politik, schlossen Allianzen mit ausländischen Mächten, finanzierten eigene Armeen.

Nach dem Krieg akzeptierte der Kaiser (Habsburger) die faktische Eigenständigkeit der Reichsstände. In vielen Belangen konnten die Fürsten ihre Territorien wie souveräne Staaten behandeln – Außenpolitik, Steuern, Gesetze. Das Reich blieb ein loses Gefüge von Kleinstaaten, Herzogtümern, Kurfürstentümern, Bistümern und Reichsstädten.

15.8.2. Bestätigung des landesherrlichen Kirchenregiments

Der Westfälische Frieden (1648), der den Krieg beendete, bestätigte die Gleichberechtigung von drei Konfessionen: Katholiken, Lutheranern und Reformierten (Calvinisten). Damit wurde das Augsburger Religionsfrieden-Prinzip erweitert. Die Landesherren konnten weiterhin die Konfession ihres Landes bestimmen, es gab aber bessere Schutzrechte für Andersgläubige.

Konkret wurde der Stichtag 1624 festgelegt: Die Gebiets- und Konfessionsverhältnisse dieses Jahres sollten im Wesentlichen eingefroren werden. Sämtliche späteren Eroberungen oder Konfessionswechsel, die gewaltsam durchgesetzt wurden, waren rückgängig zu machen.

15.8.3. Aufstieg neuer Mächte

International führte der Krieg zu einer Verschiebung der Mächte: Frankreich und Schweden stiegen als Sieger hervor und erhielten Gebietsgewinne. Frankreich bekam Teile Lothringens und des Elsass, Schweden erhielt Vorpommern, Wismar und die Bistümer Bremen und Verden (als weltliche Herzogtümer).

Auch Brandenburg-Preußen (Haus Hohenzollern) konnte sich in den folgenden Jahrzehnten erholen und ausbauen. Der Kaiser war zwar weiterhin formell Oberhaupt des Reiches, aber nun deutlich geschwächt.

15.9. Zusammenfassung und Übergang zum Westfälischen Frieden

Der Dreißigjährige Krieg war mehr als nur ein Religionskrieg. Er begann wegen konfessioneller Spannungen und dem böhmischen Aufstand, weitete sich aber rasch zu einem umfassenden Machtkampf in Europa aus. Fremde Truppen fielen in die deutschen Lande ein, und die Kaiserpartei sowie diverse Fürsten hetzten Söldnerheere gegeneinander.

Die Zerstörungen trafen große Teile des Reiches. Millionen Menschen starben durch Krieg, Hunger und Seuchen. Wirtschaftliche Strukturen brachen zusammen, das soziale Gefüge erlitt irreparable Schäden. Zwar überlebte das Heilige Römische Reich als Rechtsform, aber die Fürstentümer waren mehr denn je eigenständig.

Mit dem Westfälischen Frieden (1648), den wir im nächsten Kapitel eingehend besprechen, fand diese Katastrophe ein formales Ende. Doch die Nachwirkungen sollten das Reich noch lange beschäftigen und den Boden für eine neue Epoche bereiten.

SECHZEHNTES KAPITEL: DER WESTFÄLISCHE FRIEDEN UND DIE EPOCHE DES ABSOLUTISMUS

Der Dreißigjährige Krieg (1618–1648) endete mit dem Westfälischen Frieden, der in den beiden Städten Münster und Osnabrück ausgehandelt wurde. Dieses Friedenswerk schuf nicht nur die Grundlage für die Beendigung der Kampfhandlungen, sondern definierte auch eine neue politische Ordnung in Europa – zumindest in weiten Teilen des Heiligen Römischen Reiches. Gleichzeitig leitete er in manchen Regionen die Epoche des Absolutismus ein, in der Fürstenhöfe an Glanz gewannen und monarchische Machtansprüche wuchsen.

In diesem Kapitel beleuchten wir ausführlich die Verhandlungen von Münster und Osnabrück, die Inhalte und Bedeutung des Westfälischen Friedens sowie die Entwicklungen, die ihn prägten. Danach wenden wir uns der Epoche des Absolutismus zu, in der mächtige Monarchen wie Ludwig XIV. von Frankreich oder Friedrich Wilhelm von Brandenburg (der „Große Kurfürst") ihre Reiche straffer organisierten und zentrale Verwaltungssysteme ausbauten. Zwar blieb das Heilige Römische Reich ein Flickenteppich von Kleinstaaten, doch in vielen dieser Fürstentümer etablierten sich absolute Herrschaftsformen.

16.1. Verhandlungen von Münster und Osnabrück

16.1.1. Der Weg zu den Friedensgesprächen

Bereits seit Mitte der 1630er-Jahre gab es immer wieder Ansätze, den Krieg durch Verträge zu beenden. Doch erst nach der Schlacht bei Nördlingen (1634) und dem zunehmenden Kräfteverschleiß aller Seiten stieg die Bereitschaft, tatsächlich zu verhandeln. Frankreich und Schweden wollten ihre militärischen Erfolge diplomatisch absichern, der Kaiser sah, dass er keinen totalen Sieg erringen konnte.

Die Verhandlungen begannen offiziell 1643 und zogen sich über mehrere Jahre hin. Man einigte sich darauf, zwei Verhandlungsorte einzurichten: Münster (für die katholischen Mächte, insbesondere Kaiser und Frankreich) und Osnabrück (für die protestantischen Verhandlungspartner, insbesondere Schweden). Beide Städte lagen im Bistum Münster bzw. Osnabrück, waren aber neutralisiert und wurden von einzelnen Teilnehmern neutral kontrolliert.

16.1.2. Beteiligte Mächte und ihre Ziele

Die wichtigsten Verhandlungspartner waren:

- Das Kaiserhaus (Habsburg), das für das Reich sprach, aber auch eigene habsburgische Interessen vertrat.
- Frankreich (katholisch, doch Gegner der Habsburger), das territoriale Gewinne im Westen des Reiches anstrebte (Elsass, Lothringen).
- Schweden (lutherisch), das sich an der Ostsee und im Norden des Reiches dauerhaft festsetzen wollte.
- Zahlreiche Reichsfürsten (Bayern, Sachsen, Brandenburg, Pfalz etc.), die eigene Friedensbedingungen forderten, um ihre Territorien abzusichern.
- Die Niederlande und Spanien wollten ebenfalls ihren jahrzehntelangen Konflikt beilegen (Unabhängigkeit der Vereinigten Niederlande).

Jede Seite hatte unterschiedliche Ziele. Das machte die Verhandlungen kompliziert. Einzelne Konflikte waren eng miteinander verwoben – konfessionelle, territoriale und machtpolitische Fragen mussten geklärt werden.

16.1.3. Schwieriger Verhandlungsprozess

Die Gesandten reisten mit großem Gefolge an und residierten teilweise über Jahre in Münster oder Osnabrück. Regelmäßig wurden Boten mit Nachrichten und Instruktionen von den Heimatregierungen hin- und hergeschickt. Man sprach über Grenzen, Entschädigungen, Festungen, Konfessionsrechte, Erbfolgeansprüche und die Form des Reiches selbst.

Sowohl in Münster als auch in Osnabrück gab es wechselnde Bündnisse. Mal näherten sich Frankreich und einige Fürsten an, mal blockten Schweden und andere Fürsten. Auch die Religion spielte eine Rolle: Die Verhandlungen in Osnabrück waren eher protestantisch geprägt, die in Münster eher katholisch. Dennoch bestand ein reger Austausch zwischen beiden Orten.

16.2. Inhalt des Westfälischen Friedens (1648)

16.2.1. Territorialregelungen

Am 24. Oktober 1648 wurden schließlich zwei Friedensverträge geschlossen:

- **Der Friedensvertrag von Münster** (zwischen Kaiser, Reich und Frankreich),
- **Der Friedensvertrag von Osnabrück** (zwischen Kaiser, Reich und Schweden).

In diesen Verträgen sind folgende wichtige Punkte geregelt:

1. **Gebietsgewinne für Frankreich**: Frankreich erhielt Teile des Elsass (das Oberelsass blieb teils beim Kaiser, das Unterelsass teils bei den Städten) und behielt seine Rechte an Met, Toul und Verdun (diese Bistümer hatte es schon zuvor besetzt). Lothringen blieb umstritten, war aber de facto stark von Frankreich beeinflusst.
2. **Gebietsgewinne für Schweden**: Schweden erhielt Vorpommern (einschließlich Stettin), Wismar, das Erzbistum Bremen (als Herzogtum) und das Bistum Verden (als Herzogtum). Damit hatte Schweden Fuß in Norddeutschland gefasst und einen Sitz im Reichstag.
3. **Stärkung Brandenburg-Preußens**: Brandenburg erhielt Hinterpommern (mit Ausnahme von Vorpommern, das Schweden besetzte) und weitere Entschädigungen, was mittelfristig seinen Aufstieg förderte.
4. **Territoriale Wiederherstellung** im Reich: Viele Gebiete, die während des Krieges besetzt wurden, sollten an ihre früheren Herren zurückgegeben werden, nach dem Stichtag 1624 („Normaljahr").

16.2.2. Konfessionsrecht

- **Gleichberechtigung von Katholiken, Lutheranern und Reformierten**: Das war neu, da die Reformierten (Calvinisten) im Augsburger Religionsfrieden 1555 nicht berücksichtigt gewesen waren.
- **Stichtag 1624**: Was zu diesem Datum katholisch, lutherisch oder reformiert war, sollte so bleiben. Spätere Eroberungen oder Konfessionsänderungen wurden revidiert.
- **Sicherung der Religionsfreiheit**: Untertanen, die nicht der Religion ihres Landesherrn folgen wollten, sollten auswandern dürfen, allerdings nur mit Zustimmung der jeweiligen Obrigkeit.

16.2.3. Reichsverfassung und Landeshoheit

- **Bestätigung der Reichsstände**: Die Fürsten und Stände des Reiches (einschließlich der Reichsstädte) behielten weitgehende Souveränität in vielen Belangen.
- **Reichstag**: Der Reichstag wurde als ständiges Gremium bestätigt, in dem Kaiser und Kurfürsten, Fürsten und Städte gemeinsam über Reichsangelegenheiten berieten.
- **Schwächung der kaiserlichen Zentralgewalt**: Der Kaiser war formell weiterhin Oberhaupt, doch der Westfälische Frieden band ihn stark an die Zustimmung des Reichstags. Die Fürsten erhielten das Recht, Bündnisse auch untereinander oder mit dem Ausland zu schließen, solange diese nicht gegen Kaiser und Reich gerichtet waren.

16.3. Bedeutung des Westfälischen Friedens für Europa

16.3.1. Beginn eines neuen Staatensystems

Mit dem Westfälischen Frieden entstand eine neue europäische Ordnung, in der das Konzept der Souveränität einzelner Staaten deutlich wurde. Man spricht manchmal vom „Westfälischen System", da die Idee entstand, dass Staaten (Fürstentümer) souverän sein können, ohne dass ein Kaiser oder Papst über ihnen steht.

Für das Reich hieß dies: Es blieb ein Reich mit einem Kaiser, doch faktisch entwickelte sich ein Netzwerk von nahezu unabhängigen Kleinstaaten, Herzogtümern und Bistümern. Dieses föderale System sollte bis zum Ende des Alten Reiches (1806) Bestand haben.

16.3.2. Konflikt zwischen Frankreich und Habsburg nicht beendet

Zwar endete der Dreißigjährige Krieg, aber der Grundkonflikt zwischen Frankreich und den Habsburgern (Spanien, Kaiser) in Europa dauerte weiter an. Frankreich strebte die Vorherrschaft in Westeuropa an und nutzte die Schwäche des Reiches. Der Westfälische Friede sicherte nur eine gewisse Stabilität im deutschen Raum, während die rivalisierenden Mächte auch künftig Kriege führten (z.B. Französisch-Spanischer Krieg bis 1659, später die sogenannten Rheinischen Kriege Ludwigs XIV.).

16.3.3. Ende der Religionskriege?

Konfessionelle Kriege größeren Ausmaßes endeten im Reich – zumindest offiziell. Mit der Anerkennung von drei Konfessionen war eine Art Toleranz eingeführt, freilich nur auf institutioneller Ebene. Religiöse Spannungen innerhalb von Territorien konnten bestehen bleiben.

In Westeuropa ging jedoch der Streit zwischen Katholiken und Protestanten nicht gänzlich zu Ende: In England kam es zu Konflikten um die Staatskirche, in Frankreich zu Hugenottenkriegen (16. Jh.) und weiteren Auseinandersetzungen (spätes 17. Jh.). Gleichwohl wirkte der Westfälische Friede deeskalierend auf das Reich.

16.4. Neubeginn: Der Wiederaufbau in den deutschen Territorien

16.4.1. Rückkehr zum Alltag

Nach 30 Jahren Krieg und Verwüstung lag viel am Boden. Bauern mussten Felder wieder urbar machen, Dörfer und Städte mussten aufgebaut werden. Es dauerte mehrere Jahrzehnte, bis sich die Bevölkerungszahlen erholten. Einige Gegenden wurden durch Zuwanderer aus anderen Regionen Europas besiedelt.

In vielen Fürstentümern unterstützten die Landesherren den Wiederaufbau. Sie lockten Handwerker und Bauern mit steuerlichen Erleichterungen, gaben Darlehen oder neue Ländereien. Dabei entwickelten sie zunehmend zentrale Verwaltungsstrukturen, um Steuern effektiver zu erheben.

16.4.2. Hofkultur und Absolutismus

Die Fürstenzeit nach 1648 wird oft als Beginn oder Fortsetzung des „Absolutismus" angesehen, obwohl der Begriff eher für Frankreich typisch ist (Ludwig XIV. ab 1661). Im Reich konnten die Fürsten jedoch in ihren eigenen Territorien relativ absolutistisch agieren, weil der Kaiser in Wien nicht mehr viel Einfluss hatte.

An zahlreichen Höfen entstand eine aufwendige Hofkultur nach französischem Vorbild. Man baute Residenzschlösser, hielt große Feste und Bälle, etablierte Hofmusik und Oper. Die Adelsgesellschaft gewann an Glanz, oft nach dem Muster von Versailles (das Ludwig XIV. in Frankreich errichtet hatte).

16.4.3. Wirtschaft und Merkantilismus

Die Fürsten förderten den Handel und das Gewerbe, um ihre Staatseinnahmen zu steigern. Man griff auf die Theorie des Merkantilismus zurück, die besagt, dass ein Staat möglichst viel exportieren und möglichst wenig importieren solle, um Gold und Silber im Land zu halten. Man gründete Manufakturen, hob Zölle an den Landesgrenzen ein und verbesserte das Straßennetz.

Allerdings war das Reich durch die Zersplitterung in viele Kleinstaaten mit jeweils eigenen Zollschranken und Münzen ein Hindernis für einen großen Binnenmarkt. Trotzdem gelang es einigen Territorien, z.B. Brandenburg-Preußen, Sachsen, Bayern oder Braunschweig-Lüneburg (später Kurhannover), an Bedeutung zu gewinnen.

16.5. Beispiele für den Absolutismus im Reich

16.5.1. Brandenburg-Preußen

Friedrich Wilhelm von Brandenburg (der „Große Kurfürst", reg. 1640–1688) übernahm ein vom Krieg schwer gezeichnetes Land. Er setzte auf eine straffe Verwaltung, lud Hugenotten aus Frankreich zur Einwanderung ein (Edikt von Potsdam, 1685) und baute das Heer aus. So legte er den Grundstein für den späteren preußischen Staat, der 1701 mit der Königskrönung Friedrichs I. (Sohn des Großen Kurfürsten) entstand.

16.5.2. Kurfürstentum Sachsen

Sachsen hatte unter dem Dreißigjährigen Krieg gelitten, weil es zeitweise gegen den Kaiser gekämpft, dann wieder die Seite gewechselt hatte. Nach 1648 stabilisierte sich das Land, förderte Bergbau (Erzgebirge), Textilproduktion und Silbergewinnung. Hofkultur entfaltete sich in Dresden unter den sächsischen Kurfürsten, besonders August dem Starken (ab 1694), der später auch König von Polen wurde.

16.5.3. Kurfürstentum Bayern

Bayern war eine der zentralen Mächte auf katholischer Seite. Der Wittelsbacher Kurfürst Maximilian I. hatte im Krieg eine wichtige Rolle gespielt und erhielt dafür neben der pfälzischen Kurwürde auch Gebietsgewinne. München entwickelte sich zu einem prachtvollen Hof, in dem barocke Kunst und Kirchenbauten entstanden.

Diese Entwicklungen zeigen: Nach dem Ende des Krieges strebten viele Fürsten nach einer starken, zentralen Autorität in ihrem Territorium. Sie bildeten stehende Heere und pompöse Hofhaltungen aus – Elemente, die wir als absolutistisch bezeichnen können.

16.6. Gesellschaft und Kultur in der Barockzeit

16.6.1. Barock als Epoche

Die Zeit nach 1648 bis etwa 1700/1720 wird kulturgeschichtlich oft als Barock bezeichnet. „Barock" stammt ursprünglich aus dem Portugiesischen (barroco = schiefrunde Perle) und beschreibt einen überladenen, pompösen Kunststil. Er war Ausdruck einer bewegten Zeit, die zwischen Lebensfreude und Todesbewusstsein schwankte.

Im Reich entstanden prachtvolle Barockkirchen mit reich verzierten Altären, Deckenfresken und Stuckarbeiten. Schlösser wurden im opulenten Stil erbaut (z.B. Schloss Nymphenburg in München, ab 1664; Schloss Ludwigsburg, ab 1704). In der Literatur waren Themen wie Vanitas (Vergänglichkeit), Carpe Diem (Nutze den Tag) und religiöse Inbrunst typisch.

16.6.2. Geistige Strömungen

Die Zeit des Barock war voller Kontraste:

- Starke Frömmigkeit im Katholizismus (Jesuiten, Gegenreformation) und lutherische Orthodoxie auf protestantischer Seite.
- Gleichzeitig der Beginn neuer rationaler Denkansätze (Frühe Aufklärung), beeinflusst von René Descartes, Francis Bacon und anderen Philosophen.
- Höfische Gesellschaft und feudale Pracht trafen auf das Elend der Landbevölkerung, die sich nur langsam von Krieg und Abgabenlast erholte.

16.6.3. Musik und Oper

In vielen Fürstenhöfen etablierte sich eine Hofkapelle, in der Komponisten und Musiker angestellt waren. Aus Italien kam die Oper, die an den Höfen in deutscher Sprache oder weiterhin auf Italienisch aufgeführt wurde. Später, im späten 17. und frühen 18. Jahrhundert, sollte der Barock in der Musik zu großen Komponisten wie Johann Sebastian Bach (1685–1750) oder Georg Friedrich Händel (1685–1759) führen.

16.7. Das Heilige Römische Reich nach 1648

16.7.1. Fragmentierung und Reichsverfassung

Der Westfälische Frieden bestätigte und verstärkte die politische Zersplitterung. Jeder Reichsstand hatte das Recht, Außenpolitik zu betreiben, wenn er nicht direkt gegen den Kaiser oder das Reich gerichtet war. Das bedeutete, ein Herzogtum konnte Abkommen mit Frankreich oder Schweden eingehen, ohne dass der Kaiser dies einfach verbieten konnte.

Der Kaiser, von den Habsburgern gestellt, konzentrierte sich oft auf die österreichischen Erblande und ab dem späten 17. Jahrhundert stark auf den Konflikt mit den Osmanen in Ungarn. Die Reichspolitik spielte eine Rolle, war aber durch den Reichstag geprägt, in dem jede Stimme ein Veto einlegen konnte.

16.7.2. Territoriale Machtzentren

Allmählich zeichneten sich mächtigere Territorien ab, die im 18. Jahrhundert eine große Rolle spielten:

- **Brandenburg-Preußen** wuchs zusammen und gewann ein eigenes Königreich-Prestige.
- **Sachsen** blieb mächtig, schielte auf die polnische Königswürde.
- **Bayern** entwickelte sich zu einer einflussreichen Kurmacht im Süden.
- **Kurpfalz** und weitere rheinische Gebiete blieben zersplittert, litten aber unter dem französischen Expansionsdrang.

Auch kleinere Fürstentümer bemühten sich, ihre Existenz abzusichern – etwa Braunschweig-Lüneburg (später Kurhannover), Württemberg oder Hessen-Kassel.

16.7.3. Religiöse Stabilität, aber kein Ende der Spannungen

Die drei großen Konfessionen (Katholiken, Lutheraner, Reformierte) lebten nebeneinander. In den Territorien herrschte weiterhin das landesherrliche Kirchenregiment. Konflikte gab es, wenn ein neuer Regent zum anderen Bekenntnis konvertierte oder wenn sich Untertanen nicht dem gewünschten Glauben anpassen wollten. Doch blutige Kriege gab es über Konfessionsfragen zunächst nicht mehr.

Das Reich blieb ein kompliziertes Gebilde, in dem hunderte Fürstentümer, Grafschaften, Reichsstädte und Bistümer ihren eigenen Weg suchten. Im 17. und 18. Jahrhundert entwickelte sich daraus eine Vielzahl barocker Fürstenhöfe, militärisch gestützte Landesverwaltungen und stark divergierende Wirtschaftsstrukturen.

16.8. Zusammenfassung und Ausblick

Der Westfälische Frieden von 1648 markierte das Ende des Dreißigjährigen Krieges und schuf zugleich eine neue politische Ordnung im Reich. Die Fürsten gewannen weitgehende Souveränität, der Kaiser verlor an Einfluss. Gleichzeitig etablierte sich eine friedensstiftende Konfessionsregelung, die Katholiken, Lutheranern und Reformierten (Calvinisten) eine rechtliche Gleichstellung brachte – zumindest formell.

In der sich anschließenden Epoche des Absolutismus setzten viele Fürsten auf einen Ausbau ihrer Macht und eine Prachtentfaltung an den Höfen. Schlösser, Opern, prunkvolle Feste – all das sollte die Stärke eines Fürstenhauses demonstrieren. Hinter dem äußeren Glanz standen die versuchten Bemühungen, eine professionelle Verwaltung und ein stehendes Heer zu schaffen, um gegen innere Unruhen und äußere Feinde gewappnet zu sein.

Doch das Reich insgesamt blieb zersplittert: Es gab kein starkes, gemeinsames Nationalbewusstsein, sondern ein heterogenes Mosaik aus Herrschaftsgebieten. Frankreich nutzte dies, um am Rhein und im Süden Einfluss zu gewinnen.

Im **nächsten Kapitel** werden wir uns intensiver mit Preußen und dem Aufstieg Brandenburg-Preußens befassen. Wir betrachten, wie es Friedrich Wilhelm, der „Große Kurfürst", und später König Friedrich I. und Friedrich Wilhelm I. schafften, aus einem vom Krieg verwüsteten Land einen zentralistischen, militärisch starken Staat zu formen, der im 18. Jahrhundert zur wichtigsten Konkurrenz Österreichs in der Reichspolitik wurde. Außerdem widmen wir uns dem allgemeinen Wandel der Zeit: Die frühen Formen der Aufklärung, das zunehmende Interesse an Wissenschaft und die politischen Folgen für das Reich.

Damit endet das sechzehnte Kapitel, das den Bogen vom Westfälischen Frieden bis zum Beginn des Absolutismus und der neuen europäischen Ordnung gespannt hat. Wir sehen, wie nach Jahrzehnten des Blutvergießens ein mühsamer, aber wichtiger Friedensschluss gelang, der eine neue Epoche einleitete. Die Narben des Krieges blieben jedoch in der Bevölkerung lange spürbar, und die politische Zersplitterung des Reiches wurde geradezu zum Markenzeichen der deutschen Geschichte bis ins 19. Jahrhundert.

SIEBZEHNTES KAPITEL: PREUßEN UND DER AUFSTIEG BRANDENBURG-PREUßENS

Nach dem Westfälischen Frieden (1648) war das Heilige Römische Reich zwar formal eine Einheit geblieben, doch realiter existierte es als Flickenteppich aus Hunderten souveräner und teils nur nominell abhängiger Territorien. Während sich einige Gebiete nur mühsam von den Verwüstungen des Dreißigjährigen Krieges erholten, formierten sich in bestimmten Fürstentümern neue, straffe Regierungssysteme, die ihre Macht zu Lasten der Untertanen konsolidierten. Eine dieser aufstrebenden Mächte war das Kurfürstentum Brandenburg, das in Personalunion auch das Herzogtum Preußen regierte und sich schrittweise zu einem der wichtigsten Staaten im Reich entwickelte.

In diesem siebzehnten Kapitel werden wir die Wurzeln des brandenburg-preußischen Staatswesens näher betrachten. Wir beginnen bei den Folgen des Dreißigjährigen Krieges für Brandenburg und Preußen, um dann auf die Politik des „Großen Kurfürsten" Friedrich Wilhelm (reg. 1640–1688) und seiner Nachfolger einzugehen. Dabei wird deutlich, wie es gelang, aus einem kriegszerstörten Land einen hoch disziplinierten, militärisch starken Staat zu formen. Wir schauen uns die Rolle der Einwanderungspolitik (etwa der Aufnahme Hugenott*innen), des Merkantilismus und der Verwaltungsreformen an. Abschließend werfen wir einen Blick auf die Königskrönung in Preußen (1701) und die schrittweise Emanzipation Preußens zu einem Rivalen Österreichs.

17.1. Die Ausgangslage nach dem Dreißigjährigen Krieg

17.1.1. Territorien und Personalunion

Das Kurfürstentum Brandenburg hatte eine wechselvolle Geschichte: Im 15. Jahrhundert kam es an das Haus Hohenzollern, das auch andere Territorien in Franken und Schwaben besaß. Seit 1525 wurde zudem das Herzogtum Preußen durch die Hohenzollern regiert, nachdem der Deutsche Orden dort säkularisiert worden war (Albrecht von Brandenburg-Ansbach als erster Herzog von Preußen).

Allerdings war Preußen (das Gebiet um Königsberg, das heutige Kaliningrader Gebiet und Teile des heutigen Polens) ein Lehen des polnischen Königs, was eine gewisse Abhängigkeit bedeutete. Brandenburg hingegen lag im Heiligen Römischen Reich, wo die Hohenzollern als Kurfürsten dem Kaiser unterstanden. Man sprach deshalb von der „Doppelexistenz": Ein Teil der Herrschaft im Reich (Brandenburg) und ein Teil außerhalb (Preußen).

17.1.2. Zerstörungen und Bevölkerungsverluste

Wie weite Teile Deutschlands hatte auch Brandenburg stark unter dem Dreißigjährigen Krieg gelitten. Söldnerheere streiften durch das dünn besiedelte Land, plünderten Dörfer und Städte. Die Residenzstadt Berlin-Cölln blieb zwar von größeren Belagerungen verschont, doch verarmte die Bevölkerung massiv. Felder lagen brach, Werkstätten und Manufakturen waren zerstört.

Herzogtum Preußen, östlich der Weichsel gelegen, blieb während des Dreißigjährigen Krieges teilweise verschont, litt aber unter Konflikten mit Polen-Litauen und dem schwedisch-polnischen Krieg. Die gesamte Region war von Unsicherheit und wirtschaftlichem Stillstand betroffen.

17.1.3. Erbe des „Großen Kurfürsten"

Als Kurfürst Georg Wilhelm 1640 starb, trat sein Sohn Friedrich Wilhelm die Regierung an. Dieser junge Mann sollte als „Großer Kurfürst" in die Geschichte eingehen. Er übernahm einen Staat, der dringend eine Stabilisierung brauchte – wirtschaftlich, militärisch und politisch. Friedrich Wilhelm verfügte über Weitblick, Energie und ein feines Gespür für die machtpolitischen Verhältnisse im Reich.

17.2. Regierungszeit des Großen Kurfürsten Friedrich Wilhelm (1640–1688)

17.2.1. Konsolidierung der Herrschaft und stehendes Heer

Friedrich Wilhelm erkannte, dass Brandenburg-Preußen nur durch ein starkes Heer seine Existenz und Unabhängigkeit wahren konnte. Die Erfahrung des Dreißigjährigen Krieges hatte gezeigt, wie gefährlich es ist, wenn fremde Heere unbehelligt durchs Land ziehen. Er baute daher Schritt für Schritt ein stehendes

Heer auf, das nicht nur in Kriegszeiten bestehen, sondern auch in Friedenszeiten ständig verfügbar sein sollte.

Doch ein stehendes Heer kostet Geld. Also reorganisierte Friedrich Wilhelm die Steuern und gründete eine zentrale Finanzverwaltung, um effizient Abgaben zu erheben. Dabei stützte er sich oft auf die Loyalität des Adels (Junkertum), denen er im Gegenzug Privilegien gewährte (etwa in der Gutswirtschaft und Gerichtsbarkeit über die Landbevölkerung).

17.2.2. Toleranzedikt und Hugenotten

Eine bedeutende Entscheidung war das „Edikt von Potsdam" (1685), durch das Friedrich Wilhelm den aus Frankreich geflohenen Hugenott*innen* (*protestantische Calvinist*innen) Zuflucht in Brandenburg-Preußen gewährte. Grund war das Widerrufen des Edikts von Nantes durch den französischen König Ludwig XIV., wodurch die Hugenotten in Frankreich massiver Verfolgung ausgesetzt waren.

Die Aufnahme der Hugenott*innen half dem Land in mehrfacher Hinsicht: Die Neusiedler*innen brachten Know-how im Handwerk, Handel und Gewerbe mit, belebten das Wirtschaftsleben und trugen zur kulturellen Vielfalt bei. In Berlin und anderen Städten entstanden neue Stadtviertel, Werkstätten, Manufakturen, und die Französisch-Reformierte Gemeinde spielte bald eine wichtige Rolle im städtischen Leben.

17.2.3. Außenpolitik zwischen Schweden, Polen und Kaiser

Geografisch war Brandenburg-Preußen von mehreren Mächten umgeben: Schweden beherrschte Pommern (Vorpommern) und trachtete nach weiterem Einfluss an der Ostsee, das Königreich Polen besaß Lehensansprüche auf Preußen, und im Reich war der Kaiser stets ein potenzieller Gegenspieler. Friedrich Wilhelm navigierte geschickt zwischen diesen Interessen.

- **Nordischer Krieg (Schweden vs. Polen)**: Friedrich Wilhelm schaffte es zeitweise, mal auf der einen, mal auf der anderen Seite zu stehen, um territorialen Gewinn zu erzielen.
- **Westfälischer Frieden**: Er nutzte die Bestimmungen zum eigenen Vorteil und arbeitete daran, die Gebietsgewinne in Hinterpommern zu sichern.

- **Kaiserliche Macht**: Er hielt sich im Reich tendenziell zurück und konzentrierte sich mehr auf den Ausbau seiner Souveränität in Brandenburg-Preußen, anstatt sich in Reichskriege zu verstricken.

Mit dem Vertrag von Oliva (1660) erreichte Friedrich Wilhelm, dass die polnische Lehenshoheit über das Herzogtum Preußen faktisch aufgehoben wurde: Der Große Kurfürst wurde zum souveränen Herzog in Preußen. Damit war ein entscheidender Schritt getan, um Preußen aus der Abhängigkeit von Polen zu lösen.

17.2.4. Merkantilistische Wirtschaftspolitik

Um das Heer und die Staatsausgaben finanzieren zu können, setzte Friedrich Wilhelm auf Merkantilismus: gezielte Förderung von Manufakturen, Einfuhrzölle für fremde Waren, Ausfuhrförderung für eigene Produkte. Er gründete Handelskompanien (Afrikanische und Asiatische Kompanien), versuchte einen Seehandel über die Ostsee zu etablieren und förderte den Binnenhandel durch den Ausbau von Kanälen.

Gleichzeitig blieb die Landwirtschaft ein dominierender Wirtschaftszweig. Der Adel betrieb große Gutshöfe (Gutswirtschaft), auf denen leibeigene Bauern arbeiteten. Das brachte zwar Exporterfolge (z.B. Getreideexport nach Westeuropa), aber auf Kosten der bäuerlichen Freiheit.

17.2.5. Kultur und Residenzbau

Auch in der Regierungszeit Friedrich Wilhelms begann der Ausbau von Residenzen in Berlin und Potsdam. Zwar war dies noch nicht so prunkvoll wie unter seinen Nachfolgern, doch erste Impulse für das barocke Stadtschloss in Berlin und die Palastanlagen in Potsdam wurden gelegt. Berlin wurde zur zentralen Residenzstadt erhoben, obwohl es zu jener Zeit immer noch relativ klein und provinziell wirkte.

Der „Große Kurfürst" starb 1688. Sein politisches Vermächtnis war ein Staat, der militärisch und wirtschaftlich weit stärker war als beim Beginn seiner Herrschaft. Diese Grundlage erlaubte es seinen Nachfolgern, Brandenburg-Preußen weiter zu einem europäischen Machtfaktor auszubauen.

17.3. Vom Kurfürstentum zum Königreich Preußen (1701)

17.3.1. Kurfürst Friedrich III. und die Königskrone

Nach dem Tod Friedrich Wilhelms (1688) trat sein Sohn Friedrich III. (1688–1713) die Regierung in Brandenburg-Preußen an. Er war ein Mann, der großen Wert auf höfische Repräsentation legte. Um sein Ansehen unter den europäischen Fürsten zu steigern, strebte er nach dem Königstitel.

Im Heiligen Römischen Reich war es eigentlich nur den Habsburgern vorbehalten, die Kaiser- oder Königswürde zu tragen. Doch Preußen lag außerhalb des Reichs; dort gab es keine kaiserlichen Rechte. Wenn also Friedrich sich in Preußen selbst zum König krönte, konnte ihm der Kaiser wenig entgegensetzen, solange die formale Lehensbeziehung mit Polen beendet war.

17.3.2. Verhandlungen mit dem Kaiser

Um keinen Konflikt zu riskieren, handelte Friedrich III. mit Kaiser Leopold I. (Habsburg) einen Kompromiss aus. Friedrich versprach militärische Unterstützung gegen Frankreich und das Osmanische Reich, außerdem gewährte er dem Kaiser diplomatische Zugeständnisse. Im Gegenzug erlaubte Leopold I., dass Friedrich in Preußen den Königstitel führen dürfe.

Am 18. Januar 1701 krönte sich Friedrich in Königsberg selbst zum „König in Preußen". Der Kaiser bestand auf der Formulierung „in Preußen" statt „von Preußen", um deutlich zu machen, dass es sich nicht um ein Königreich im Reich handle, sondern außerhalb. Formal blieb Friedrich in seinem brandenburgischen Kurfürstentum weiterhin nur Kurfürst, aber in Preußen war er nun König.

17.3.3. Die Bedeutung des Königstitels

Der Schritt hatte weitreichende Folgen für das dynastische Prestige der Hohenzollern. Sie reihten sich ein in den europäischen „Klub" der Monarchen. Das steigerte nicht nur das diplomatische Gewicht, sondern befeuerte auch den inneren Ausbau des Staates. Friedrich I. (wie er sich nun nannte) pflegte eine prachtvolle Hofhaltung in Berlin, förderte Kunst und Wissenschaft (Gründung der Akademie der Künste 1696, der Akademie der Wissenschaften 1700) und zeigte sich als barocker Fürst.

Die königliche Inszenierung hatte ihren Preis: Der Hof verschlang enorme Summen. Gleichzeitig hielten sich die Hohenzollern, dem Erbe des Großen

Kurfürsten folgend, ein diszipliniertes Heer. Das Kernstück blieb die gut ausgebildete Infanterie, finanziert durch ein effektives Steuersystem.

17.4. Die Regierungszeit Friedrich Wilhelms I. (1713–1740): „Soldatenkönig"

17.4.1. Sparsamkeit und Heeresaufbau

Friedrich I. starb 1713. Sein Sohn, Friedrich Wilhelm I., trat die Nachfolge an. Er war ein ganz anderer Typ: sparsam, nüchtern, auf militärische Disziplin bedacht. Man nannte ihn den „Soldatenkönig". Sofort strich er die Hofkostümfeste und reduzierte die Ausgaben für Hofprunk radikal, um mehr Geld für das Heer zu haben.

Seine Heeresreformen waren beeindruckend: Durch unermüdliches Werben (manchmal Zwangswerbung) rekrutierte er Soldaten, darunter die berühmten „Langen Kerls" (eine Garde, in der möglichst groß gewachsene Männer dienten). Friedrich Wilhelm I. wollte kein unbedarfter Aggressor sein; er sah in der starken Armee eine Möglichkeit, Preußens Unabhängigkeit zu sichern.

17.4.2. Verwaltungsmodernisierung

Neben dem Militäraufbau modernisierte Friedrich Wilhelm I. auch die Verwaltung. Er gründete das „General-Ober-Finanz-Kriegs- und Domänen-Directory", eine zentrale Behörde, die alle wirtschaftlichen und militärischen Angelegenheiten koordinierte. Steuererhebung, Armeelogistik und Gutsherrschaften wurden eng verzahnt.

Der König förderte die Einwanderung von Fachleuten, siedelte Kolonisten in unbewohnten Gebieten an (Moorkolonisierung) und zwang den Adel, sich am Staatsdienst zu beteiligen. Wer in Preußen Grundherr war, hatte oft Pflichten im Militär oder im Verwaltungsapparat. So verschmolz das Interesse des Adels mit dem staatlichen Interesse.

17.4.3. Bildung und Pietismus

Obwohl der „Soldatenkönig" als rauer Mann galt, kümmerte er sich sehr um die Schule und den sozialen Bereich. Er förderte den Pietismus, eine fromme Strömung des Luthertums, die auf innere Frömmigkeit, Bibellese und tätige

Nächstenliebe setzte. In Halle (Saale) entstand ein Zentrum des Pietismus um August Hermann Francke, der Waisenhäuser und Schulen gründete.

Friedrich Wilhelm I. sah Bildung als Mittel, um das Volk gehorsam, fromm und arbeitsam zu halten. Deshalb ließ er Dorfschulen ausbauen und setzte Schulpflicht ein, zumindest in Ansätzen. Trotzdem blieb das Gesellschaftssystem stark gegliedert: An der Spitze der König, darunter der Adel als Offiziere und Beamte, und ganz unten die Bauern, die von Frondiensten und Leibeigenschaft bedrückt blieben.

17.4.4. Preußen als Militär- und Verwaltungsstaat

Bis zum Ende seiner Regierung (1740) hatte Friedrich Wilhelm I. aus Preußen einen hochorganisierten Staat geformt: Die Armee zählte rund 80.000 Soldaten, was für die vergleichsweise kleine Bevölkerungszahl (rund 2,2 Millionen) enorm war. Die Verwaltung galt als effizient und rational, die Beamten als pflichtbewusst.

So entstand das Image von Preußen als „Sparta des Nordens", ein Militär- und Verwaltungsstaat, in dem Disziplin, Ordnung und Pflichterfüllung oberste Werte waren. Dieses Modell sollte bald im Siebenjährigen Krieg (Kapitel 18) auf die Probe gestellt werden.

17.5. Rivalität mit Österreich und Aufstieg Preußens

17.5.1. Die beiden Großmächte im Reich

Im 17. und 18. Jahrhundert blieb das Heilige Römische Reich eine vielfältige Ständegemeinschaft. Österreich (die Habsburger) dominierte weiterhin als Kaiserhaus, während Frankreich im Westen einen ständigen Druck ausübte. Nun trat aber Brandenburg-Preußen immer selbstbewusster auf. Spätestens ab der Königskrönung 1701 war Preußen ein ernstzunehmender Akteur.

Im Reich kristallisierten sich somit zwei Pole heraus: Österreich (Habsburg) und Preußen (Hohenzollern). Zwischen ihnen standen zahlreiche Mittel- und Kleinstaaten, die teils ihre eigene Politik verfolgen konnten. Das wichtigste Forum blieb der Reichstag, der aber selten gemeinsame Beschlüsse gegen eine der beiden Großmächte durchsetzen konnte.

17.5.2. Spanischer Erbfolgekrieg und Polnischer Thronfolgekrieg

In diesem internationalen Kontext war Preußen bereits in andere europäische Konflikte verwickelt. Beim Spanischen Erbfolgekrieg (1701–1714) traten verschiedene Mächte an, um die spanische Nachfolge zu beeinflussen. Preußen unterstützte meist Österreich und die Seemächte (England, Niederlande) gegen Frankreich und Bayern, um sich Gebietsgewinne und diplomatischen Einfluss zu sichern.

Im Polnischen Thronfolgekrieg (1733–1738) hielt sich Preußen eher zurück, um keine direkte Konfrontation mit Österreich zu provozieren. Friedrich Wilhelm I. hatte wenig Interesse an teuren Auslandskriegen. Er investierte lieber in den inneren Ausbau seines Landes.

17.5.3. Tod Friedrich Wilhelms I. (1740) und Thronbesteigung Friedrichs II.

Als Friedrich Wilhelm I. 1740 starb, hinterließ er seinem Sohn Friedrich II. ein gut geordnetes Staatswesen und eine prall gefüllte Staatskasse. Friedrich II. (der Große) sollte dieses Erbe nutzen, um Preußens Position in Europa entscheidend zu stärken – zunächst durch den Überfall auf Schlesien (1740) und die anschließenden Schlesischen Kriege gegen Österreich. Damit begann die offene Rivalität zwischen Habsburg und Hohenzollern, die das 18. Jahrhundert prägte.

17.6. Zusammenfassung: Von der Kurmark zum Königreich

Brandenburg-Preußen durchlief im 17. Jahrhundert einen rasanten Wandel. Aus einem maroden, kriegsverwüsteten Kurfürstentum entwickelte sich ein straff geführter, militärisch gestützter Staat, der ab 1701 als Königreich Preußen in die europäische Politik eingreifen konnte.

- **Der Große Kurfürst Friedrich Wilhelm** legte den Grundstein durch seine Reformen (Heer, Finanzen, Einwanderungspolitik).
- **Sein Sohn Friedrich I.** sicherte sich die Königskrone in Preußen (1701) und machte Berlin zu einer barocken Residenzstadt.
- **Friedrich Wilhelm I., der Soldatenkönig**, perfektionierte das administrative und militärische System, baute eine schlagkräftige Armee auf und begründete den „preußischen Geist" von Disziplin und Gehorsam.

Diese Entwicklungen standen in engem Zusammenhang mit der allgemeinen absolutistischen Tendenz im Europa des 17. und 18. Jahrhunderts: Die Fürsten übernahmen immer mehr Kompetenzen, bauten stehende Heere auf und gestalteten prächtige Höfe. Gleichzeitig blieb im Reich das Kaiseramt nominell stark, faktisch aber schwach – was Raum für den Aufstieg neuer Machtzentren wie Preußen ließ.

ACHTZEHNTES KAPITEL: DER SIEBENJÄHRIGE KRIEG UND DIE VORHERRSCHAFT PREUSSENS

Der Siebenjährige Krieg (1756–1763) wird häufig als die entscheidende Weichenstellung für Preußens Aufstieg zur europäischen Großmacht bezeichnet. Unter König Friedrich II. (auch Friedrich der Große genannt) sah sich Preußen einer Koalition mächtiger Staaten gegenüber: Österreich, Frankreich, Russland und später auch Schweden versuchten, die Bedrohung durch das selbstbewusste Hohenzollern-Reich einzudämmen. Dennoch gelang es Friedrich II., sein Land durch eine geschickte Strategie, straffe Disziplin der Armee und auch eine Portion Glück im Kampf zu behaupten.

In diesem achtzehnten Kapitel betrachten wir die Ursachen des Siebenjährigen Krieges, seinen Ablauf und seine Folgen für das Heilige Römische Reich und Europa. Wir werden sehen, wie die „Diplomatische Revolution" (Österreich und Frankreich als Verbündete!) die Fronten umkehrte, wie Preußens Heer die Schlachten schlug und wie schließlich der Friede von Hubertusburg (1763) Preußens Stellung im Reich festigte. Außerdem werfen wir einen Blick auf die globale Dimension des Krieges, der in Nordamerika und Indien zwischen England und Frankreich ausgetragen wurde – weshalb manche Historiker ihn als „ersten Weltkrieg" bezeichnen.

18.1. Vorgeschichte: Die Schlesischen Kriege (1740–1748)

18.1.1. Friedrich II. und der Überfall auf Schlesien

Friedrich II. (reg. 1740–1786) trat sein Erbe an, als sein Vater Friedrich Wilhelm I. starb. Kaum im Amt, nutzte Friedrich eine günstige Gelegenheit: Der österreichische Kaiser Karl VI. war gestorben, und seine Tochter Maria Theresia musste die Nachfolge in den Habsburgischen Erblanden antreten. Friedrich bestritt indirekt die Pragmatische Sanktion, die Maria Theresias Erbansprüche regeln sollte, und fiel 1740 mit seinen Truppen in das habsburgische Schlesien ein.

Schlesien, an der nordöstlichen Grenze Österreichs, war eine wohlhabende Region mit reicher Industrie (Textil, Bergbau). Friedrich II. wollte diese Provinz seinem Königreich Preußen einverleiben und so sein Territorium abrunden. Die raschen militärischen Erfolge überraschten Europa. Österreich konnte in der Anfangsphase nicht genügend Truppen mobilisieren.

18.1.2. Erster Schlesischer Krieg (1740–1742)

In der Folge kam es zum Ersten Schlesischen Krieg, Teil des größeren Österreichischen Erbfolgekriegs (1740–1748). Preußen sicherte sich 1742 in einem Separatfrieden (Frieden von Breslau) den größten Teil Schlesiens. Maria Theresia musste Schlesien abtreten, um sich anderen Fronten (Bayern, Frankreich) widmen zu können.

18.1.3. Zweiter Schlesischer Krieg (1744–1745)

Als Österreich zwischenzeitlich Erfolge erzielte und sich wieder stabilisierte, sah Friedrich II. sein Territorium gefährdet und eröffnete erneut Kriegshandlungen. Der Zweite Schlesische Krieg endete 1745 mit dem Frieden von Dresden. Schlesien blieb bei Preußen, Maria Theresia erkannte Friedrichs Eroberung an.

Damit hatte sich Preußen zum Hauptrivalen Österreichs entwickelt, und Friedrich II. galt als der brillantere Feldherr. Doch Maria Theresia sann auf Rache und darauf, das verlorene Schlesien zurückzugewinnen.

18.2. Die „Diplomatische Revolution" und das Ringen um Schlesien

18.2.1. Bündnissysteme vor 1756

Traditionell waren Frankreich und Österreich im Dauerkonflikt, während Preußen eher auf Frankreichs Unterstützung hoffen konnte. England (Großbritannien) wiederum war historisch oft ein Verbündeter Österreichs. Doch in den Jahren nach 1748 verschoben sich die Konstellationen:

- **Österreich** wollte Frankreichs Hilfe, um Schlesien zurückzuerobern und Preußen zu schlagen.

- **Frankreich** sah in Preußen eine Bedrohung für seine eigene Stellung im Westen des Reiches, während England zunehmend in koloniale Interessenkonflikte mit Frankreich geriet.
- **England** suchte sich einen Verbündeten in Deutschland, um Frankreich in Schach zu halten, und fand diesen in Preußen (das in Norddeutschland angrenzte).

So kam es 1756 zur spektakulären „Diplomatischen Revolution": Österreich und Frankreich schlossen ein Bündnis, das „Renversement des alliances" genannt wurde. Gleichzeitig verbündete sich Preußen mit England (Konvention von Westminster, 1756). Man hatte also jetzt die Konstellation: **Preußen-England** gegen **Österreich-Frankreich** (später kam Russland und Schweden noch auf die Seite der Franzosen und Österreicher).

18.2.2. Russlands Rolle

Russland spielte in der ersten Hälfte des 18. Jahrhunderts eine immer größere Rolle in der europäischen Politik. Zarin Elisabeth (Tochter Peters des Großen) wollte Preußen eindämmen, um den polnischen Korridor zu beeinflussen und ihre Ostseepolitik zu stärken. Russland schloss sich 1756/57 der österreichisch-französischen Koalition an.

Damit stand Preußen einer mächtigen Allianz gegenüber: Österreich, Frankreich, Russland, später auch Schweden (1757) – eine überwältigende Übermacht in Bevölkerungs- und Ressourcenstärke. England unterstützte Preußen finanziell und auf den Weltmeeren, doch auf dem Landkrieg in Mitteleuropa war Preußen mehr oder weniger allein.

18.3. Ausbruch und Verlauf des Siebenjährigen Krieges (1756–1763)

18.3.1. Preußischer Präventivschlag gegen Sachsen

Friedrich II. handelte schnell. Um einem Einkreisungsplan zuvorzukommen, marschierte er im August 1756 in Sachsen ein, das mit Österreich verbündet war. Er wollte eine günstige Ausgangsbasis für den Feldzug gegen Böhmen schaffen.

Die sächsische Armee wurde bei Pirna eingeschlossen und kapitulierte. Ein Teil der sächsischen Soldaten zwang Friedrich, sich in die preußische Armee einzugliedern – ein Schritt, der ihm Kritik im Reich einbrachte. Sachsen stand fortan unter preußischer Besatzung, was die anti-preußischen Gefühle in den deutschen Staaten verstärkte.

18.3.2. Schlachten von Lobositz und Prag (1756/57)

Der Einmarsch in Böhmen gelang zunächst, doch in der Schlacht bei Lobositz (1756) und bei Prag (1757) stieß Friedrich auf heftigen Widerstand der Österreicher unter Führung von Feldmarschall Daun und General Laudon. In Prag siegte Preußen zwar, konnte die Stadt jedoch nicht erobern, da die Österreicher sich hinter Mauern verschanzten und auf Entsatz warteten.

18.3.3. Die große Bedrohung: 1757

Während Friedrich in Böhmen kämpfte, rückten von Westen französische Truppen heran, aus dem Norden drohte Schweden, und aus dem Osten näherte sich das russische Heer. Im Sommer 1757 stand Preußen am Rande des Zusammenbruchs, zumal die Finanzen knapp wurden.

Doch dann gelangen Friedrich II. mehrere brillante Siege:

- **Schlacht bei Rossbach (5. November 1757)** gegen eine französisch-reichische Armee. Mit geringerem Aufwand vernichtete er nahezu die gegnerische Streitmacht.
- **Schlacht bei Leuthen (5. Dezember 1757)** gegen die Österreicher in Schlesien. Diese Schlacht gilt als klassisches Beispiel preußischer Taktik (Schiefe Schlachtordnung, Überraschungsmomente).

Diese Erfolge stabilisierten die Lage. Europa staunte über die militärische Leistungsfähigkeit der relativ kleinen preußischen Armee. Friedrich II. wurde zum „Großen König" verklärt, zum Genie auf dem Schlachtfeld.

18.3.4. Russland und die Schlacht bei Zorndorf (1758)

Der Krieg wogte weiter. 1758 rückten die russischen Truppen über Ostpreußen vor. Preußen konnte Ostpreußen nicht halten, Königsberg fiel, doch das Kernland (Brandenburg) blieb verteidigungsbereit. In der Schlacht bei Zorndorf (1758) gelang es den Preußen, den Russen große Verluste zuzufügen, allerdings zu einem hohen Blutzoll auch auf preußischer Seite.

Gleichzeitig verlor Preußen im selben Jahr die Schlacht bei Hochkirch (in der Oberlausitz, 1758) gegen Österreich. Das Wechselspiel von Sieg und Niederlage erschöpfte Preußen zunehmend.

18.3.5. Rettung durch den „Mirakel des Hauses Brandenburg" (1762)

In der Geschichtsschreibung wird oft vom „Mirakel des Hauses Brandenburg" gesprochen, als 1762 Zarin Elisabeth starb und ihr Nachfolger, Zar Peter III., ein glühender Bewunderer Friedrichs II. war. Er zog sofort die russischen Truppen aus dem Krieg zurück und schloss Frieden mit Preußen. Dieser plötzliche Seitenwechsel befreite Friedrich von der Bedrohung im Osten und erlaubte es ihm, seine Kräfte gegen Österreich zu konzentrieren.

Zusätzlich beendeten die Schweden ihre Kriegsbeteiligung, da sie ohne russische Unterstützung wenig Chancen sahen, große Gebietsgewinne gegen Preußen zu erzielen. Frankreich war ebenfalls kriegsmüde, weil es in den Kolonien gegen Großbritannien schwere Verluste erlitt (Kanada, Indien).

Damit war die Koalition gegen Preußen zerfallen. Österreich stand mehr oder weniger alleine da, konnte aber Schlesien nicht zurückerobern. Letztlich zwang der finanzielle und militärische Verschleiß die Gegner 1763 zum Friedensschluss.

18.4. Friede von Hubertusburg (1763) und globale Dimension

18.4.1. Friedensschlüsse: Hubertusburg, Paris

Der Krieg endete auf zwei Ebenen:

1. **Im Reich** schlossen Preußen und Österreich den Frieden von Hubertusburg (15. Februar 1763). Resultat: Preußen behielt Schlesien, Österreich musste die Niederlage akzeptieren. Damit war die Vorherrschaft Preußens in Norddeutschland bestätigt, und Maria Theresias Hoffnung auf Rückgewinnung Schlesiens endgültig gescheitert.
2. **Global** kam es zum Frieden von Paris (10. Februar 1763) zwischen Großbritannien und Frankreich. Frankreich verlor große Teile seines Kolonialreichs in Nordamerika (Kanada) und in Indien an Großbritannien, das sich als imperialer Sieger präsentierte.

18.4.2. Preußens Position nach dem Krieg

Der Siebenjährige Krieg hatte Preußen an den Rand des Untergangs gebracht. Nur mithilfe von Disziplin, strategischem Geschick und dem „Mirakel" des russischen Thronwechsels konnte Friedrich II. den Gegnern standhalten. Im Ergebnis:

- Schlesien blieb preußisch,
- Die Monarchie der Hohenzollern galt nun als europäische Großmacht,
- Das Heer war zwar dezimiert, aber der Nimbus der Unbesiegbarkeit blieb erhalten.

Europa sah in Preußen nun einen Rivalen Österreichs um die Vorherrschaft im Reich. In den folgenden Jahrzehnten formierten sich zwei Lager: Das Haus Habsburg einerseits, das Haus Hohenzollern andererseits. Die kleineren Fürstentümer orientierten sich meist an einer der beiden Mächte, was das „Reichssystem" weiter schwächte.

18.4.3. Großbritannien, Frankreich und die Folgen weltweit

Auch für Großbritannien und Frankreich war der Siebenjährige Krieg schicksalhaft. Großbritannien dominierte danach weite Gebiete Nordamerikas und Indiens, während Frankreich seine besten Kolonien verlor. Dies führte langfristig in Frankreich zu einer Staatskrise (Finanzprobleme), die mit den Ideen der Aufklärung zusammenwirkte und schließlich 1789 zur Französischen Revolution beitrug.

Die globale Dimension des Krieges zeigt, dass Europa längst eng mit Übersee verbunden war. Handelsrouten, Kolonien, Seemächte – all dies spielte im Hintergrund der Schlachten in Deutschland eine Rolle.

18.5. Innenpolitische und gesellschaftliche Auswirkungen in Preußen

18.5.1. Reformen Friedrichs II.

Nach dem Krieg widmete sich Friedrich II. intensiv dem Wiederaufbau. Er förderte Landwirtschaft und Gewerbe, ließ Kolonisten im verwüsteten Schlesien und in der Neumark ansiedeln und regulierte die Steuern. Sein aufgeklärter Absolutismus zeigte sich in Gesetzgebungsprojekten (Allgemeines Preußisches Landrecht, fertiggestellt 1794), in Toleranz für religiöse Minderheiten (Katholiken und Juden) und in der Förderung von Wissenschaft und Künsten.

Friedrich II. sah sich als „Erster Diener des Staates" – ein Konzept, das auf den Ideen der Aufklärung (Voltaire, Montesquieu) beruhte. Dennoch blieb das Gesellschaftssystem starr: Der Adel dominierte das Offizierskorps und die höheren Beamtenränge, Bauern blieben in Abhängigkeit, und städtisches Bürgertum hatte begrenzte Mitbestimmungsrechte.

18.5.2. Wirtschaftliche Belastungen

Der Krieg hatte Preußen an den Rand des Staatsbankrotts geführt. Die Bevölkerung litt unter hohen Abgaben, ständigen Einquartierungen und Verwüstungen in den Schlachtgebieten (Schlesien, Sachsen, Mark Brandenburg). Zwar war die Erholung nach 1763 dank der straffen Finanzpolitik Friedrichs II. relativ rasch, doch für die einfachen Menschen bedeutete die Erhöhung von Steuern und der Militärdienst weiterhin schwere Lasten.

Das preußische Bauernvolk war dem Druck von Gutsherren (Junkern) und Militär nicht gewachsen. Viele Bauern flohen ins städtische Handwerk oder versuchten, sich irgendwie durchzuschlagen. Die Militärpräsenz blieb allgegenwärtig, und das Rekrutierungssystem war oft brutal.

18.5.3. Preußens Bild in Europa

Die Siege im Siebenjährigen Krieg und die Persönlichkeit Friedrichs II. machten Preußen in Europa berühmt und gefürchtet. Einige deutsche Fürstentümer sahen in Preußen ein Vorbild an Effizienz und Disziplin, andere fürchteten eine „Preußische Hegemonie".

Friedrich korrespondierte mit führenden Aufklärern wie Voltaire, was seinem Hof in Sanssouci (Potsdam) einen Nimbus von Toleranz und Kultur gab. Gleichwohl blieb das preußische Militär- und Beamtenwesen streng. Die Kunst stand im Dienst des Staates, der Adel im Dienst des Königs.

18.6. Das Ende des Siebenjährigen Krieges und der Ausblick

Der Frieden von Hubertusburg 1763 beendete den Siebenjährigen Krieg in Deutschland. Österreich musste sich damit abfinden, Schlesien endgültig verloren zu haben. Preußen trat nun an die Seite der europäischen Großmächte, auf Augenhöhe mit Österreich, Russland, Frankreich und Großbritannien. Das Reich selbst war faktisch weiter fragmentiert. Nur noch formell gab es den Kaiser, der meist in Wien residierte und über seine Erblande herrschte.

In den kommenden Jahrzehnten rückten neue Herausforderungen in den Vordergrund:

- Die **Aufklärung** und ihre Forderung nach Vernunft, Menschenrechten und Reformen.
- Die **Amerikanische Unabhängigkeitsbewegung** (ab 1775) und später die **Französische Revolution** (ab 1789), die das absolutistische System erschütterten.
- Die **Teilungen Polens** (1772, 1793, 1795), an denen Preußen sich beteiligte und damit seine Gebiete im Osten erweiterte.

Der Siebenjährige Krieg hatte gezeigt, wie eng verflochten die europäische Staatenwelt geworden war. Konflikte in Übersee und Rivalitäten innerhalb des Reiches mündeten in ein gewaltiges Ringen, dessen Ausgang Preußens Rang definierte. So hatte sich die konfessionelle Frage zunehmend in den Hintergrund geschoben; nun ging es um Machtpolitik, strategische Territorien und wirtschaftliche Interessen.

Mit dieser Entwicklungsstufe, die Preußen erreicht hatte, ging das Reich einer neuen, unruhigen Epoche entgegen. Das nächste große Kapitel in der deutschen Geschichte sollte im Zeichen der Französischen Revolution und Napoleons stehen – Ereignisse, die das Alte Reich 1806 beenden und eine völlig neue politische Landkarte schaffen würden.

18.7. Zusammenfassung des achtzehnten Kapitels

Der Siebenjährige Krieg (1756–1763) war ein weltumspannender Konflikt, in dem Preußen unter Friedrich II. um seine Existenz kämpfte. Das Bündnissystem hatte sich durch die „Diplomatische Revolution" umgekehrt, sodass Preußen von

Österreich, Frankreich, Russland und Schweden gleichzeitig bedroht war, während Großbritannien auf preußischer Seite stand. Trotz scheinbar erdrückender Übermacht der Gegner bewährte sich Preußen dank disziplinierter Armee, taktischer Genialität Friedrichs und eines Zufalls in der russischen Thronfolge.

Der Friedensschluss (Hubertusburg 1763) sicherte Preußen den Besitz Schlesiens und begründete seinen Ruf als Großmacht. Das Königreich Preußen avancierte damit zum größten Rivalen Österreichs im Reich. Die deutsche „Kleinstaaterei" blieb indes bestehen, da der Kaiser wenig Durchgriff auf die Fürsten hatte. Europaweit markierte der Krieg eine Verschiebung der Kolonialmacht zugunsten Großbritanniens, während Frankreich sein globales Kolonialreich weitgehend verlor.

Politisch legte der Krieg den Grundstein für neue Rivalitäten, die sich im 19. Jahrhundert fortsetzen sollten. Gleichzeitig blieb das Volk unter hohen Lasten und Militärdrill. Der „aufgeklärte Absolutismus" Friedrichs II. zeigte zwar humane Ansätze (Religionsfreiheit, Förderung von Wissenschaft und Künsten), doch die Gesellschaft blieb streng hierarchisch.

NEUNZEHNTES KAPITEL: DIE NAPOLEONISCHE ZEIT UND DER WIENER KONGRESS

Mit dem Ende des 18. Jahrhunderts geriet das europäische Mächtesystem in eine tiefe Erschütterung: Die Französische Revolution (ab 1789) brachte zunächst die alte Monarchie in Frankreich zu Fall und schuf dann eine Republik, die radikale Veränderungen und neue Freiheitsideen in weite Teile Europas trug. Bald darauf stieg Napoleon Bonaparte zum Ersten Konsul und schließlich zum Kaiser auf, eroberte große Gebiete und beendete sogar formal das Heilige Römische Reich (1806). Auch die deutschen Lande waren in diese Umwälzungen tief verwickelt: Alte Herrschaftsstrukturen zerbrachen, neue Fürstenbündnisse entstanden, und das Ideal der „Freiheit" und „Nation" gewann an Kraft.

In diesem neunzehnten Kapitel beschäftigen wir uns mit der napoleonischen Epoche und dem Übergang zum Wiener Kongress 1814/15. Wir werden aufzeigen, wie sich die Deutschen in den Koalitionskriegen zwischen Frankreich und den übrigen Mächten positionierten, wie Napoleon die Landkarte des Alten Reiches veränderte und wie dies letztlich zu einer Welle der Befreiungskriege (1813–1815) gegen die französische Vorherrschaft führte. Abschließend betrachten wir den Wiener Kongress, der versuchte, eine stabile Ordnung in Europa wiederherzustellen und dessen Beschlüsse die deutsche Geschichte für Jahrzehnte prägten.

19.1. Der Hintergrund: Französische Revolution und ihre Auswirkungen auf das Reich

19.1.1. Revolutionäre Ideen in Frankreich (1789–1792)

Die Französische Revolution begann 1789 mit der Einberufung der Generalstände und dem Sturm auf die Bastille (14. Juli 1789). In den folgenden Jahren wurden Feudalrechte abgeschafft, die Monarchie unter Ludwig XVI. gestürzt und eine Republik ausgerufen. Das revolutionäre Frankreich verbreitete die Ideale von „Freiheit, Gleichheit und Brüderlichkeit" (Liberté, Égalité, Fraternité).

Im Alten Reich verfolgten die Fürsten, darunter Preußen und Österreich, diese Vorgänge anfangs mit Skepsis und Furcht. Man fürchtete, revolutionäre Ideen könnten auch auf die deutschen Untertanen übergreifen und die monarchische Ordnung bedrohen. Allerdings gab es in einigen deutschen Gebieten, besonders in den freien Reichsstädten und an Universitäten, durchaus Sympathien für die neuen Ideen aus Paris.

19.1.2. Erster Koalitionskrieg (1792–1797)

Als Frankreich im April 1792 Österreich den Krieg erklärte und Preußen sich Österreich anschloss, begann der Erste Koalitionskrieg. Ziel war es, die Revolution einzudämmen und die alte Dynastie in Frankreich wieder zu stärken. Doch die französischen Revolutionsarmeen erwiesen sich als schlagkräftig, motiviert durch patriotischen Eifer. Das Alte Reich und seine Verbündeten waren uneins und wenig modernisiert.

Die Franzosen drangen bis an den Rhein vor, besetzten linksrheinische Gebiete und stießen in Teilen tief nach Südwestdeutschland. 1795 schied Preußen nach dem Frieden von Basel aus dem Krieg aus, während Österreich den Kampf fortsetzte. Schließlich endete der Erste Koalitionskrieg 1797 mit dem Frieden von Campo Formio, in dem Österreich die Französische Republik anerkannte und große Gebiete abtreten musste (u.a. die Österreichischen Niederlande).

Diese Entwicklungen bedeuteten eine schwere Erschütterung für das Reich. Links des Rheins okkupierte Frankreich mehrere Territorien. Die Gebietsverluste, die Sorge vor revolutionären Umtrieben und die Schwäche des Kaisers (Franz II., Habsburger) ließen die deutsche Öffentlichkeit spüren, dass die alte Reichsstruktur in Gefahr war.

19.2. Napoleon Bonaparte und das Ende des Alten Reiches

19.2.1. Napoleon wird Erster Konsul und danach Kaiser

Nach einer Phase innenpolitischer Unruhen in Frankreich übernahm 1799 der junge General Napoleon Bonaparte durch einen Staatsstreich (18. Brumaire) die Macht. Als Erster Konsul reorganisierte er den Staat, schloss 1801 den Frieden von Lunéville mit Österreich und festigte die französische Herrschaft in weiten Teilen Europas. 1804 krönte er sich selbst zum Kaiser der Franzosen und leitete damit das sogenannte „Kaiserreich Frankreich" ein.

Napoleon war ein genialer Feldherr und ein geschickter Machtpolitiker. Er wollte das revolutionäre Erbe (liberale Gesetzgebung, Code Civil, Abschaffung der feudalen Privilegien) in einem starken monarchischen Staat verbinden. Für die deutschen Fürsten bedeutete dies, dass sie sich zwischen Kooperation und Widerstand entscheiden mussten.

19.2.2. Reichsdeputationshauptschluss (1803)

Ein entscheidendes Datum für das Alte Reich war der Reichsdeputationshauptschluss von 1803. Nach den Gebietsverlusten an Frankreich wollte man eine „Entschädigung" für die deutschen Fürsten schaffen, deren Ländereien links des Rheins von Frankreich annektiert worden waren. Man „säkularisierte" (verweltlichte) die geistlichen Fürstentümer und „mediatisierte" viele Reichsstädte und Kleinherrschaften, wodurch zahlreiche Klöster und Bistümer aufgelöst wurden.

Das Ergebnis: Eine massive Umverteilung von Gebieten an die großen und mittelgroßen Fürsten. Zahlreiche geistliche Territorien (z.B. Erzbistum Köln, Bistum Würzburg) wurden säkularisiert und den benachbarten weltlichen Fürsten zugeschlagen. Fast alle Reichsstädte verloren ihre Reichsunmittelbarkeit und kamen an größere Fürstentümer. Diese Neuordnung machte viele Fürsten zu Anhängern Napoleons, weil sie ihre neuen Gebiete ihm verdankten.

Gleichzeitig führte der Reichsdeputationshauptschluss zu einer drastischen Verkleinerung der Zahl der deutschen Staaten: Von über 300 Territorien blieb nur noch ein Bruchteil übrig. Das Alte Reich mit seinen zahllosen Kleinstaaten zerfiel schnell in große Fürstentümer.

19.2.3. Rheinbund und das Ende des Reiches (1806)

1805 besiegte Napoleon Österreich in der Schlacht bei Austerlitz und zwang die Habsburger, weitere Gebiete abzutreten. 1806 drängte er die deutschen Fürsten, sich im sogenannten Rheinbund zu vereinen – einem Bündnis unter französischem Protektorat. Bayern, Württemberg, Baden, Hessen-Darmstadt und andere Staaten traten aus dem Alten Reich aus und schlossen sich Napoleons Rheinbund an.

Am 6. August 1806 erklärte Kaiser Franz II. das Heilige Römische Reich Deutscher Nation für aufgelöst, da er die Kaiserkrone nicht mehr halten konnte. Damit endete das über 800 Jahre alte Reich, das seit den Ottonen (10.

Jahrhundert) bestanden hatte. Franz II. blieb nur noch Kaiser von Österreich (als Franz I. in seiner österreichischen Monarchie).

Napoleon strukturierte die Rheinbund-Staaten nach seinen Vorstellungen um: Er setzte moderne Verwaltungsformen ein, schaffte alte Feudalrechte ab und führte eine einheitlichere Gesetzgebung an. In vielen Rheinbundstaaten entstand eine modernisierte Regierung mit Strafrecht nach Code Napoléon, Gewerbefreiheit, Religionsfreiheit und der Abschaffung der Leibeigenschaft.

19.3. Preußen und der Krieg gegen Napoleon

19.3.1. Preußens verspäteter Widerstand

Preußen hatte sich nach dem Frieden von Basel (1795) eine neutrale Haltung gegenüber Frankreich bewahrt. Doch als Napoleon in Süddeutschland unkontrolliert an Macht gewann, wuchsen in Preußen die Sorgen. Vor allem die königliche Hofpartei um Königin Luise von Preußen drängte auf Widerstand gegen Napoleon.

1806 erklärte Preußen Frankreich den Krieg – jedoch alleine, ohne starke Verbündete. Die Schlachten von Jena und Auerstedt (14. Oktober 1806) endeten in einer katastrophalen Niederlage der preußischen Armee. Napoleon besetzte Berlin, und König Friedrich Wilhelm III. floh nach Ostpreußen. Im Frieden von Tilsit (1807) verlor Preußen große Gebiete (u.a. die polnischen Territorien) und musste sich Napoleons System unterwerfen.

Diese Demütigung bewirkte einen Umbruch in Preußen. Reformpolitiker wie Freiherr vom Stein, Karl August von Hardenberg, Gerhard von Scharnhorst und Wilhelm von Humboldt führten umfassende Neuerungen durch: Abschaffung der Erbuntertänigkeit, Neuordnung des Heeres, Ausbau von Bildung und Verwaltung. Ziel war es, den Staat von innen zu stärken, um irgendwann die französische Fremdherrschaft abschütteln zu können.

19.3.2. Kontinentalsperre und wirtschaftliche Folgen

Napoleon verhängte gegen Großbritannien eine sogenannte Kontinentalsperre (1806), um den britischen Handel mit dem europäischen Kontinent zu blockieren. Alle Staaten unter seiner Kontrolle mussten den Handel mit England unterbinden. Dies sollte England wirtschaftlich schwächen, hatte aber in vielen deutschen Gebieten teils verheerende Folgen: Mangel an Kolonialwaren, Schmuggel, Zusammenbruch mancher Handelswege.

Gleichzeitig förderte der Zwang, auf heimische Industrie umzustellen, in einigen Rheinbundstaaten und in Preußen (trotz Beschränkungen) eine gewisse Industrialisierungsdynamik. Doch insgesamt litt die deutsche Wirtschaft unter Napoleons Kontinentalsperre.

19.3.3. Die „Befreiungskriege" (1813–1815)

1809 erhob sich Österreich – noch ohne Preußen – im Fünften Koalitionskrieg. Doch Napoleon besiegte Österreich in der Schlacht bei Wagram (1809). Erst als der Russlandfeldzug (1812) Napoleons Grande Armée dezimierte und vernichtete, wendete sich das Blatt. Russische Truppen rückten nach Westen vor, und viele Deutsche sahen nun die Chance, die französische Herrschaft abzuschütteln.

Preußen schloss sich 1813 mit Russland, Österreich und Schweden zu einer Koalition gegen Frankreich zusammen. Diese sogenannte „Befreiungskriege" mobilisierten viele deutsche Patrioten, die von den Reformen, vom Nationalgefühl und vom Wunsch nach Freiheit inspiriert waren. In der Völkerschlacht bei Leipzig (16.–19. Oktober 1813) siegte die Koalition, und Napoleon zog sich zurück.

Im Frühjahr 1814 rückten alliierte Truppen in Paris ein, Napoleon wurde abgesetzt und auf die Insel Elba verbannt (Erstes Exil). Zwar kehrte er 1815 für die „Herrschaft der Hundert Tage" zurück, doch wurde er in der Schlacht bei Waterloo (18. Juni 1815) endgültig besiegt. Die Koalition schickte ihn nun auf die Insel St. Helena, wo er 1821 starb.

19.4. Der Wiener Kongress (1814/15) und die Neuordnung Europas

19.4.1. Ziele und Prinzipien

Noch während Napoleon auf Elba war, trafen sich die Siegerstaaten in Wien, um die Nachkriegsordnung auszuarbeiten. Der Wiener Kongress (September 1814 bis Juni 1815) hatte folgende Hauptziele:

1. **Restauration**: Wiederherstellung der alten monarchischen Ordnung vor der Revolution.
2. **Legitimität**: Die alten Dynastien sollten rechtlich wieder anerkannt sein.
3. **Gleichgewicht der Mächte**: Kein Staat sollte übermächtig werden, um neue Kriege zu vermeiden.

Leitende Köpfe waren der österreichische Staatskanzler Fürst Metternich, der russische Zar Alexander I., der preußische Fürst Hardenberg, der britische Außenminister Castlereagh und der französische Vertreter Talleyrand.

19.4.2. Neuordnung in Deutschland

Das Heilige Römische Reich war 1806 erloschen, und niemand wollte es in alter Form wiederherstellen. Man beschloss statt dessen, einen „Deutschen Bund" zu gründen, einen lockeren Zusammenschluss souveräner Fürsten und Städte. Der Deutsche Bund wurde am 8. Juni 1815 formell gegründet. Er bestand aus 35 Fürstentümern und vier freien Städten (Frankfurt, Lübeck, Bremen, Hamburg).

Wichtigste Beschlüsse für Deutschland:

- Die Landesfürsten blieben souverän, es gab keinen Kaiser des Reiches mehr.
- Die Bundesversammlung (Bundestag) in Frankfurt am Main sollte die gemeinsamen Angelegenheiten (z.B. Verteidigung) koordinieren, wobei Österreich den Vorsitz führte.
- Preußen erhielt Teile Sachsens und vergrößerte damit sein Territorium, Österreich erhielt Italien-Gebiete (Lombardei, Venetien), Bayern behielt seine Zugewinne größtenteils.

Damit entstand eine stark restaurative Ordnung: Die Dynastien kamen zurück, die konstitutionellen oder liberalen Erwartungen vieler Patrioten wurden enttäuscht.

19.4.3. Europäisches Gleichgewicht und Heilige Allianz

Neben dem Deutschen Bund schuf der Wiener Kongress eine Reihe von Kompromissen in ganz Europa:

- Die Niederlande wurden mit Belgien vereinigt (Vereinigtes Königreich der Niederlande),

- Die Schweiz erhielt eine Garantie der immerwährenden Neutralität,
- Polen wurde erneut geteilt: Der größere Teil kam als „Kongresspolen" unter russische Oberhoheit.

Um das neu geschaffene Gleichgewicht zu festigen, gründeten Russland, Österreich und Preußen die „Heilige Allianz" (1815). Diese Allianz sollte monarchische Prinzipien verteidigen und jegliche revolutionäre Bewegungen unterdrücken. Andere Mächte (wie Großbritannien) beteiligten sich nicht direkt, stimmten aber den antirevolutionären Zielen in vielen Punkten zu.

19.5. Gesellschaftliche und kulturelle Folgen der Napoleonischen Zeit

19.5.1. Aufstieg des Nationalgedankens

Während der napoleonischen Kriege erwachte in vielen deutschen Gebieten ein neues Nationalgefühl. Dichter wie Ernst Moritz Arndt oder Theodor Körner riefen zu patriotischem Widerstand gegen Frankreich auf. Studenten gründeten Burschenschaften, in denen sie von Einheit und Freiheit Deutschlands träumten.

Diese nationale Begeisterung stand im Kontrast zu den Fürsten, die nach 1815 zu reaktionären Maßnahmen griffen und die Ideen von Volkssouveränität und Verfassung weitgehend blockierten. Zwar war der Deutsche Bund eine Gemeinschaft deutscher Staaten, doch fehlte ein einheitlicher Nationalstaat mit einer repräsentativen Verfassung.

19.5.2. Auswirkung auf Wirtschaft und Verwaltung

Die französische Herrschaft hatte in vielen Rheinbundstaaten sowie in Preußen zur Abschaffung feudal-agrarischer Strukturen geführt oder diese zumindest abgeschwächt. Die Säkularisation und Mediatisierung veränderten die Besitzverhältnisse; Klostergüter wurden aufgelöst, Adelige erlangten neue Güter. Gleichzeitig wurden viele Reformideen (z.B. Gewerbefreiheit, Aufhebung der Zunftzwänge) umgesetzt.

Diese Ansätze schufen mitunter günstigere Bedingungen für die beginnende Industrialisierung. Neue Verkehrsinfrastrukturen (Straßen, Kanäle) entstanden. Ab 1815 begann der allmähliche Ausbau von Dampfschiffen und später Eisenbahnen.

19.5.3. Politische Restauration und die Keimzelle für Liberale Bewegungen

Der Wiener Kongress und die Fürstenpolitik Metternichs setzten auf „Restauration", also auf die Wiederherstellung der alten monarchischen Strukturen. Liberale Forderungen nach Verfassungen, Volksvertretungen oder Grundrechten wurden abgewürgt.

Jedoch konnten diese Ideen nicht mehr vollständig verschwinden. In Universitäten, in bürgerlichen Salons und unter Handwerkern lebte der Wunsch nach nationaler Einheit und Freiheitsrechten fort. Die Burschenschaften (z.B. Jena 1815, Wartburgfest 1817) pflegten diese Werte. So entstand im Untergrund eine liberale, nationale Opposition, die später (1848) aufbegehren sollte.

19.6. Zusammenfassung und Ausblick

Die napoleonische Epoche (1792–1815) zerriss die alte Ordnung des Heiligen Römischen Reiches, hob es 1806 formell auf und verwandelte die deutsche Staatenwelt. Indem Napoleon die Fürstenwelt umstrukturierte (Rheinbund, Säkularisation, Mediatisierung), trug er paradoxerweise zur Modernisierung bei: Abschaffung feudaler Privilegien, Einführung moderner Verwaltung, Auflösung vieler Kleinstaaten.

Gleichzeitig weckte die Konfrontation mit der französischen Besatzung ein deutsches Nationalbewusstsein, das sich in den Befreiungskriegen 1813–1815 entlud. Nach Napoleons Sturz rekonstruierten die Siegermächte auf dem Wiener Kongress eine Restauration, in der die Fürsten souverän blieben. Doch das Volk, in Aufbruchstimmung versetzt, verlangte nach nationaler Einheit und bürgerlichen Freiheiten.

Der nun gegründete Deutsche Bund war eine Übergangslösung: Einerseits ein Bündnis souveräner Staaten, das dem Geist der Restauration entsprach, andererseits eine Basis für spätere Liberalisierungs- und Einheitsbewegungen. Wie wir im **nächsten Kapitel** (Kapitel 20) sehen werden, brachen in der Folgezeit nationale und liberale Kräfte immer stärker hervor, was schließlich in der Revolution von 1848/49 mündete. Auch die Reichsgründung von 1871 hat ihre Wurzeln in den Entwicklungen, die in der napoleonischen Epoche ihren Anfang nahmen.

ZWANZIGSTES KAPITEL: DER DEUTSCHE BUND, DIE REVOLUTION 1848/49 UND DIE REICHSGRÜNDUNG 1871

Mit dem Wiener Kongress 1814/15 endete die napoleonische Vorherrschaft in Europa, und der **Deutsche Bund** entstand als neues politisches Gefüge im deutschen Sprachraum. Diese lockere Staatenvereinigung sollte die Sicherheit nach außen gewährleisten und binnenpolitisch den Status quo monarchischer Herrschaft sichern. Doch in den folgenden Jahrzehnten erstarkten in vielen deutschen Staaten liberale und nationale Forderungen. Bürgertum und Studenten, Handwerker und Intellektuelle forderten Verfassungen, Pressefreiheit und nationale Einheit.

Diese Konflikte entluden sich schließlich in der **Revolution von 1848/49**, die die Grundfesten der Fürstenherrschaft erschütterte, jedoch scheiterte, weil die Monarchen die Oberhand behielten und die Revolutionäre nicht genügend geeint waren. Trotzdem blieben die liberalen Ideen lebendig und führten später (unter Regie Bismarcks und Preußens) zur **Reichsgründung 1871** – allerdings in einer konservativ geprägten Gestalt, dem sogenannten **Deutschen Kaiserreich**.

In diesem zwanzigsten Kapitel zeichnen wir den Weg des Deutschen Bundes nach, betrachten die zunehmenden Spannungen zwischen Liberalen und Fürsten, analysieren den Verlauf und das Scheitern der 48er-Revolution und gehen schließlich auf die Rolle Otto von Bismarcks und der Preußischen Machtpolitik ein, die 1871 im Deutsch-Französischen Krieg und der Proklamation des Deutschen Kaisers in Versailles mündete.

20.1. Der Deutsche Bund (1815–1848): Zwischen Restauration und vorsichtiger Reform

20.1.1. Struktur und Probleme des Deutschen Bundes

Der Deutsche Bund war kein Bundesstaat, sondern ein Staatenbund souveräner Fürsten und vier freier Städte. An der Spitze stand die Bundesversammlung (der Bundestag) in Frankfurt am Main, in dem Österreich den Vorsitz führte. Jeder

Mitgliedsstaat hatte eine Stimme, die größeren Staaten (Preußen, Bayern, Sachsen, Hannover, Württemberg, Baden etc.) besaßen zwar etwas mehr Gewicht, konnten aber keine Alleinentscheidungen treffen.

Ziel des Deutschen Bundes war die gemeinsame Verteidigung und Erhaltung der inneren Ordnung. Liberale oder nationale Bestrebungen hatten es schwer, da der Bund sich als Instrument der Restauration verstand. Österreichs Kanzler Metternich galt als Architekt des reaktionären Systems: Er bekämpfte jede Form von aufrührerischen Ideen, verfolgte liberale Publizisten und setzte auf Zensur und Polizeimaßnahmen.

20.1.2. Karlsbader Beschlüsse (1819)

Die Ermordung des Schriftstellers August von Kotzebue durch den Studenten Karl Ludwig Sand (1819) diente Metternich als Anlass, um die Karlsbader Beschlüsse durchzusetzen. Diese Beschlüsse verschärften die Pressezensur, lösten die Burschenschaften auf und überwachten die Universitäten.

Viele freiheitlich gesinnte Professoren und Studenten wurden verfolgt, verhaftet oder ins Exil gezwungen. Damit wollte man den liberalen und nationalen Aufbruch der Wartburgfest-Generation (1817) ersticken. In den 1820er- und 1830er-Jahren herrschte eine Phase der Restauration, in der man jede Politisierung des Bürgertums verhindern wollte.

20.1.3. Fortschreitende Industrialisierung und soziale Fragen

Gleichzeitig begann sich in manchen Regionen, vor allem in den westlichen Gebieten (Rheinland, Westfalen) und in Sachsen, eine frühe Industrialisierung zu entwickeln. Neue Fabriken, Dampfkraft, Eisenverarbeitung und Textilindustrie entstanden. Das Bürgertum wurde wirtschaftlich stärker und forderte wirtschaftliche Freiheiten, Rechtsstaatlichkeit und Mitsprache in der Politik.

Die Handwerker und Arbeiter litten unter Konkurrenzdruck, niedrigen Löhnen und unsicheren Arbeitsbedingungen. Es entstanden erste soziale Spannungen, die sich in Protesten äußerten. Doch der Deutsche Bund verfügte über keinen einheitlichen Wirtschaftskörper, sondern jeder Staat regelte Zölle und Steuern anders.

Ein bedeutender Fortschritt war die Gründung des **Deutschen Zollvereins** 1834 unter Führung Preußens. Viele Mittel- und Kleinstaaten traten bei, so dass ein großer Binnenmarkt ohne Zollschranken entstand. Dies förderte Handel und Industrialisierung und stärkte den Einfluss Preußens, das die treibende Kraft hinter dem Zollverein war.

20.2. Vormärz und die Revolution von 1848/49

20.2.1. Der Vormärz (1830–1848)

Als Vormärz bezeichnet man die Zeit zwischen der Julirevolution in Frankreich (1830) und dem März 1848 in Deutschland. In Frankreich stürzten die Bürger 1830 den ultrareaktionären König Karl X. und setzten den „Bürgerkönig" Louis-Philippe ein. Diese Ereignisse inspirierten auch in deutschen Staaten Aufstände (z.B. in Braunschweig, Hessen-Kassel, Sachsen), die jedoch meist nur zu geringen Zugeständnissen führten (u.a. Presselockerungen, konstitutionelle Ansätze in einigen Staaten).

Unter dem Druck des Bürgertums und einiger Intellektueller formten sich oppositionelle Gruppierungen: „Junges Deutschland", radikale Publizisten wie Georg Büchner („Der Hessische Landbote"), Zeitungen, die für Pressefreiheit und Volksvertretung eintraten. Metternichs System überwachte diese Bewegungen streng. Doch die Ideen einer „deutschen Einheit" und „Freiheit" verbreiteten sich umso mehr.

20.2.2. Das Jahr 1848: Revolution in Europa

Im Februar 1848 brach in Paris eine erneute Revolution aus, die Louis-Philippe stürzte und die Zweite Republik ausrief. Dies wirkte wie ein Funke auf andere Länder, darunter die deutschen Staaten. Im März 1848 kam es zu Massenprotesten in München, Berlin, Wien und vielen weiteren Städten. Die Fürsten gerieten unter Druck, Reformen zu gewähren.

- **Berlin (Märzrevolution)**: König Friedrich Wilhelm IV. von Preußen versprach eine liberale Verfassung und zeigte sich scheinbar versöhnlich mit den Barrikadenkämpfern.
- **Wien**: Metternich floh ins Exil, das alte System brach zusammen, Kaiser Ferdinand I. musste Reformen zusagen.

Zahlreiche Fürsten entließen reaktionäre Minister und setzten „Märzministerien" ein, die liberal gesinnt waren. Gleichzeitig erkannten die deutschen Liberalen und Nationalgesinnten, dass nun die Gelegenheit gekommen war, eine gesamtdeutsche Nationalversammlung einzuberufen.

20.2.3. Frankfurter Nationalversammlung (1848/49)

Im Mai 1848 versammelten sich gewählte Abgeordnete aus allen deutschen Staaten in der Frankfurter Paulskirche, um eine gesamtdeutsche Verfassung zu erarbeiten. Diese Nationalversammlung war das erste demokratisch gewählte Parlament in deutscher Geschichte (nach damaligen Maßstäben), bestehend aus Professoren, Juristen, Beamten, Handwerkern, Unternehmern.

Der Grundkonsens war, dass man einen deutschen Bundesstaat mit konstitutioneller Monarchie und Grundrechten schaffen wollte. Aber es gab viele Streitpunkte:

- Die **Großdeutsche Lösung** (mit Österreich) versus **Kleindeutsche Lösung** (ohne Österreich, unter preußischer Führung).
- Das Verhältnis zur Revolution in den Randgebieten (z.B. in Böhmen, in Schleswig-Holstein).
- Die Fragen nach Monarchie oder Republik, nach dem Maß der Gewaltenteilung, nach der Rolle der Fürsten.

Am Ende (März 1849) beschloss die Paulskirche eine Verfassung, die eine konstitutionelle Monarchie mit einem erblichen Kaiser an der Spitze vorsah. Sie bot die deutsche Kaiserkrone dem preußischen König Friedrich Wilhelm IV. an, in der Hoffnung, er werde den geeinten Nationalstaat anführen.

Doch Friedrich Wilhelm IV. lehnte die „Kaiserkrone aus der Gosse" ab, da sie nicht von den Fürsten verliehen wurde, sondern von einem revolutionären Parlament. Andere Fürsten zogen ebenfalls ihre Unterstützung zurück. Die Nationalversammlung zerbrach an dieser Ablehnung und an den militärischen Niederschlagungen, die in vielen Staaten die revolutionären Bewegungen wieder in die Defensive drängten.

20.2.4. Das Scheitern der Revolution und die Folgen

Bis Sommer 1849 war die Revolution weitgehend niedergeschlagen. Liberale und demokratische Akteure wurden verfolgt, viele wanderten aus (sogenannte

„Forty-Eighters" in die USA). In Preußen, Österreich und den meisten
Mittelstaaten blieben die Fürsten an der Macht, gaben jedoch teils oktroyierte
(aufgezwungene) Verfassungen heraus, die den Landtagen eingeschränkte
Mitspracherechte gewährten.

Trotz dieses Scheiterns hatten die 48er Ereignisse Spuren hinterlassen:

- Die Idee einer deutschen Nation in einem gemeinsamen Verfassungsstaat lebte fort.
- Die Presse- und Vereinsfreiheit war in einigen Staaten zeitweise ausgeweitet, dann wieder beschränkt worden.
- Die Fürsten hatten erkannt, dass sie auf Dauer nicht jede Modernisierung blockieren konnten.

Der Deutsche Bund wurde 1851 offiziell wiederhergestellt und kehrte weitgehend zu reaktionären Maßnahmen zurück (Presserepression, Demagogenverfolgung). Doch in Wirtschaft und Gesellschaft schritt die Modernisierung voran.

20.3. Der Weg zur Reichsgründung unter Bismarck (1862–1871)

20.3.1. Otto von Bismarck und die „Eisen- und Blut"-Politik

Ein Wendepunkt kam 1862, als König Wilhelm I. von Preußen (seit 1861) Otto von Bismarck zum Ministerpräsidenten ernannte. Bismarck war ein konservativer Politiker, der aber wusste, dass Preußen nur durch eine entschlossene Politik gegenüber den Liberalen im Land und den Rivalen im Ausland seine Vormacht sichern konnte.

Er hielt 1862 vor dem preußischen Abgeordnetenhaus seine berühmte „Eisen- und Blut"-Rede, in der er betonte, dass die „großen Fragen der Zeit nicht durch Reden und Majoritätsbeschlüsse entschieden werden, sondern durch Eisen und Blut". Bismarck setzte den Militärhaushalt gegen das Parlament durch und baute die Armee weiter aus.

20.3.2. Konflikte mit Österreich und die Gründung des Norddeutschen Bundes

Der Deutsche Bund blieb eine Spannungsgemeinschaft: Preußen und Österreich rivalisierten darum, wer die Führung übernehmen sollte. Nach kurzen

Zusammenarbeiten (Deutsch-Dänischer Krieg 1864 um Schleswig-Holstein) kam es 1866 zum Deutschen Krieg (Preußen gegen Österreich und seine Verbündeten).

- **Deutscher Krieg (1866)**: Preußen siegte rasch in der Schlacht bei Königgrätz (3. Juli 1866). Österreich wurde ausgeschaltet, musste Holstein und Venetien abgeben.
- Bismarck löste daraufhin den Deutschen Bund auf und gründete 1867 den **Norddeutschen Bund**, einen Bundesstaat unter preußischer Führung. Die süddeutschen Staaten (Bayern, Württemberg, Baden, Hessen-Darmstadt) blieben noch außerhalb, waren aber durch Schutz- und Trutzbündnisse an Preußen gebunden.

Mit der Gründung des Norddeutschen Bundes hatte Bismarck ein wichtiges Etappenziel erreicht: Einen kleindeutschen Bund (ohne Österreich) mit parlamentarischen und föderalen Strukturen, aber unter dem militärischen Primat Preußens.

20.3.3. Deutsch-Französischer Krieg (1870/71) und die Reichsgründung

Der endgültige Schritt zur Reichsgründung ergab sich aus dem Konflikt mit Frankreich. Napoleon III. (Kaiser der Franzosen) fürchtete ein mächtiges Deutschland unter preußischer Führung, und Bismarck nutzte geschickt die Empörung über die sogenannte Emser Depesche, um Frankreich den Krieg erklären zu lassen (19. Juli 1870).

Die deutschen Staaten schlossen sich gemeinsam Preußen an. Die süddeutschen Fürsten, die zuvor noch zögerten, mobilisierten ihre Truppen. In wenigen Monaten war Frankreich besiegt (Schlachten von Sedan und Metz, September/Oktober 1870). Napoleon III. wurde gefangen genommen, in Paris wurde die Republik ausgerufen, doch die deutsche Belagerung von Paris führte 1871 zur Kapitulation Frankreichs.

Währenddessen einigten sich die deutschen Fürsten darauf, in Versailles am 18. Januar 1871 das **Deutsche Kaiserreich** auszurufen. König Wilhelm I. von Preußen wurde zum Deutschen Kaiser proklamiert. Die süddeutschen Staaten traten dem neuen Kaiserreich bei, das nun kleindeutsch und protestantisch-preußisch dominiert war. Österreich blieb ausgeschlossen und konzentrierte sich auf sein Reich in Mitteleuropa (Österreich-Ungarn).

20.3.4. Verfassung und Struktur des Kaiserreichs (1871)

Die neue Reichsverfassung knüpfte an den Norddeutschen Bund an, erweiterte ihn aber um die süddeutschen Staaten. Es gab einen Reichstag, der nach allgemeinem, gleichem Männerwahlrecht gewählt wurde, einen Bundesrat (Vertreter der Einzelstaaten) und den Kaiser als Oberhaupt mit starken Kompetenzen. Der Reichskanzler (Bismarck) war nur dem Kaiser verantwortlich, nicht dem Parlament.

So entstand ein „konstitutioneller" Nationalstaat, in dem die Exekutive (Kaiser und Kanzler) faktisch die Politik bestimmten. Liberale Hoffnungen auf ein rein parlamentarisches System erfüllten sich nicht, da der Reichstag zwar Budgetrechte und Gesetzgebung mitbestimmte, aber der Kanzler nicht vom Vertrauen des Parlaments abhing.

20.4. Bilanz: Von der Restauration zur Reichsgründung

20.4.1. Warum scheiterte die Revolution 1848/49, während 1871 ein Reich entstand?

Zwischen 1848 und 1871 liegt ein Kontrast: Die Revolutionäre von 1848 wollten eine demokratische Einheit Deutschlands, wurden aber von den Fürsten niedergeschlagen. 1871 kam die Einheit „von oben", durch Krieg und Bismarcks Politik. Die deutschen Fürsten – besonders der preußische König – blieben an der Spitze des neuen Reiches.

Man könnte sagen: Die Nationalidee, die 1848 in demokratisch-liberaler Gestalt auftrat, wurde 1871 konservativ-monarchisch verwirklicht. Das Bürgertum stimmte diesem Kompromiss zu, weil es vom wirtschaftlichen Aufschwung und von der nationalen Größe profitierte.

20.4.2. Die Rolle Preußens und Bismarcks

Preußen hatte seit den Reformen nach 1806 einen leistungsfähigen Staatsapparat aufgebaut und war militärisch stark. Bismarck verstand es, durch geschickte Bündnisse und Kriege (1864 gegen Dänemark, 1866 gegen Österreich, 1870/71 gegen Frankreich) eine Kleindeutsche Lösung herbeizuführen, ohne allzu große Widerstände bei den anderen europäischen Mächten zu provozieren.

Seine „Realpolitik" bewies, dass nationale Einheit nicht unbedingt mit Demokratie gekoppelt sein musste. Die Reichsgründung fand ohne das Parlament der deutschen Nation statt, sondern wurde von den Fürsten und Militärs ins Werk gesetzt.

20.4.3. Bedeutung für das deutsche Bürgertum und die Arbeiterschaft

Das liberale Bürgertum akzeptierte 1871 weitgehend das kaiserliche System, weil es die nationale Einigung lange ersehnt hatte und wirtschaftlich von einem einheitlichen Markt profitierte. Die Arbeiterschaft hingegen blieb oft benachteiligt, da soziale Rechte begrenzt waren und Fabrikarbeit hart war. Erst später (ab den 1880er-Jahren) führte Bismarck eine Sozialgesetzgebung ein, um die erstarkende sozialdemokratische Bewegung zu dämpfen.

20.4.4. Preußen im neuen Reich

Innerhalb des Kaiserreichs blieb Preußen der dominierende Teilstaat. Es umfasste rund zwei Drittel des Territoriums und der Bevölkerung. Der König von Preußen war Deutscher Kaiser, der preußische Ministerpräsident in Personalunion Reichskanzler. Das führte zu einer starken „Überlappung" von Preußen und Reich, die bis 1918 (Ende der Monarchie) bestehen blieb.

20.5. Ausblick: Das Deutsche Kaiserreich und die weiteren Entwicklungen

Mit der Reichsgründung 1871 endete die Epoche des Deutschen Bundes und der gescheiterten Revolutionen. Ein neuer, mächtiger Nationalstaat war geboren, der in den folgenden Jahrzehnten die Wirtschaft rasch industrialisierte, zum Kolonialreich expandierte und eine konservative Innenpolitik betrieb.

Trotz aller Fortschritte in Wissenschaft, Technik und Bildung war das politische System des Kaiserreichs nicht demokratisch: Das Parlament (Reichstag) wurde zwar allgemein gewählt, konnte aber den Kanzler nicht absetzen, und die Bundesfürsten hatten viel Einfluss im Bundesrat. Dies führte langfristig zu Spannungen, die erst nach dem Ersten Weltkrieg (1914–1918) zu einer grundlegenden Umwälzung (Novemberrevolution 1918) führten.

Nichtsdestotrotz hatte die Reichsgründung 1871 die „Deutsche Frage" formal beantwortet: Ein Nationalstaat in kleindeutscher Lösung (ohne Österreich), mit starken konservativen Zügen. Der Weg dahin war geprägt von Restauration, revolutionären Ansätzen 1848/49, den Machtkämpfen im Deutschen Bund, und schließlich Bismarcks Kriegen.

KAPITEL 21: ERSTER WELTKRIEG UND DER ZUSAMMENBRUCH DES DEUTSCHEN KAISERREICHS (1914–1918)

Einführung

Der Erste Weltkrieg begann 1914. Er war ein großer Konflikt, an dem viele Länder in Europa beteiligt waren, ebenso wie Staaten außerhalb Europas. Deutschland spielte eine zentrale Rolle in diesem Krieg. Vor Kriegsbeginn stand das Deutsche Kaiserreich unter der Führung von Kaiser Wilhelm II. Das Reich besaß eine starke Industrie und ein mächtiges Militär, auf das man stolz war.

Dieses Kapitel behandelt die Ursachen des Ersten Weltkrieges und wie Deutschland zu einer der Hauptparteien wurde. Wir betrachten Schlachten, das Leben in den Schützengräben, die Situation an der Heimatfront und die Ereignisse, die schließlich 1918 zum Ende des Kaiserreiches führten. Wir gehen dabei Schritt für Schritt vor und beschreiben, warum dieser Krieg für Soldaten und Zivilisten so hart war. Am Ende führte der Krieg zu großen Umwälzungen – nicht nur in Deutschland, sondern weltweit.

Wachsende Spannungen in Europa

Vor 1914 war Europa in verschiedene Bündnisse geteilt. Das Dreibund-Bündnis bestand aus Deutschland, Österreich-Ungarn und Italien. Demgegenüber stand die Triple Entente aus Frankreich, Russland und Großbritannien. Diese Bündnisse gaben einerseits Sicherheit, weckten aber auch Furcht und Misstrauen.

Deutschland sorgte sich um seine Nachbarn Frankreich und Russland. Frankreich hatte das von Deutschland 1871 eroberte Gebiet Elsass-Lothringen zurückverlangen wollen. Russland verfügte über ein großes Heer und war eng mit Serbien verbunden, einem kleinen Staat auf dem Balkan. Österreich-Ungarn hingegen hatte Angst vor Serbiens Bestreben, alle Slawen in der Region zu vereinen. All diese Ängste trugen zu einer sehr angespannten Stimmung bei.

Gleichzeitig rüsteten die Länder ihre Armeen massiv auf. Diese Aufrüstung sollte abschrecken, erhöhte aber die Wahrscheinlichkeit eines Krieges. Besonders Deutschland wollte eine große Flotte aufbauen, um mit der britischen Royal Navy mitzuhalten. Dies führte zu einem Wettrüsten auf See, das Großbritannien wiederum beunruhigte.

Der Kriegsfunke

Der zündende Funke des Ersten Weltkriegs schlug am 28. Juni 1914, als in Sarajewo der österreichisch-ungarische Thronfolger Erzherzog Franz Ferdinand und seine Frau erschossen wurden. Ein serbischer Attentäter war dafür verantwortlich, und Österreich-Ungarn machte Serbien dafür verantwortlich. Das Kaiserreich stellte Serbien ein strenges Ultimatum. Serbien konnte dies nicht vollständig annehmen.

Als Serbien bestimmte Forderungen verweigerte, erklärte Österreich-Ungarn ihm den Krieg. Russland, das Serbien unterstützte, begann mit der Mobilmachung. Deutschland wiederum war Bündnispartner Österreich-Ungarns und bereitete sich daher ebenfalls auf den Krieg vor. Frankreich als Verbündeter Russlands mobilisierte ebenfalls. Innerhalb weniger Tage erklärte eine Nation der anderen den Krieg.

Deutschland wollte einen Zwei-Fronten-Krieg gegen Frankreich im Westen und Russland im Osten vermeiden. Deshalb griff es mithilfe des Schlieffen-Plans zuerst Frankreich an, indem es durch das neutrale Belgien marschierte. Großbritannien, das Belgiens Neutralität garantierte, trat nun auch in den Krieg ein. So geriet ganz Europa in Brand.

Der Schlieffen-Plan und die frühen Schlachten

Der deutsche Schlieffen-Plan sah vor, Frankreich schnell auszuschalten, um sich dann auf Russland konzentrieren zu können. Zunächst kam die deutsche Armee weit voran und stand kurz vor Paris. Doch in der Schlacht an der Marne im September 1914 wehrten Franzosen und Briten den deutschen Angriff ab. Beide Seiten gruben sich daraufhin in langen Schützengräben ein.

Die Fronten erstarrten, und der Krieg im Westen entwickelte sich zu einem zermürbenden Stellungskrieg. An Orten wie Ypern, Verdun und an der Somme kam es zu gewaltigen Verlusten. Im Osten kämpften Deutschland und Österreich-Ungarn gegen Russland. Deutschland siegte dort in Schlachten wie Tannenberg 1914. Doch an ein rasches Kriegsende war schon bald nicht mehr zu denken.

Leben in den Schützengräben

Der Stellungskrieg machte den Ersten Weltkrieg besonders grausam für die Soldaten. Beide Seiten errichteten tiefe Gräben, um sich zu verteidigen. Sandbags und Holzplanken schützten vor dem Einsturz. Die Gräben erstreckten sich von der Nordsee in Belgien bis tief nach Frankreich hinein.

Die Lebensbedingungen waren miserabel. Regen und Schnee füllten die Gräben mit Wasser, sodass viele Soldaten nasse Füße bekamen und an „Grabenfuß" litten. Ratten und Läuse gehörten zum Alltag und verbreiteten Krankheiten. Der ständige Artilleriebeschuss und das Dröhnen der Geschütze machten Schlaf fast unmöglich.

Man griff den Gegner oft an, indem man erst mit Artillerie auf seine Gräben schoss und dann aus dem eigenen Graben stürmte – über das sogenannte Niemandsland, eine tödliche Zone voller Stacheldraht und gegnerischen Maschinengewehren. In den Pausen war der Alltag langweilig. Soldaten schrieben Briefe oder reparierten ihre Ausrüstung. Doch die Angst blieb, denn Granaten konnten jederzeit einschlagen. Auch Giftgas kam zum Einsatz und führte zu grausamen Verletzungen.

Die Heimatfront

Nicht nur die Soldaten litten, auch die Zivilbevölkerung. Da viele Männer im Feld kämpften, übernahmen Frauen neue Aufgaben in Fabriken oder im öffentlichen Dienst. Das Leben war hart: Die britische Seeblockade schnitt Deutschland von überseeischen Importen ab, was zu Nahrungsmittelknappheit und Hunger führte. Lange Schlangen bildeten sich vor Bäckereien und Lebensmittelgeschäften. Kinder und ältere Menschen litten besonders.

Zudem nutzte die Regierung Propaganda, um die Bevölkerung bei Laune zu halten. Doch mit fortschreitender Kriegsdauer wurden die Zustände immer schlechter. 1917 kam es zu ersten Streiks, weil viele Arbeiter keinen Ausweg mehr sahen und nach Frieden verlangten.

Seekrieg und der U-Boot-Einsatz

Auch auf See kämpften Deutschland und Großbritannien um die Vorherrschaft. Deutschlands Flotte war kleiner, setzte dafür aber U-Boote ein, um britische Versorgungs- und Handelsschiffe zu versenken. Zunächst beschränkten sich die Angriffe auf feindliche Schiffe. Doch später griff man auch neutrale Schiffe an, falls sie britische Häfen belieferten.

Der U-Boot-Krieg erzürnte besonders die USA, vor allem nach der Versenkung der „Lusitania" 1915, bei der auch Amerikaner starben. Die USA warnten Deutschland, und für einige Zeit wurde der uneingeschränkte U-Boot-Krieg ausgesetzt. 1917 begann Deutschland ihn jedoch erneut. Dies trug maßgeblich dazu bei, dass die USA im April 1917 in den Krieg eintraten – was für Deutschland eine folgenschwere Entwicklung war.

Kriegseintritt der USA

Durch die Wiederaufnahme des uneingeschränkten U-Boot-Kriegs und die sogenannte Zimmermann-Depesche (in der Deutschland Mexiko im Falle eines Krieges gegen die USA Unterstützung versprach) wandte sich die amerikanische Öffentlichkeit stark gegen Deutschland. Unter Präsident Woodrow Wilson erklärten die USA Deutschland den Krieg. Ab 1918 kamen immer mehr amerikanische Truppen nach Europa und gaben den kriegsmüden Alliierten Auftrieb.

Verfall der Moral und Ende des Kaiserreiches

1918 war Deutschlands Lage verzweifelt. Die Verbündeten Österreich-Ungarn und das Osmanische Reich wankten. Zu Hause herrschten Hunger und Unzufriedenheit. Die letzte deutsche Offensive im Frühjahr 1918 war gescheitert. Die Alliierten waren nun überlegen, auch dank der Amerikaner.

Die deutsche Marine meuterte in Kiel, die Bevölkerung demonstrierte für ein Kriegsende. Arbeiter- und Soldatenräte entstanden, ähnlich den russischen Sowjets. Man forderte das Ende der Monarchie. Am 9. November 1918 dankte Kaiser Wilhelm II. ab und floh ins Exil. Noch am selben Tag rief Philipp Scheidemann die Republik aus. Eine neue Regierung übernahm das Ruder und leitete Waffenstillstandsverhandlungen ein.

Der Waffenstillstand

Am 11. November 1918 wurde in Compiègne der Waffenstillstand unterzeichnet. Deutschland musste besetzte Gebiete räumen und große Mengen an Kriegsmaterial abgeben. Der eigentliche Friedensvertrag, der Versailler Vertrag, folgte 1919. Aber der Waffenstillstand beendete die Kämpfe. Viele Menschen waren erleichtert. Doch der Krieg hatte tiefe Spuren hinterlassen. Millionen waren tot, Städte und Landschaften verwüstet, und die Wirtschaft lag am Boden.

Der Versailler Vertrag schrieb Deutschland die Alleinschuld am Krieg zu. Es musste Gebiete abtreten und hohe Reparationszahlungen leisten. In der Heimat fühlten sich viele betrogen und gedemütigt. Diese Stimmung beeinflusste die weitere Entwicklung in der jungen Weimarer Republik.

Folgen und Bedeutung

Der Erste Weltkrieg forderte Millionen Opfer und veränderte die politische Landkarte Europas. In Deutschland stürzte das Kaiserreich. An seine Stelle trat eine Republik, die vor enormen Herausforderungen stand: Kriegsschulden, Arbeitslosigkeit und politische Spannungen. Viele Deutsche fühlten sich durch die Friedensbedingungen des Versailler Vertrags ungerecht behandelt.

Trotz großer Hoffnungen auf eine bessere Zukunft nach dem Krieg blieb die Lage angespannt. Die junge Republik musste sich rasch bewähren. Doch politische Extreme von links und rechts bedrohten ihre Stabilität. Damit war der Boden bereitet für die Konflikte, die später zur nächsten großen Katastrophe führen sollten.

KAPITEL 22: DIE WEIMARER REPUBLIK (1919–1933)

Einführung

Nach dem Ende des Ersten Weltkriegs herrschte in Deutschland Chaos. Das alte Kaiserreich war zusammengebrochen, Kaiser Wilhelm II. ins Exil geflohen. An seine Stelle trat eine neue Staatsform: die Republik. Diese erhielt den Namen „Weimarer Republik", weil in der Stadt Weimar ihre Verfassung ausgearbeitet wurde. Man hoffte auf Demokratie, Freiheit und Frieden. Doch von Anfang an war diese Republik großen Gefahren ausgesetzt.

In diesem Kapitel geht es um die Entstehung der Weimarer Republik, ihre wirtschaftlichen und politischen Krisen und ihre kulturelle Blütezeit. Wir schauen uns an, welche Rolle der Versailler Vertrag spielte und wie Extremismus von links und rechts die Demokratie bedrohte. Schließlich werden wir sehen, warum diese junge Republik scheiterte und 1933 den Nationalsozialisten Platz machte.

Nachkriegswirren und der Versailler Vertrag

Als am 11. November 1918 der Waffenstillstand unterschrieben wurde, stand Deutschland am Abgrund. Der Krieg hatte das Land ausgeblutet, viele Soldaten kamen verwundet oder traumatisiert zurück. Die Versorgungslage war schlecht, es fehlte an Nahrung und Brennstoff. Demonstrationen und Streiks nahmen zu.

Am 9. November 1918 hatte der SPD-Politiker Philipp Scheidemann die Republik ausgerufen, um einer drohenden Revolution nach russischem Vorbild zuvorzukommen. Gleichzeitig rief der radikale Sozialist Karl Liebknecht eine andere Art von Republik aus. Diese doppelte Ausrufung zeigte die Spaltung innerhalb der Arbeiterbewegung.

In den folgenden Monaten rangen verschiedene Kräfte um die Zukunft des Landes. Arbeiter- und Soldatenräte bildeten sich, ähnlich wie in Russland. Die SPD-Regierung wollte jedoch rasch eine Nationalversammlung wählen lassen, um eine demokratische Ordnung zu schaffen.

Im Juni 1919 musste die neue Regierung den Versailler Vertrag unterzeichnen. Deutschland hatte kaum Mitspracherechte. Es musste Reparationen zahlen, Teile seines Territoriums abgeben und eine verkleinerte Armee akzeptieren. Der „Kriegsschuldparagraph" lastete Deutschland die Alleinschuld am Krieg an. Viele Deutsche empfanden den Vertrag als „Diktat" und machten die junge Republik dafür verantwortlich.

Verfassungsgebung in Weimar

Im Januar 1919 wählte man eine Nationalversammlung. Frauen durften erstmals wählen. Die SPD und andere demokratische Parteien bekamen viele Stimmen. Da Berlin unruhig war, tagte man im beschaulichen Weimar. Dort entstand die Weimarer Verfassung. Sie führte das allgemeine Wahlrecht für Männer und Frauen ein und sicherte Grundrechte zu.

Das Parlament, der Reichstag, wurde nach dem Verhältniswahlrecht gewählt. Das bedeutete, jede Partei erhielt Sitze je nach Stimmenanteil. Das förderte zwar die Repräsentation unterschiedlicher Meinungen, führte aber auch zu vielen kleinen Parteien und instabilen Koalitionen. Der gewählte Reichspräsident hatte große Macht. Er konnte mithilfe von Artikel 48 den Reichstag auflösen und im Notfall per Notverordnung regieren. Dies sollte nur selten geschehen, doch später wurde diese Möglichkeit oft genutzt.

Frühe Krisen und Aufstände

In den Anfangsjahren der Republik gab es Unruhen von links und rechts. Linke radikale Gruppen (z. B. Spartakisten) wollten eine Räterepublik. Im März 1919 erhoben sich Kommunisten in Berlin, im April in München (Räterepublik). Mit Hilfe von Freikorps – ehemaligen Soldaten – schlug die Regierung diese Aufstände nieder.

Rechtskonservative, ehemalige Offiziere und Monarchisten verachteten die Republik. Sie erklärten, das Heer sei „im Felde unbesiegt" geblieben und durch „Novemberverbrecher" verraten worden. Diese Dolchstoßlegende fand bei vielen Gehör. 1920 kam es zum Kapp-Putsch: Freikorps und konservative Kräfte besetzten Berlin und vertrieben die Regierung. Doch ein Generalstreik der Arbeiter legte das Land lahm, sodass der Putsch scheiterte.

Hyperinflation

Eine der größten Krisen folgte 1923. Deutschland war bei den Reparationszahlungen im Verzug. Als Folge marschierten französische und belgische Truppen ins Ruhrgebiet ein, um die fälligen Zahlungen in Form von Kohle und Stahl einzutreiben. Die deutschen Arbeiter im Ruhrgebiet traten in den „passiven Widerstand" und streikten. Die Regierung druckte Geld, um sie weiterzubezahlen. Dies führte zu einer Hyperinflation. Die Preise stiegen ins Unermessliche. Ein Laib Brot konnte vormittags noch Tausende Mark kosten, am Abend Millionen.

Lebensersparnisse wurden wertlos. Besonders der Mittelstand litt darunter. Schließlich führte der neue Reichskanzler Gustav Stresemann die Rentenmark ein. Die Hyperinflation endete, doch das Vertrauen in die Republik war schwer beschädigt.

Die „Goldenen Zwanziger"

Nach der Stabilisierung der Währung kam es Mitte der 1920er zu einer gewissen Erholung. Der Dawes-Plan ordnete die Reparationszahlungen neu und brachte ausländische Kredite, besonders aus den USA. Geschäfte und Fabriken florierten. In Städten wie Berlin erblühte eine vitale Kunst- und Kulturszene: Kabaretts, Theater, Varietés und Kinos zogen Menschen an. Schriftsteller und Intellektuelle diskutierten neue Ideen, und Künstler wie George Grosz oder Otto Dix schufen Werke, die die Gesellschaft kritisch spiegelten.

Dennoch war diese wirtschaftliche Erholung labil. Die Abhängigkeit von ausländischen Krediten blieb hoch. Bauern und Handwerker profitierten weniger von den „Goldenen Zwanzigern". Außerdem blieben extremistische Parteien aktiv. Die Rechten trauerten dem Kaiserreich nach, die Linken sahen die Republik als Verrat an der Revolution. Als die Weltwirtschaftskrise 1929 ausbrach, stürzte dies Deutschland erneut in Not und Arbeitslosigkeit.

Politische Spaltungen

Der Reichstag war in viele Parteien zersplittert: SPD, Zentrum, DVP, DNVP, KPD und andere. Koalitionen hielten oft nicht lange. Der Reichspräsident, ab 1925 Paul von Hindenburg, stand der Demokratie skeptisch gegenüber. Er nutzte zunehmend Artikel 48, um per Notverordnung zu regieren. Dies schwächte das Parlament weiter.

Rechte Gewalt nahm zu, auch linke Gruppen riefen zu Unruhen auf. Die Republik schien in den Augen vieler zu versagen, weil sie die wirtschaftlichen Probleme nicht lösen konnte. Eine Partei nutzte dieses Chaos besonders aus: die NSDAP, geführt von Adolf Hitler. Sie bot einfache Antworten und einen Sündenbock: die Juden und die angebliche „Novemberrepublik".

Die Weltwirtschaftskrise

1929 brach in den USA die Börse zusammen, was eine weltweite Depression auslöste. Amerikanische Banken zogen ihre Kredite aus Deutschland ab. Fabriken mussten schließen, Millionen Menschen verloren ihre Arbeit. Die Regierung war ratlos, und radikale Parteien gewannen Zulauf. Die NSDAP behauptete, sie habe Lösungen für die Krise. Auch die Kommunisten erhielten mehr Stimmen.

Zwischen 1930 und 1933 regierten Reichskanzler wie Brüning, Papen und Schleicher fast nur noch mithilfe von Notverordnungen. Das Parlament spielte kaum noch eine Rolle. Straßenkämpfe zwischen SA (Sturmabteilung) und kommunistischen Gruppen waren an der Tagesordnung. Die Demokratie in Deutschland befand sich in schwerster Bedrängnis.

Aufstieg radikaler Parteien

Die NSDAP wuchs rasant. Sie versprach Arbeit, die Aufhebung des Versailler Vertrags und die Wiederherstellung eines starken Deutschland. Sie hetzte gegen Juden und andere Minderheiten. Hitler gelang es, unterschiedliche Gesellschaftsschichten anzusprechen: von Arbeitslosen über kleine Handwerker bis zu Industriellen, die Kommunismus fürchteten.

1932 wurde die NSDAP zur stärksten Fraktion im Reichstag, konnte aber keine Mehrheit bilden. Hindenburg, der Hitler misstraute, ernannte ihn trotzdem am 30. Januar 1933 zum Reichskanzler. Man dachte, man könne Hitler „einrahmen", doch das erwies sich als fataler Irrtum.

Der Untergang der Republik

Nach seiner Ernennung zum Reichskanzler nutzte Hitler den Reichstagsbrand im Februar 1933, um Notverordnungen zu erlassen. Er verhaftete Kommunisten und andere politische Gegner. Das Ermächtigungsgesetz im März 1933 gab seiner Regierung die Macht, ohne Zustimmung des Parlaments Gesetze zu erlassen. Damit war die Demokratie praktisch aufgehoben. Parteien wurden verboten oder lösten sich auf. Die Weimarer Republik war am Ende.

Rückblickend war die Weimarer Republik von vielen Krisen geprägt: dem Versailler Vertrag, wirtschaftlichen Notlagen, gesellschaftlichen Spannungen und dem Misstrauen weiter Bevölkerungskreise gegenüber der Demokratie. All dies nutzten extremistische Parteien, allen voran die NSDAP, für sich. 1933 übernahm Hitler die Kontrolle – und leitete eine Diktatur ein.

Bleibende Bedeutung

Das Scheitern der Weimarer Republik zeigt die Zerbrechlichkeit einer jungen Demokratie in Krisenzeiten. Obwohl sie fortschrittliche Ideen hatte (allgemeines Wahlrecht, Grundrechte), fehlte es an Stabilität und Vertrauen. Die Massenerfahrung von Armut und Arbeitslosigkeit sowie politische Gewalt führten viele Menschen zu radikalen Parteien. Der Versailler Vertrag und die Weltwirtschaftskrise verschärften die Lage.

Kulturell hinterließ die Weimarer Republik ein bedeutendes Erbe. In Literatur, Kunst, Musik und Architektur (z. B. Bauhaus) wurden in dieser Zeit viele moderne Ideen entwickelt. Doch diese Blüte reichte nicht aus, den Zusammenbruch zu verhindern. Mit Hitlers Machtergreifung begann ein neues, dunkles Kapitel in Deutschland, das weit größere Zerstörungen bringen sollte.

KAPITEL 23: DAS DRITTE REICH UND DER ZWEITE WELTKRIEG (1933–1945)

Einführung

Im Januar 1933 wurde Adolf Hitler zum Reichskanzler Deutschlands ernannt. In kurzer Zeit verwandelten er und seine Partei das Land in eine Diktatur. Diese Zeit nennt man das „Dritte Reich". Deutschland veränderte sich grundlegend: Die Regierung kontrollierte jeden Lebensbereich und folgte einer extrem rassistischen Ideologie. Schritt für Schritt führte Hitlers Wunsch nach mehr Lebensraum und Macht zum Ausbruch des Zweiten Weltkrieges im September 1939. Dieser Krieg dauerte bis 1945 und brachte gewaltige Zerstörung über Europa und andere Teile der Welt.

In diesem Kapitel wollen wir genau betrachten, wie Hitler seine Macht sicherte, wie das Leben der Menschen im NS-Staat aussah und wie sich der Krieg immer weiter ausbreitete. Wir werfen auch einen Blick auf den grausamsten Teil dieser Epoche: den Holocaust, also die systematische Ermordung von Millionen Juden und anderer Gruppen. Schließlich diskutieren wir, wie der Krieg endete und welche Folgen er für Deutschland und die Welt hatte. Wir verwenden eine einfache, klare Sprache und konzentrieren uns auf die Hauptpunkte ohne Wiederholungen aus früheren Kapiteln.

Hitlers Weg zur totalen Macht

Als Hitler am 30. Januar 1933 zum Reichskanzler ernannt wurde, war er zunächst Teil einer Regierung mit konservativen Politikern, die glaubten, sie könnten ihn kontrollieren. Doch Hitler wollte eine Alleinherrschaft.

Ein Schlüsselmoment war der Reichstagsbrand im Februar 1933. Die Nationalsozialisten gaben kommunistischen Kräften die Schuld, obwohl die Hintergründe bis heute umstritten sind. Unmittelbar danach drängte Hitler den greisen Reichspräsidenten Paul von Hindenburg dazu, eine Notverordnung zu erlassen. Diese Verordnung erlaubte der Polizei, Menschen ohne Gerichtsverfahren festzunehmen und die Pressefreiheit stark einzuschränken.

Im März 1933 fanden erneut Wahlen statt. Obwohl die NSDAP Stimmen hinzugewann, hatte sie noch keine absolute Mehrheit. Hitler gelang es jedoch, genügend Abgeordnete zu überzeugen, das sogenannte Ermächtigungsgesetz zu verabschieden. Dieses Gesetz ermöglichte es Hitler, Gesetze ohne Zustimmung des Parlaments zu erlassen. Kurz darauf verbot er alle anderen Parteien und schaltete Gewerkschaften aus. Die NSDAP wurde zur einzigen Partei. Durch den Tod Hindenburgs im August 1934 konnte Hitler das Amt des Reichspräsidenten mit dem des Kanzlers vereinen und sich als „Führer" bezeichnen. Außerdem musste die Reichswehr auf ihn persönlich einen Eid leisten. So war der Weg zur Diktatur frei.

Leben im NS-Staat

Nachdem die Nationalsozialisten alle politischen Gegner ausgeschaltet hatten, ordneten sie die Gesellschaft nach ihrer Weltanschauung neu. Im Zentrum stand die Idee einer angeblich überlegenen „arischen Rasse". Juden, Roma, Slawen, politische Gegner und Menschen mit Behinderung wurden als „minderwertig" gebrandmarkt und verfolgt.

Propaganda und Kontrolle
Joseph Goebbels leitete das Reichsministerium für Volksaufklärung und Propaganda. Die NSDAP kontrollierte Zeitungen, Radiosendungen und Filme. Kinder in den Schulen lernten, Hitler und den Nationalsozialismus zu verehren, während Juden und andere Gruppen dämonisiert wurden. Jugendorganisationen wie die Hitlerjugend und der Bund Deutscher Mädel prägten Kinder und Jugendliche mit NS-Ideologie.

Unterdrückung von Kritik
Wer gegen die Diktatur protestierte, riskierte Gefängnis oder Schlimmeres. Die Gestapo (Geheime Staatspolizei) spürte Regimegegner auf, und die SS unter Heinrich Himmler leitete Konzentrationslager wie Dachau oder Sachsenhausen, in denen zuerst politische Gegner eingesperrt wurden. Mit der Zeit nutzte das Regime diese Lager auch, um Juden, Sinti und Roma, Zeugen Jehovas, Homosexuelle und viele andere Gruppen zu quälen und zu ermorden.

Veränderungen im Alltag
Viele Deutsche unterstützten Hitler, weil er versprach, die Arbeitslosigkeit zu beenden und die Wirtschaft anzukurbeln. Große Projekte wie Autobahn-Bau und

die Aufrüstung schufen Arbeitsplätze. Frauen sollten laut NS-Ideologie vor allem Mütter sein. Kulturelle Ausdrucksformen, die nicht den NS-Vorstellungen entsprachen (etwa moderne Kunst und Musik), wurden als „entartet" verboten oder unterdrückt.

Der Weg in den Krieg

Hitler glaubte, Deutschland bräuchte mehr „Lebensraum" im Osten Europas. Er schuf immer mehr Spannungen mit den Nachbarländern, indem er den Versailler Vertrag brach und z. B. die Wehrmacht weit über die erlaubte Größe hinaus ausbaute. 1936 ließ Hitler seine Truppen ins entmilitarisierte Rheinland einmarschieren – ein klarer Verstoß gegen den Versailler Vertrag. Frankreich und Großbritannien protestierten, griffen aber nicht ein.

Hitler schloss Verträge mit Benito Mussolini in Italien. Er sympathisierte auch mit Francos Regime im Spanischen Bürgerkrieg. 1938 annektierte Deutschland Österreich (der „Anschluss"). Danach forderte Hitler die Abtretung des Sudetenlandes von der Tschechoslowakei. In München 1938 willigten Frankreich und Großbritannien in Hitlers Forderungen ein, um einen Krieg zu vermeiden.

Doch im März 1939 besetzte Deutschland die restliche Tschechoslowakei – ein weiterer Bruch aller Abmachungen.

Nachdem Hitler im August 1939 einen Nichtangriffspakt mit der Sowjetunion (den Hitler-Stalin-Pakt) geschlossen hatte, griff er am 1. September 1939 Polen an. Daraufhin erklärten Großbritannien und Frankreich Deutschland den Krieg. Der Zweite Weltkrieg hatte begonnen.

Frühe Erfolge und schneller Vormarsch

Am Anfang hatte Deutschland beachtliche militärische Erfolge. Mit der sogenannten Blitzkriegs-Strategie besiegte man Polen in wenigen Wochen. Im Frühjahr 1940 besetzte die Wehrmacht Dänemark und Norwegen, später griff sie Frankreich, Belgien und die Niederlande an. Frankreich kapitulierte schnell, und die britische Armee musste sich aus Dünkirchen über den Ärmelkanal retten.

Anschließend versuchte Hitler, Großbritannien durch den Luftkrieg (Luftschlacht um England) zur Aufgabe zu zwingen. Doch die Royal Air Force schlug die deutsche Luftwaffe zurück. Hitler gab seine Pläne einer Invasion Englands auf. Stattdessen wandte er sich nach Osten.

Unternehmen Barbarossa: Krieg gegen die Sowjetunion

Am 22. Juni 1941 griff Deutschland die Sowjetunion an (Unternehmen Barbarossa). Zunächst machten die deutschen Truppen große Gebietsgewinne. Sie umzingelten riesige sowjetische Verbände. Doch die Sowjetunion war sehr groß, und mit Beginn des Winters fehlte es der Wehrmacht an angemessener Ausrüstung. Die sowjetischen Truppen leisteten erbitterten Widerstand. Der Vormarsch vor Moskau blieb stecken. Städte wie Leningrad und Stalingrad wurden zu Schauplätzen grausamer Schlachten. Die Schlacht um Stalingrad (1942/43) endete mit einer sowjetischen Einkesselung und dem Zusammenbruch der 6. Armee – für viele der Wendepunkt des Krieges.

Der Holocaust

Eines der schrecklichsten Verbrechen des Dritten Reiches war die systematische Ermordung der europäischen Juden. Der Antisemitismus war Kernbestandteil der NS-Ideologie. Bereits 1935 erließen die Nazis die Nürnberger Rassengesetze, die Juden die Staatsbürgerschaft aberkannten und Ehen zwischen Juden und „Ariern" verboten. Pogrome wie die Novemberpogrome („Reichskristallnacht") 1938 verschärften die Verfolgung.

Mit dem Kriegsbeginn verschlimmerte sich die Lage. In den besetzten Gebieten errichteten die Nazis Ghettos, zum Beispiel in Warschau und Łódź, wo Juden unter unmenschlichen Bedingungen leben mussten. SS-Einsatzgruppen erschossen nach dem Einmarsch in die Sowjetunion zahllose Juden, Roma und politische Funktionäre. Nach und nach entstand ein Vernichtungssystem mit Konzentrations- und Todeslagern wie Auschwitz, Treblinka, Sobibor und Majdanek. Menschen wurden in Gaskammern getötet oder starben an Zwangsarbeit, Hunger und Krankheiten.

Insgesamt wurden rund sechs Millionen Juden ermordet. Auch Hunderttausende Roma, behinderte Menschen, politische Gegner, Homosexuelle und andere Opfergruppen kamen um. Dieser Völkermord, der Holocaust, ist eines der größten Verbrechen der Menschheitsgeschichte.

Das Leben in der Heimat im Krieg

Mit fortschreitendem Krieg änderte sich der Alltag in Deutschland. Immer mehr Männer waren an der Front, sodass Frauen in Rüstungsfabriken arbeiten mussten. Lebensmittel und Kleidung wurden rationiert. Anfangs wirkte die Propaganda erfolgreich, doch als 1942/43 große Niederlagen eintraten, begannen Zweifel zu wachsen.

Ab 1943 flogen die Alliierten massive Bombenangriffe auf deutsche Städte. Hamburg, Köln, Dresden und Berlin wurden stark zerstört. Zivilisten lebten in Angst vor Luftangriffen. Die moralische Stimmung sank, doch es gab nur wenig offenen Widerstand. Die bekannteste Aktion war das gescheiterte Attentat vom 20. Juli 1944, bei dem Offiziere um Claus Schenk Graf von Stauffenberg versuchten, Hitler zu töten. Hitler überlebte und ließ die Verschwörer hinrichten.

Wendepunkte und Kriegsende

Zwischen 1942 und 1943 wendete sich das Kriegsglück gegen Deutschland. Die Niederlage in Stalingrad war ein großer Einschnitt. Auch in Nordafrika und Italien drängten die Alliierten die Achsenmächte zurück. Am 6. Juni 1944 (D-Day) landeten alliierte Truppen in der Normandie. Nun kämpfte Deutschland an zwei Fronten: Im Osten rückte die Rote Armee immer weiter vor, im Westen Briten, Amerikaner und ihre Verbündeten.

Bis Anfang 1945 hatten alliierte Truppen das deutsche Gebiet erreicht. Die sowjetischen Truppen umzingelten Berlin. Hitler, der sich in seinem Bunker aufhielt, beging am 30. April 1945 Suizid. Die Wehrmacht kapitulierte am 8. Mai 1945 bedingungslos. Damit endete der Krieg in Europa. Japan kapitulierte nach den Atombombenabwürfen auf Hiroshima und Nagasaki im August 1945.

Nachwirkungen und Konsequenzen

Der Krieg zerstörte nicht nur große Teile Europas, sondern auch das Ansehen Deutschlands. Die NS-Führung hatte Verbrechen in riesigem Ausmaß begangen. 1945 besetzten die Alliierten Deutschland, um es zu entnazifizieren und aufzubauen. Führende NS-Größen kamen vor Gericht – am bekanntesten sind die Nürnberger Prozesse. Viele Menschen waren obdachlos oder auf der Flucht. Millionen Soldaten und Zivilisten waren gestorben.

Deutschland verlor Gebiete im Osten, die an Polen und die Sowjetunion fielen. Der Rest wurde in vier Besatzungszonen aufgeteilt (amerikanische, britische, französische und sowjetische Zone). Berlin lag zwar in der sowjetischen Zone, wurde aber ebenfalls in vier Sektoren geteilt. Dieser Zustand legte die Weichen für den kommenden Ost-West-Konflikt, den Kalten Krieg.

Die Erinnerung an den Holocaust und die Naziherrschaft prägte künftige Generationen. Die Weltgemeinschaft gründete neue Institutionen wie die Vereinten Nationen (UNO), um ähnliche Tragödien zu verhindern. Viele Länder sahen, wie wichtig Menschenrechte sind, wenn man Frieden und Freiheit bewahren will.

Bedeutung

Das Dritte Reich und der Zweite Weltkrieg gehören zu den schlimmsten Kapiteln der Menschheitsgeschichte. Die nationalsozialistische Diktatur brachte Unterdrückung, Krieg und Genozid. Nach 1945 musste sich Deutschland den eigenen Verbrechen stellen. Unter internationaler Aufsicht wurde das Land aufgeteilt, entnazifiziert und später in einen westlichen und einen östlichen Staat geteilt.

Weltweit verschoben sich Machtverhältnisse. Die USA und die Sowjetunion stiegen zu Supermächten auf. In diesem Ringen – dem Kalten Krieg – spielte das geteilte Deutschland eine zentrale Rolle. Die Gräueltaten des Dritten Reiches blieben eine ständige Mahnung. Viele Menschen erkannten, wie gefährlich Diktaturen sind und wie schnell Hass und Rassismus zu Verbrechen führen können.

KAPITEL 24: DIE NACHKRIEGSZEIT UND DIE TEILUNG DEUTSCHLANDS (1945–1949)

Einführung

Im Mai 1945 endete der Zweite Weltkrieg in Europa. Deutschland war weitgehend zerstört, die Städte lagen in Trümmern, und Millionen Menschen befanden sich auf der Flucht. Die vier Siegermächte – Sowjetunion, USA, Großbritannien und Frankreich – übernahmen die Kontrolle über Deutschland. Sie wollten sicherstellen, dass von diesem Land nie wieder ein so verheerender Krieg ausgeht. Gleichzeitig verfolgten sie eigene Interessen und hatten unterschiedliche Ideen für die Zukunft Deutschlands.

In diesem Kapitel schauen wir darauf, wie Deutschland in vier Besatzungszonen geteilt wurde, wie die Entnazifizierung ablief und welche Rolle die Nürnberger Kriegsverbrecherprozesse spielten. Außerdem erklären wir, warum sich rasch Spannungen zwischen der Sowjetunion und den westlichen Alliierten entwickelten, die schließlich zur Gründung zweier deutscher Staaten führten: der Bundesrepublik Deutschland (BRD) und der Deutschen Demokratischen Republik (DDR). Wir bleiben bei einer klaren, einfachen Sprache und konzentrieren uns auf die wichtigsten Punkte.

Deutschland in Trümmern

Nach Kriegsende 1945 war das Land völlig erschöpft. In Städten wie Berlin, Hamburg, Köln oder Dresden lagen ganze Straßenzüge in Schutt und Asche. Viele Bahnhöfe, Brücken und Fabriken waren zerstört. Lebensmittel waren knapp, und der Schwarzmarkt blühte. Auch die Moral der Menschen lag am Boden: Sie hatten einen brutalen Krieg und die NS-Herrschaft hinter sich und wussten nicht, wie es weitergehen sollte.

Überall suchten Familien nach Vermissten. Geflüchtete aus Ostgebieten, die Deutschland verloren hatte, strömten in die westlichen und mittleren Regionen. Amerikanische, britische, französische und sowjetische Truppen kontrollierten das Land. Jeder Besatzer hatte eigene Pläne. In den westlichen Zonen versuchte man, rasch Nothilfe zu leisten und die Versorgung zu verbessern. In der sowjetischen Zone wurden Fabriken abgebaut und in die Sowjetunion gebracht. Dies waren erste Vorzeichen unterschiedlicher Konzepte für den Wiederaufbau.

Aufteilung in vier Zonen

Bereits auf den Konferenzen von Jalta (Februar 1945) und Potsdam (Juli/August 1945) hatten die Alliierten beschlossen, Deutschland in vier Besatzungszonen zu teilen. Die amerikanische Zone lag im Süden, die britische im Nordwesten, die französische im Südwesten und die sowjetische im Osten. Berlin, obwohl es in der sowjetischen Zone lag, wurde ebenfalls in vier Sektoren aufgeteilt. Das oberste Gremium war der Alliierte Kontrollrat, in dem die vier Mächte gemeinsame Beschlüsse fassen sollten.

Bald zeigte sich, dass die Siegermächte unterschiedliche Vorstellungen hatten: Die Westmächte wollten eine demokratische Entwicklung und wirtschaftlichen Aufbau. Die Sowjetunion hingegen wollte Deutschland schwächen, um nie wieder angegriffen zu werden, und suchte zugleich Einfluss auf die deutsche Politik, um das eigene System zu sichern. Diese Gegensätze führten schnell zu Spannungen.

Entnazifizierung

Ein wichtiges Ziel der Alliierten war die Entnazifizierung – das Entfernen ehemaliger NS-Anhänger aus Schlüsselpositionen und das Verbot nationalsozialistischer Symbole und Propaganda. In der sowjetischen Zone wurden viele ehemalige NSDAP-Mitglieder verhaftet oder interniert. In den Westzonen sollten Fragebögen und Gerichtsverfahren klären, wer politisch belastet war.

Allerdings brauchte man für Verwaltung, Wirtschaft und Schulen erfahrene Leute. Viele waren in der NS-Zeit zumindest nominell Parteimitglied gewesen. Manche Verfahren wurden deshalb bald gelockert, weil man sonst kaum funktionierende Strukturen hätte aufbauen können. Später hinterfragte man kritisch, ob die Entnazifizierung wirklich konsequent genug war. Dennoch war sie ein erster Versuch, die deutsche Gesellschaft von nationalsozialistischem Gedankengut zu befreien.

Nürnberger Prozesse

Zur Bestrafung führender NS-Verbrecher richteten die Alliierten 1945/46 den Nürnberger Hauptkriegsverbrecherprozess aus. Dort standen hochrangige Nazis wie Hermann Göring oder Joachim von Ribbentrop vor Gericht. Man warf ihnen Kriegsverbrechen, Verbrechen gegen die Menschlichkeit und Verbrechen gegen den Frieden vor. Ein internationales Richtergremium aus USA, Großbritannien, Frankreich und Sowjetunion verhandelte den Fall.

Einige Angeklagte wurden zum Tode verurteilt und hingerichtet, andere zu langen Haftstrafen, wenige freigesprochen. Weitere Prozesse folgten, die sich z. B. gegen KZ-Personal, Industrielle und Ärzte richteten, die im NS-System schwere Verbrechen begangen hatten. Diese Prozesse machten die Verbrechen des NS-Regimes öffentlich und dokumentierten sie für die Nachwelt. Allerdings konnten bei Weitem nicht alle Täter vor Gericht gestellt werden.

Aufkeimende Spannungen zwischen Ost und West

Während der Entnazifizierung zeigte sich immer deutlicher, dass Sowjetunion und Westmächte unterschiedliche Modelle für das künftige Deutschland hatten. In den Westzonen sollte eine Marktwirtschaft geschaffen werden, in der sowjetischen Zone wurde das Eigentum verstaatlicht und Betriebe als „Volkseigene Betriebe (VEB)" betrieben.

Westliche Regierungen führten 1948 eine Währungsreform durch und führten in ihren Zonen die D-Mark ein. Das verärgerte die Sowjetunion, die befürchtete, aus Deutschland verdrängt zu werden. Um die Abspaltung West-Berlins zu erzwingen, blockierte sie die Land- und Wasserwege nach West-Berlin (Berliner Blockade). Die Westalliierten versorgten daraufhin die Stadt fast ein Jahr lang über die Luftbrücke. 1949 gab die Sowjetunion die Blockade auf, und die Teilung Deutschlands war längst Realität geworden.

Entstehung zweier Staaten

Im Mai 1949 ließen die Westalliierten die Bundesrepublik Deutschland (BRD) gründen. Hauptstadt wurde Bonn. Die neue Bundesrepublik erhielt eine demokratische Verfassung (Grundgesetz), einen Bundestag und einen Bundeskanzler. Im Oktober 1949 rief die Sowjetunion auf ihrer Seite die Deutsche Demokratische Republik (DDR) ins Leben. Deren Hauptstadt war Ost-Berlin, und sie folgte einer sozialistischen Ordnung unter Führung der Sozialistischen Einheitspartei Deutschlands (SED).

Damit war Deutschland in zwei Staaten gespalten, die jeweils ein unterschiedliches politisches und wirtschaftliches System hatten: Die BRD war demokratisch und marktwirtschaftlich orientiert, die DDR kommunistisch und planwirtschaftlich organisiert. Diese Teilung prägte das Land für die kommenden Jahrzehnte und wurde zum Symbol für den Kalten Krieg.

Wirtschaftlicher und sozialer Neubeginn

In beiden Teilen Deutschlands begannen die Menschen, ihr Leben neu aufzubauen. Der Westen profitierte vom Marshallplan, einem US-Hilfsprogramm zum Wiederaufbau Europas. Fabriken und Städte wurden rasch wiederhergestellt. In der DDR gab es anfänglich ebenfalls Bemühungen, das Land zu modernisieren. Doch der Staat bestimmte weitgehend, was produziert wurde und wie die Betriebe arbeiten mussten.

Westdeutsche Bürger erfreuten sich ab den 1950er-Jahren am Wirtschaftswunder: Massenproduktion von Autos, Haushaltsgeräten und Konsumgütern sorgten für steigenden Wohlstand. In der DDR wurde zwar viel in den Wohnungsbau und in die Grundversorgung investiert, doch es mangelte oft an Konsumgütern. Zudem stiegen der staatliche Druck und die Kontrolle durch das Ministerium für Staatssicherheit (Stasi).

Berlin als Brennpunkt

Berlin war seit 1945 in vier Sektoren geteilt. Doch aus den drei westlichen Sektoren entstand „West-Berlin", während der sowjetische Sektor zu „Ost-Berlin" wurde. Für die DDR war West-Berlin ein fremder „Kapitalisten-Insel" mitten im eigenen Land. In den folgenden Jahren nutzten viele Ostdeutsche die Möglichkeit, über Berlin in den Westen zu fliehen. Zwischen 1949 und 1961 verließen Millionen Menschen die DDR, was die Regierung in Bedrängnis brachte.

Dieser Zustrom gut ausgebildeter Fachkräfte in den Westen machte die DDR-Führung sehr nervös. Allerdings blieb Berlin zunächst noch offen. Erst 1961 zog die DDR-Führung unter Walter Ulbricht die Notbremse und baute die Berliner Mauer. Doch diese Ereignisse werden im nächsten Kapitel genauer behandelt.

Fazit und Bedeutung

Die Jahre 1945 bis 1949 stellten eine Phase des Umbruchs für Deutschland dar. Das Land war besiegt und wurde besetzt. Die Alliierten wollten es entmilitarisieren und entnazifizieren, um einen Neubeginn zu ermöglichen. Doch bald zerbrach das Bündnis der vier Siegermächte, da die Sowjetunion und die Westmächte grundverschiedene politische Ziele verfolgten. Die Berliner Blockade, die unterschiedliche Wirtschaftspolitik und die Einführung neuer Währungen im Westen beschleunigten die Spaltung Deutschlands.

1950 war das Land de facto geteilt: die Bundesrepublik im Westen und die DDR im Osten. Die Menschen litten weiterhin unter den Kriegsfolgen, doch mit Hilfe aus dem Ausland und eigener Kraft begannen sie, das zerstörte Land wieder aufzubauen. Berlin, geteilt in Ost und West, wurde zum Symbol der globalen Konfrontation. Diese Entwicklung bildet die Grundlage für das folgende Kapitel, in dem es um die frühen Jahre des Kalten Krieges und schließlich um den Bau der Berliner Mauer geht.

KAPITEL 25: DIE FRÜHEN JAHRE DES KALTEN KRIEGES (1949–1961)

Einführung

Mit der Gründung zweier deutscher Staaten 1949 war die Teilung Deutschlands vorerst besiegelt. Im Westen entstand die Bundesrepublik Deutschland (BRD), die sich demokratisch und marktwirtschaftlich orientierte und eng mit den USA, Großbritannien und Frankreich zusammenarbeitete. Im Osten gründete die Sowjetunion die Deutsche Demokratische Republik (DDR), die ein sozialistisches System unter Führung der Sozialistischen Einheitspartei Deutschlands (SED) aufbaute.

Dieses Kapitel beleuchtet die Zeit von 1949 bis 1961. Wir erklären, wie sich Westdeutschland unter Kanzler Konrad Adenauer entwickelte, wie die DDR ihre Herrschaft festigte und wie die Spannungen zwischen den beiden Teilen Deutschlands zunahmen. Berlin blieb ein ständiger Konfliktherd, weil die Westsektoren mitten in der DDR lagen. Wir zeigen, warum die DDR-Führung schließlich 1961 die Berliner Mauer errichtete, um die Massenauswanderung in den Westen zu stoppen.

1. Gründung der BRD und der DDR

Im Mai 1949 trat das Grundgesetz der Bundesrepublik Deutschland in Kraft, das in den drei westlichen Besatzungszonen galt. Bonn wurde provisorische Hauptstadt. Konrad Adenauer (CDU) übernahm das Amt des Bundeskanzlers. Die Alliierten behielten sich zunächst Vorbehaltsrechte vor, aber die Bundesrepublik erhielt zunehmend Eigenständigkeit.

Im Oktober 1949 proklamierte die sowjetische Besatzungsmacht die DDR. Walter Ulbricht und die SED steuerten das Land nach sowjetischem Vorbild. Formell gab es auch in der DDR ein Parlament (die Volkskammer) und verschiedene Parteien, doch real lag die Macht bei der SED. Die sowjetischen Truppen blieben stationiert und bildeten ein Gegengewicht zum Westen.

2. Konrad Adenauer und Westintegration

Konrad Adenauer galt als Vater der „Westbindung". Er wollte, dass Westdeutschland sich klar zu den Demokratien des Westens zählte und nicht versuchte, neutral zwischen Ost und West zu stehen. Seine Regierung setzte auf den Marshallplan und engere Zusammenarbeit mit den westlichen Siegermächten. 1955 wurde die Bundesrepublik in die NATO aufgenommen und durfte eine eigene Armee aufbauen (Bundeswehr). Das war ein bedeutender Schritt, da Deutschland noch kurz zuvor als Aggressor im Zweiten Weltkrieg galt.

Adenauers Wirtschaftspolitik (zusammen mit Wirtschaftsminister Ludwig Erhard) folgte dem Prinzip der „sozialen Marktwirtschaft". Dieser Ansatz vereinte freie Märkte mit sozialer Absicherung. Die 1950er-Jahre brachten der Bundesrepublik ein „Wirtschaftswunder". Die Arbeitslosigkeit sank, Fabriken produzierten neue Konsumgüter, und viele Westdeutsche hatten erstmals genug Geld, um Autos, Fernseher oder Urlaubsreisen zu finanzieren.

---

3. Die Entwicklung in der DDR

In der DDR übernahm die SED das Kommando. Das Land wurde planwirtschaftlich organisiert: Der Staat lenkte Produktion, Preise und Verteilung von Gütern. Private Betriebe wurden verstaatlicht, und die Landwirtschaft in Kolchosen umgewandelt. Die Alltagskontrolle war hoch, unterstützt durch die Stasi (Ministerium für Staatssicherheit), die jede Kritik am Regime unterband.

Viele DDR-Bürger ertrugen Mängel bei Konsumgütern und Freiheit nur ungern. Bereits 1953 kam es zu einem Aufstand, als Bauarbeiter in Ost-Berlin gegen erhöhte Arbeitsnormen protestierten. Die Proteste weiteten sich auf andere Städte aus. Die DDR-Führung rief sowjetische Panzer zu Hilfe, um die Revolte zu ersticken. Zahlreiche Menschen starben, viele kamen in Haft. Danach verschärfte sich die Überwachung weiter.

4. Der Volksaufstand vom 17. Juni 1953

Am 16. Juni 1953 begannen Bauarbeiter in der Stalinallee in Ost-Berlin zu streiken. Sie protestierten gegen erhöhte Arbeitsnormen. Schnell schlossen sich weitere Gruppen an und forderten bessere Lebensbedingungen und politische Reformen. Am 17. Juni demonstrierten Zehntausende in vielen DDR-Städten.

Die SED-Führung war alarmiert und bat die Sowjetunion um Hilfe. Sowjetische Panzer schlugen die Aufstände nieder. Viele Demonstranten wurden verhaftet, einige hingerichtet. Die DDR propagierte, westliche Agenten hätten den Aufstand gesteuert. In Wahrheit war es ein spontaner Protest gegen schlechte Arbeits- und Lebensverhältnisse. Der 17. Juni wurde in der BRD als „Tag der Deutschen Einheit" begangen, um Solidarität mit den Menschen in der DDR zu zeigen.

5. Militärbündnisse: NATO und Warschauer Pakt

1955 trat die Bundesrepublik der NATO bei – dem westlichen Verteidigungsbündnis. Damit war sie fest in den Westen eingebunden. Als Reaktion darauf gründete die Sowjetunion den Warschauer Pakt, ein Bündnis sozialistischer Staaten in Osteuropa, zu dem auch die DDR gehörte. Beide Bündnisse standen sich nun bewaffnet gegenüber. Deutschland war erneut ein mögliches Schlachtfeld für einen großen Konflikt, nur diesmal im Rahmen des Kalten Krieges.

6. Die Berlin-Frage

Berlin blieb ein Zankapfel. Obwohl die Stadt tief in der DDR lag, gehörte der Westteil zu den Westalliierten. Viele Ostdeutsche nutzten diese Tatsache, um in den Westen zu fliehen. Bis 1961 verließen rund 2,5 Millionen Menschen die DDR, oft über Berlin, da dort die Grenze noch durchlässig war. Unter ihnen waren viele Facharbeiter, Ärzte und Ingenieure – ein „Brain Drain", der die DDR-Industrie schwächte.

Die DDR-Führung forderte, West-Berlin solle „entmilitarisiert" und in die DDR integriert werden. Die Westalliierten hielten jedoch an ihrem Status fest. Sowjetführer Nikita Chruschtschow übte Druck aus, doch US-Präsident Dwight D. Eisenhower und später John F. Kennedy lehnten Zugeständnisse ab. Die Spannungen erreichten mehrfach einen kritischen Punkt, etwa beim Chruschtschow-Ultimatum 1958. Beide Seiten wollten aber keinen Atomkrieg riskieren.

7. Der Bau der Berliner Mauer (1961)

In den ersten Monaten 1961 flohen immer mehr DDR-Bürger. Im August 1961 handelte die DDR-Führung entschlossen: In der Nacht vom 12. auf den 13. August zogen Volkspolizisten und Soldaten rings um West-Berlin Stacheldraht und begannen, eine Mauer zu bauen. Straßen und Bahnlinien wurden getrennt, Familien und Freunde auseinandergerissen. Viele Menschen waren fassungslos, als sie morgens erwachten und den Betonwall sahen.

Innerhalb weniger Tage entstand eine feste Grenzanlage mit Wachtürmen, Scheinwerfern und einem Todesstreifen. Wer versuchte, die Mauer zu überklettern, riskierte erschossen zu werden. Die Berliner Mauer wurde zum Symbol der Teilung Deutschlands und Europas. Westliche Regierungen protestierten, griffen aber nicht ein. Der US-Präsident Kennedy sagte: „Eine Mauer ist zwar eine schlimme Sache, aber ein Krieg wäre schlimmer."

8. Zusammenfassung bis 1961

Zwischen 1949 und 1961 entwickelte sich in Westdeutschland eine demokratische, wirtschaftlich florierende Gesellschaft. In Ostdeutschland baute die SED eine sozialistische Diktatur auf, die mit wirtschaftlichen Problemen und wachsender Unzufriedenheit kämpfte. Millionen Menschen stimmten mit den Füßen ab und flohen. Berlin wurde zum Schauplatz des Kalten Krieges, bis die DDR die Stadtgrenze abriegelte.

Die Mauer brachte der DDR-Führung eine Atempause, da nun nicht mehr ständig Menschen wegliefen. Doch sie zementierte die Teilung Deutschlands weiter. Viele Familien waren getrennt, und ein Besuch im Westen wurde für die meisten DDR-Bürger unmöglich. So begann ein neuer Abschnitt der Nachkriegsgeschichte: das Leben im Schatten der Mauer und die allmähliche Annäherung oder auch Konfrontation zwischen den beiden deutschen Staaten. Im nächsten Kapitel schauen wir genauer auf diese Zeit, den Alltag der Menschen und die späteren Ereignisse, die 1989 zum Mauerfall führten.

KAPITEL 26: DIE BERLINER MAUER, DAS LEBEN IM GETEILTEN DEUTSCHLAND UND DER WEG NACH 1989

Einführung

Im August 1961 schloss die DDR-Führung die Sektorengrenzen zu West-Berlin, indem sie eine Mauer errichtete. Dieser Bau trennte nicht nur eine Stadt, sondern verfestigte auch die Teilung Deutschlands. In der Bundesrepublik (Westdeutschland) ging das „Wirtschaftswunder" weiter, während in der DDR das sozialistische System stets behauptete, eine gerechtere Gesellschaft zu bauen – obwohl es wenig Freiheiten und oft Warenmangel gab. Wer das nicht hinnehmen wollte, konnte nun fast nur noch unter Lebensgefahr fliehen.

Dieses Kapitel beschreibt das Leben in beiden deutschen Staaten unter dem Eindruck der Mauer. Es beleuchtet die Ostpolitik der 1970er-Jahre, den Einfluss des Kalten Krieges und den immer stärker werdenden Wunsch vieler DDR-Bürger nach Freiheit. Schließlich führt dies zu den Ereignissen von 1989, als durch friedliche Demonstrationen und politische Veränderungen in Osteuropa die Berliner Mauer geöffnet wurde – ein historischer Moment, der den Weg zur deutschen Wiedervereinigung ebnete.

1. Leben in der Bundesrepublik (1960er und 1970er)

Nach dem Bau der Mauer war klar, dass die Teilung so schnell nicht enden würde. In Westdeutschland entwickelte sich die Gesellschaft weiter. Das „Wirtschaftswunder" sorgte für anhaltenden Wohlstand. Viele Familien konnten sich Autos, Fernseher und Urlaubsreisen leisten. Die Städte wuchsen, und die Infrastruktur verbesserte sich. Gastarbeiter aus Südeuropa oder der Türkei kamen, um in Fabriken und auf Baustellen zu arbeiten, da Arbeitskräfte knapp wurden.

Soziale Veränderungen

- Frauen drängten vermehrt in den Arbeitsmarkt.

- Jugendliche begehrten gegen alte Normen auf – Protestbewegungen der 68er-Jahre kritisierten die „verstaubten" Strukturen und die NS-Vergangenheit mancher Amtsträger.

- Musikalische und kulturelle Einflüsse aus den USA und Großbritannien (Beat, Rock, Pop) wurden in Westdeutschland populär.

Politische Entwicklungen

Konrad Adenauer trat 1963 zurück. Weitere Kanzler folgten, doch besonders Willy Brandt prägte ab 1969 eine neue Phase. Seine „Ostpolitik" sollte die Beziehungen zur DDR und anderen Ostblock-Staaten verbessern. Er wollte Spannungen abbauen, Reisen ermöglichen und durch Gespräche die Lage der Menschen in Osteuropa verbessern. Dennoch blieb West-Berlin eingeschlossen, und die Mauer stand weiter.

2. Alltag in der DDR

Die Berliner Mauer schloss die letzte größere Fluchtmöglichkeit. Die SED baute das Überwachungssystem aus, die Stasi bespitzelte unzählige Bürger. Im Alltag herrschte zwar ein gewisser Zusammenhalt, denn jeder hatte einen Arbeitsplatz, und Grundbedürfnisse wie Wohnung, Bildung, Gesundheit waren staatlich gesichert. Aber viele Waren waren Mangelware (z. B. Bananen, westliche Mode). Wer in der Öffentlichkeit Kritik äußerte, riskierte Repressalien.

Planwirtschaft

Die DDR plante die Produktion und Verteilung zentral. Große Betriebe (sogenannte „Kombinate") sollten hohe Produktionszahlen erreichen. Dadurch gab es oft einseitiges Warenangebot und Qualitätsprobleme. Einige prestigeträchtige Bereiche wie der Maschinenbau oder die Chemie erhielten Priorität, andere Güter blieben knapp. Trotzdem hatte die DDR auch Erfolge, z. B. im Bauwesen (Plattenbauten) und in der wissenschaftlichen Forschung.

Soziale Aspekte

- Frauen waren in der DDR stark in den Arbeitsmarkt integriert und erhielten oft staatliche Unterstützung, z. B. Kinderkrippenplätze.

- Kulturell gab es staatlich geförderte Musik- und Theaterangebote, die allerdings Zensur unterlagen.

- Der Sport wurde gefördert, um auf internationaler Bühne Erfolge zu erzielen (Olympische Spiele). Leider gehörte auch systematisches Doping dazu.

Trotz Überwachung gab es Nischen, in denen sich Menschen Freiräume schufen. Kirchen boten teilweise Raum für offene Gespräche. Manche Musiker und Schriftsteller kritisierten das Regime – mit Risiken. Dennoch existierte parallel eine breite Loyalität zu Staat und Partei, weil man den Kapitalismus als ungerecht ansah und glaubte, die DDR böte soziale Sicherheit.

---

3. Willy Brandt und die Ostpolitik

Mit Willy Brandts Amtsantritt 1969 als Bundeskanzler begann die „Neue Ostpolitik". Brandt wollte den Status quo anerkennen, um die Beziehungen zu Ostblock-Ländern zu normalisieren. Er unterzeichnete Verträge mit der Sowjetunion und Polen, in denen er u. a. die Oder-Neiße-Grenze anerkannte. Im „Grundlagenvertrag" mit der DDR (1972) vereinbarten beide deutsche Staaten, ihre Grenzen zu respektieren und engere Kontakte zu ermöglichen. Westdeutsche Bürger durften nun etwas leichter Ost-Berlin besuchen, und die Gesprächskanäle öffneten sich ein Stück weit.

Trotzdem blieb die Mauer bestehen. Die DDR erhielt durch diese Anerkennung internationale Legitimation, während Westdeutschland hoffte, dadurch das Leben der Ostdeutschen zu verbessern. 1973 trat beide Staaten den Vereinten Nationen bei. Für viele war dies ein Zeichen, dass eine friedliche Koexistenz möglich war – eine Wiedervereinigung rückte in weite Ferne.

---

4. Protest- und Jugendkultur im Westen, stiller Widerstand im Osten

Während in der Bundesrepublik Hippie- und Protestkulturen aufblühten, war offener Protest in der DDR sehr gefährlich. Deshalb suchten manche

Ostdeutsche Zuflucht in der Kirche, andere in subkulturellen Gruppen oder versuchten, einen Ausreiseantrag zu stellen. Solche Anträge konnten jedoch Ablehnung, Berufsverbote oder Haft nach sich ziehen.

Gleichzeitig formten die Westmedien (ARD, ZDF) für viele DDR-Bürger ein Fenster in die Welt. Wer im Empfangsbereich wohnte, schaltete westdeutsches Fernsehen ein. Dort sah man bunte Werbesendungen, Nachrichten und Unterhaltungsfilme. Das weckte Wünsche nach mehr Konsum und Freiheit.

5. Wirtschaftliche und politische Herausforderungen in der DDR

In den 1970er-Jahren schien die DDR zunächst stabil. Doch sie machte Schulden im Westen, um bestimmte Konsumgüter einzukaufen und die Bevölkerung zu besänftigen. Die Planwirtschaft stieß an Grenzen, da Innovation oft fehlte. Internationale Krisen, wie die Ölkrise 1973, trafen die DDR hart, weil sie auf Import angewiesen war. Die SED hielt an ihrem politischen Kurs fest, doch immer mehr Menschen waren unzufrieden.

Erich Honecker folgte 1971 Walter Ulbricht an der Spitze der SED. Zunächst lockerte er einige Dinge (z. B. Reisemöglichkeiten in sozialistische Bruderländer), doch politische Freiheiten blieben stark eingeschränkt. In den 1980er-Jahren verschärften sich wirtschaftliche Probleme. Die SED sah sich immer mehr gezwungen, Kredite aus dem Westen aufzunehmen. Insgeheim hoffte sie, so den Sozialstaat aufrechtzuerhalten, solange die Sowjetunion sie stützte.

6. Gorbatschows Reformen und ihre Wirkung

Als 1985 Michail Gorbatschow Chef der Sowjetunion wurde, brachte er mit „Glasnost" (Offenheit) und „Perestroika" (Umbau) neue Ideen. Er wollte das sowjetische System reformieren, mehr Transparenz und Meinungsfreiheit zulassen. Viele Ostblock-Staaten griffen diese Ideen auf oder sahen sie als Chance für Veränderungen. Doch Erich Honecker in der DDR lehnte Gorbatschows Reformkurs ab. Er fürchtete, dass mehr Offenheit das Ende der SED-Herrschaft bedeuten könnte.

Dennoch spürten immer mehr DDR-Bürger, dass sich in anderen Ostblockländern Dinge veränderten. Sie erwarteten, dass die DDR-Führung ebenfalls Reformen ermöglichen würde. Als dies nicht geschah, wuchs der Unmut. Gleichzeitig war der Einfluss der Sowjetunion nicht mehr so streng. Gorbatschow deutete an, dass die Rote Armee nicht mehr automatisch eingreifen würde, wenn ein sozialistisches Land in Schwierigkeiten geriet.

7. Der große Flüchtlingsstrom 1989

Im Frühjahr und Sommer 1989 öffnete Ungarn, ein mit der DDR verbündetes Land, seine Grenze zu Österreich. Viele DDR-Touristen nutzten ihre Urlaubsreise in Ungarn, um nach Österreich und damit in den Westen zu fliehen. Die DDR-Führung verlangte von Ungarn, diesen „Fluchtweg" zu schließen. Doch Ungarn weigerte sich. Es kam zu regelrechten Massenfluchten, und Botschaften der Bundesrepublik in Prag und Warschau waren überfüllt mit DDR-Bürgern, die in den Westen wollten.

Zudem fanden in ostdeutschen Städten wie Leipzig immer größer werdende Montagsdemonstrationen statt. Menschen gingen nach den Friedensgebeten in der Nikolaikirche auf die Straße, forderten „Wir sind das Volk!" und „Freiheit!". Die SED-Führung war uneins: Manche wollten mit Gewalt durchgreifen, andere waren vorsichtiger. Der sowjetische Botschafter riet zur Mäßigung.

8. Der Fall der Berliner Mauer (9. November 1989)

Im Oktober 1989 feierte die DDR ihr 40-jähriges Bestehen. Gorbatschow war zu Besuch und sagte bekanntlich: „Wer zu spät kommt, den bestraft das Leben." Er meinte, die SED müsse auf das Volk hören. Kurz darauf wurde Honecker entmachtet. Seine Nachfolger konnten den Druck der Proteste kaum noch bändigen.

Am 9. November 1989 verkündete ein DDR-Funktionär in einer Pressekonferenz, dass Bürger ab sofort reisen dürften. Durch Missverständnisse verbreitete sich die Nachricht, die Grenze sei offen – „sofort, unverzüglich". Tausende Menschen strömten zu den Grenzübergängen. Die Grenzposten waren überfordert und öffneten schließlich die Schlagbäume. Die Berliner Mauer war faktisch geöffnet. Bilder von jubelnden Menschen, die auf der Mauer tanzen oder sie mit Hämmern einschlugen, gingen um die Welt.

9. Der Weg zur Wiedervereinigung

Die Öffnung der Mauer war ein historischer Augenblick. Menschen aus Ost und West lagen sich weinend in den Armen. In den nächsten Tagen und Wochen reisten viele DDR-Bürger erstmals in den Westen, kauften dort ein oder besuchten Verwandte. Gleichzeitig begannen Verhandlungen zwischen den beiden deutschen Regierungen und den vier Siegermächten (USA, Sowjetunion, Großbritannien, Frankreich). Das Ergebnis war der „Zwei-plus-Vier-Vertrag", der den Weg für eine Wiedervereinigung Deutschlands frei machte.

Am 3. Oktober 1990 trat die DDR der Bundesrepublik bei. Damit war Deutschland nach über 40 Jahren wiedervereinigt. Dieser Prozess war nicht immer einfach: Unterschiedliche Wirtschafts- und Sozialsysteme mussten zusammengeführt werden. Dennoch blieb der Tag der Deutschen Einheit ein großes Fest der Freiheit. Das Kapitel der Mauer war beendet.

10. Fazit

Von 1961 bis 1989 lebten die Deutschen in einem geteilten Land. Die Berliner Mauer wurde zum Symbol dieser Spaltung. Westdeutschland entwickelte sich zu einer wohlhabenden Demokratie, Ostdeutschland zu einem sozialistischen Staat mit Überwachung und Mangel an Freiheiten. Doch selbst in der DDR fanden Menschen Wege, ihr Leben zu gestalten. Viele hofften auf Reformen oder suchten die Flucht. Als Gorbatschows Kurs die strenge sowjetische Kontrolle lockerte, wuchs der Mut in der DDR-Bevölkerung, auf der Straße zu protestieren.

Die friedliche Revolution von 1989, die Montagsdemonstrationen und schließlich die überraschende Öffnung der Mauer waren ein Triumph für den Wunsch nach Freiheit. Innerhalb weniger Monate kam es zur Wiedervereinigung. Damit endete der Kalte Krieg in Europa – zumindest in seiner scharfen Form – und Deutschland begann ein neues Kapitel als geeinter, demokratischer Staat. Die Narben der Teilung und die Unterschiede zwischen Ost und West blieben aber weiterhin eine Herausforderung, die es in den folgenden Jahren zu bewältigen galt.

Helfen Sie uns, Ihre Gedanken zu teilen!

Lieber Leser,

vielen Dank, dass Sie sich die Zeit genommen haben, dieses Buch zu lesen. Wir hoffen, es hat Ihnen Spaß gemacht und ein paar neue Ideen zum Nachdenken gebracht. Wenn es etwas gab, das Ihnen nicht gefallen hat, oder wenn Sie Vorschläge haben, wie wir uns verbessern können, lassen Sie es uns bitte unter **kontakt@skriuwer.com** wissen. Ihr Feedback bedeutet uns sehr viel und hilft uns, unsere Bücher noch besser zu machen.

Wenn Ihnen dieses Buch gefallen hat, wären wir Ihnen sehr dankbar, wenn Sie auf der Website, auf der Sie es gekauft haben, eine Rezension hinterlassen würden. Ihre Rezension hilft nicht nur anderen Lesern, unsere Bücher zu finden, sondern ermutigt uns auch, weitere Geschichten und Materialien zu erstellen, die Sie lieben werden.

Wenn Sie sich für **Skriuwer** entscheiden, unterstützen Sie auch die friesische Sprache - eine Minderheitensprache, die hauptsächlich im Norden der Niederlande gesprochen wird. Obwohl **Friesisch** auf eine reiche Geschichte zurückblicken kann, schrumpft die Zahl der Sprecher, und die Sprache ist vom Aussterben bedroht. Mit Ihrem Kauf tragen Sie zur Finanzierung von Ressourcen zur Erhaltung und Förderung dieser Sprache bei, z. B. Bildungsprogramme und Lernmittel. Wenn Sie mehr über die friesische Sprache erfahren oder sie sogar selbst erlernen möchten, besuchen Sie bitte **www.learnfrisian.com**.

Vielen Dank, dass Sie Teil unserer Gemeinschaft sind. Wir freuen uns darauf, in Zukunft weitere Bücher mit Ihnen zu teilen.

Mit freundlichen Grüßen,

Das Skriuwer-Team

www.ingramcontent.com/pod-product-compliance
Lightning Source LLC
LaVergne TN
LVHW012042070526
838202LV00056B/5566